INTRODUCTION AUX LITTÉRATURES FRANCOPHONES

INTRODUCTION AUX LITTÉRATURES FRANCOPHONES

Sous la direction de
Christiane Ndiaye

avec la collaboration de Nadia Ghalem,
Joubert Satyre et Josias Semujanga

Les Presses de l'Université de Montréal

Catalogage avant publication de la Bibliothèque nationale du Canada

Vedette principale au titre :

    Introduction aux littératures francophones
    (Paramètres)

    Comprend des réf. bibliogr.

    ISBN 2-7606-1875-7

    1. Littérature francophone – Histoire et critique.
    2. Littérature africaine (française) – Histoire et critique.
    3. Littérature antillaise (française) – Histoire et critique.
    4. Littérature maghrébine (française) – Histoire et critique.
    I. Ndiaye, Christiane, 1952- . II. Collection.

PQ3809.I57 2004   840.9'841   C2004-941094-6

Dépôt légal : 3ᵉ trimestre 2004
Bibliothèque nationale du Québec
© Les Presses de l'Université de Montréal, 2004

Les Presses de l'Université de Montréal remercient de leur soutien financier le ministère du Patrimoine canadien, le Conseil des Arts du Canada et la Société de développement des entreprises culturelles du Québec (SODEC).

IMPRIMÉ AU CANADA EN AOÛT 2004

Avant-propos

Christiane Ndiaye

L'étude des littératures francophones du Maghreb, d'Afrique subsaharienne et de la Caraïbe est aujourd'hui inscrite au programme d'études
françaises des universités et collèges à travers le monde : au Canada,
aux États-Unis, en Europe, en Australie, en Amérique du Sud, etc. En
croissance continuelle du fait d'une production constante de la part des
écrivains, ces littératures font également l'objet de lectures et relectures
incessantes de la part de la critique. Cet ouvrage se propose de présenter
des faits marquants de l'histoire de ces littératures en tenant compte de
l'évolution des perspectives de la critique littéraire. Il s'agit en même
temps de faire apparaître toute la richesse et le dynamisme de ces littératures dans un aperçu d'ensemble qui cherche à situer les œuvres par
rapport à l'évolution de l'écriture littéraire au fil du temps et dans le
cadre des principaux genres. Dans ce sens, au lieu d'établir un découpage chronologique strict qui serait le même pour les différentes aires
culturelles concernées et qui créerait une fausse impression d'homogénéité, l'ouvrage adopte plutôt une approche souple qui tient compte
des générations d'écrivains, des mouvements littéraires, des œuvres et
dates marquantes, selon ce qui paraît significatif avec le recul du temps.
En procédant ainsi à un recoupement entre les genres, les faits historiques,
les appartenances nationales, et les questions d'esthétique, cette introduction à la lecture des littératures francophones vise à mieux faire ressortir
l'importance relative de certains pays, écrivains, genres ou courants littéraires à un moment donné de l'histoire littéraire de ces régions. Nous
voudrions ainsi offrir aux étudiants des institutions post-secondaires et
à tout lecteur qui aborde ces littératures francophones pour la première

fois un cadre historique qui soit le moins réducteur possible afin que chacun puisse contextualiser ses lectures et mieux en découvrir les multiples facettes.

Nous avons tenu compte, par ailleurs, du fait que la définition de la notion même de « littérature francophone » en tant que champ d'études n'a cessé d'évoluer et n'est pas la même partout dans le monde. Ainsi, aux États-Unis, les « études francophones » incluent à la fois les littératures d'Afrique subsaharienne, de la Caraïbe et du Maghreb et celles du Québec, de la Suisse et de la Belgique ; en Europe, on inclut généralement le Québec dans le champ dit francophone, alors que les littératures suisse et belge font partie de la littérature française ; les institutions québécoises distinguent trois corpus : littérature française, littérature québécoise, littérature francophone qui englobe alors toutes les autres littératures de langue française. Vu ces divergences, il nous a paru utile de commencer par un survol d'ensemble de l'histoire des principales littératures francophones autres que celle de la France. Cet aperçu compréhensif vise à faire ressortir le processus d'autonomisation graduelle de ces champs littéraires qui ont longtemps été inféodés à la littérature française. Ainsi, le premier chapitre, consacré à un bref historique, inclut, outre les trois grandes régions de la francophonie issues de la colonisation, un survol historique des littératures suisse, belge et québécoise. Les littératures suisse et belge ont longtemps été assimilées à la littérature française si bien que les manuels d'histoire n'ont pas toujours adéquatement mis en évidence leur spécificité ; la littérature québécoise, considérée comme une littérature émergente tout comme celles de la Caraïbe, de l'Afrique subsaharienne et du Maghreb, a aussi occupé une place secondaire de « littérature de la périphérie » dans le panorama des littératures de langue française. La mise en parallèle de l'évolution vers l'autonomie de ces différentes littératures perçues autrefois comme mineures est donc éclairante dans la perspective de la constitution des champs littéraires de la francophonie (du point de vue institutionnel). Toutefois, dans le cas du Québec, cette autonomie est désormais acquise et l'émergence des littératures suisse et belge suit un parcours assez différent de celui des anciennes colonies de la France : en dehors de l'aperçu d'ensemble du premier chapitre, ces trois champs littéraires de la francophonie ne sont donc pas réexaminés individuellement dans le corps de notre ouvrage. La mise à jour de l'histoire de ces littératures francophones d'Europe et du Québec s'est faite plus adéquatement que dans le cas des littératures d'Afrique, de la Caraïbe et du Maghreb. La suite de l'ouvrage est donc consacrée à ces trois littératures, prises individuellement, et l'on constatera que ces «autres francophonies» suivent en quelque sorte la voie tracée par le Québec dans le sens d'une autonomisation croissante.

Les trois principaux chapitres de l'ouvrage visent à faire ressortir à la fois les convergences et les divergences entre les littératures africaine, caribéenne et maghrébine. Nous commençons par l'Afrique subsaharienne, qui est la région la plus importante en termes géographiques et par le rôle que le mouvement de la négritude des années 1930 a joué dans l'émergence des littératures francophones au cours de la première moitié du xxe siècle. Plusieurs des écrivains noirs de la Caraïbe ont participé à ce mouvement, si bien que l'histoire littéraire de ces deux régions converge assez étroitement au cours des années 1930 à 1950, ce qui nous amène à traiter des littératures de la Caraïbe dans la deuxième partie du volume, avant de revenir sur le continent africain, en dernier lieu, pour présenter les littératures du Maghreb. Le Maghreb se démarque en effet non seulement par certaines écoles littéraires, mais aussi par le fait que la transition des littératures précoloniales à la littérature d'expression française comporte d'autres enjeux qu'en Afrique subsaharienne et aux Caraïbes. Alors que l'on passe directement des littératures orales en langues indigènes à l'écriture en français, en Afrique subsaharienne et à la Caraïbe, le Maghreb possède une double tradition, orale et écrite. Ainsi, les littératures de langues française et arabe coexistent aujourd'hui et évoluent parallèlement, alors que les littératures écrites en langues africaines et en créole occupent encore une place secondaire par rapport à la littérature francophone.

Cependant, si l'organisation du volume reflète ces affinités et divergences, l'organisation des chapitres est essentiellement la même. À la suite de la présentation de quelques précurseurs, l'histoire littéraire de chaque région est abordée à partir des principaux genres, ceci afin de rectifier quelque peu l'impression créée par certains ouvrages et enseignements axés presque uniquement sur le roman, alors que tous les genres occupent une place importante dans les littératures francophones. Ainsi l'on notera, par exemple, que les véritables précurseurs de ces littératures sont en fait des poètes, dramaturges, romanciers et essayistes haïtiens du xixe siècle, dont la plupart demeurent méconnus encore aujourd'hui. Bref, c'est un portrait d'ensemble que nous voulons brosser, en évitant les lacunes que comportent bon nombre d'ouvrages d'introduction.

Il faut toutefois noter que même cette présentation qu'on voudrait compréhensive reste un survol et il ne saurait être question dans un tel panorama d'ensemble de citer tous les titres, anciens ou récents, des auteurs présentés ; les œuvres particulières citées le sont à titre indicatif, soit parce que les titres reflètent des traits caractéristiques de l'œuvre de tel écrivain, soit parce qu'il s'agit d'une œuvre marquante. C'est dire aussi que ce n'est pas la biographie des écrivains qui est privilégiée (encore là, quelques faits sont retenus à l'occasion à titre indicatif ou anecdotique et les dates de naissance sont données lorsque disponibles), mais bien l'œuvre littéraire. D'autre part, bien que l'ensemble de l'ouvrage suive les mêmes objectifs, il est évident que chaque section porte aussi les traces des intérêts personnels et de la réflexion critique propre de chacun des coauteurs du livre.

En résumé, il s'agit d'une introduction qui vise à actualiser l'histoire littéraire et à fournir quelques pistes de lecture et des informations de base aux lecteurs et lectrices qui s'intéressent à ces littératures.

Panorama des littératures francophones

Josias Semujanga

QU'EST-CE QUE LA FRANCOPHONIE ?

Dans son ouvrage devenu un classique sur la naissance et l'évolution de la francophonie politique, Michel Tétu[1] souligne le rôle joué par le mouvement politique dans la vulgarisation des termes francophone et francophonie. Selon l'auteur, le changement aurait eu lieu en 1986 lors de la première Conférence des chefs d'État et de gouvernement des pays ayant en commun l'usage du français, organe politique de la francophonie connu désormais sous le sobriquet de Sommet de la Francophonie. À partir de cette période, les termes *franco* font leur entrée dans le langage du public par le biais des médias, de sorte que tout le monde s'entend sur le sens général des mots. Néanmoins quelques nuances existent, car si par *francophonie* (avec petit f), on entend habituellement l'ensemble de locuteurs qui utilisent la langue française dans leur vie quotidienne ou dans les relations internationales entre pays, le terme *Francophonie* (avec grand F) a un sens plus politique, désignant le regroupement des gouvernements des pays ou des instances officielles qui ont en commun l'usage du français dans leurs travaux ou leurs échanges. Et l'*espace francophone* désigne une réalité plus floue qui se réfère à tous ceux qui, de près ou de loin, éprouvent ou expriment une certaine appartenance à la langue française ou aux cultures francophones sans nécessairement utiliser le français ni dans la vie quotidienne ni dans les affaires ou les relations internationales. Certes, des trois termes ainsi définis, le dernier

---

1. Michel Tétu, *La Francophonie. Histoire, problématique et perspective*, Montréal, Guérin Université, 1992.

est le plus imprécis, mais il n'en est pas moins généreux. Car, en effet, beaucoup de communautés se définissent comme francophones, même si la langue de Molière n'y est pas pratiquée comme idiome de communication. Ici, le sens mystique et spirituel désigne la *francophonie* également comme la solidarité naissant du partage de valeurs communes véhiculées par la langue française, même si, par ailleurs, ces valeurs pourraient être exprimées par d'autres langues.

Si la Francophonie politique a vulgarisé le terme francophone au milieu des années 1980, elle ne l'a pas pour autant inventé. C'est Onésime Reclus (1837-1916) qui l'utilisa pour la première fois dans son ouvrage *La France et ses colonies*, où l'auteur, après avoir dénombré les populations sous le gouverne de la France et d'autres peuples utilisant le français comme langue de communication, emploie le terme au sens sociolinguistique désignant l'ensemble des populations parlant français, mais aussi au sens politique désignant l'ensemble des pays où l'on parle français. Ainsi avec Reclus, les mots étaient créés, la réalité était approximative, mais le sens général de la francophonie était donné, à savoir l'idée de regroupement sur une base linguistique en tenant compte des réalités géographiques nées de l'expansion coloniale de la France en Afrique, au Maghreb et en Indochine ainsi que de l'expansion de la langue française en Europe et en Amérique du Nord (y compris la Caraïbe).

Par la suite, le mot est oublié pendant au moins un demi-siècle pour des raisons politiques. Dans le contexte fébrile de la décolonisation des années 1960, le terme de *francité* allait être utilisé pour désigner les caractéristiques linguistiques et culturelles transmises par la langue de Molière. Mais, à l'époque, autant *francité* que *francophonie* suscitent des réticences dans les milieux intellectuels et politiques à cause de relents coloniaux que certaines élites les soupçonnent de véhiculer, de sorte que les premières grandes associations et organisations de la *Francophonie* naissante des années 1960 et 1970 ont pris soin de ne pas inclure le terme de francophone dans leur nom, par exemple, le cas de l'Agence de la coopération culturelle et technique (ACCT), longtemps organe suprême de cette francophonie politique naissante. On a longtemps également considéré que la Francophonie regroupait les autres pays (que la France) dont le français était soit la langue officielle ou langue de communication internationale. Il aura fallu attendre la relance de ce mouvement politique au cours des années 1980 pour que la France se considère comme faisant partie de la Francophonie, d'autant plus qu'elle était devenue l'un des bailleurs de fonds le plus important.

Notons par ailleurs que par le passé, lorsque le français était langue officielle de l'Angleterre, aux XIIe et XIIIe siècles, ou bien lorsque Frédéric II de Prusse jugeait naturel d'écrire en français, personne n'avait jugé indispensable de désigner cette *universalité* de la langue française. C'est que, comme on vient de le voir, le terme *francophone* interprète bien la vision de modifications complexes qui sont survenues dans le monde depuis trois siècles. La France cherche d'une part à conjurer le sentiment de décadence de la langue française dans le monde au profit de l'anglais, en cherchant des alliés politiques utilisant le français comme langue de culture ou de communication nationale et internationale, et, d'autre part, elle prend acte que des rapports nouveaux se sont établis entre les peuples, c'est-à-dire que l'impérialisme colonial s'étant officiellement effacé, les pays de langue française s'emploient, parfois avec vigueur, à échapper au contrôle politique et culturel de Paris. Car, après tout, si le terme *francophone*, qu'on voudrait plus neutre par rapport au terme *français*, s'est imposé, c'est que la langue française n'est plus la langue des seuls Français. Sa force dans le monde dépend, comme celle de toutes les langues nationales, par ailleurs, du nombre de locuteurs étrangers qui l'adoptent comme langue d'usage dans la communication quotidienne ou internationale.

Le français dans le monde

La cartographie du français montre que si la langue est présente en quatre continents, la concentration des locuteurs varie considérablement d'une région à l'autre. Ce qui donne *grosso modo* quatre ensembles de régions francophones : les pays où le français est la langue maternelle d'une communauté utilisant la langue depuis plusieurs siècles (l'Europe et le Canada francophones) ; les pays créolophones, où le français est la langue d'usage et la langue officielle pour une communauté qui ne le considère pas comme une langue étrangère, même si elle a une autre langue, comme le créole (les Antilles, Haïti, île Maurice, les Seychelles et La Réunion) ; les anciennes colonies françaises et belges où le français jouit souvent d'un statut particulier de langue d'enseignement et de langue officielle, parfois avec une langue nationale (le Burundi, Madagascar et le Rwanda) ;

enfin les pays où le français ne subsiste qu'à l'état de traces, comme dans la péninsule Indochinoise, au Proche-Orient (Liban et Égypte) ou en Europe centrale.

En Europe, la limite linguiste du français n'a pas bougé depuis son implantation au moment de la naissance des langues romanes. Elle correspond à la frontière nord de l'expansion du latin par rapport aux langues germaniques : le néerlandais et l'allemand. Si le français est la langue maternelle en France, en Wallonie, au Luxembourg, en Suisse romande et à Monaco, il n'est langue officielle que pour la France et la principauté de Monaco. Dans d'autres pays, il coexiste avec une autre langue qui lui dispute la place sur le plan culturel et politique. Ainsi, il existe de tensions linguistiques plus ou moins vives en Suisse, au Luxembourg et surtout en Belgique. En Suisse, l'allemand est langue de la majorité et parfois langue dominante, de sorte que les Suisses romands optent pour la création d'entités de plus en plus petites et enclavées, les cantons, à l'intérieur desquelles les lois protègent le français. En Belgique, pendant très longtemps le français a dominé et réduit le flamand à des rôles subalternes. Mais depuis les années 1960, les querelles linguistiques ont transformé le royaume de Belgique, qui était un État unitaire depuis sa création au XIXe siècle, en État fédéral formé de deux régions linguistiques : la Wallonie et les Flandres. La Wallonie dirige les affaires d'un État provincial de langue française, et les Flandres s'occupent de la partie néerlandophone du royaume, tandis que Bruxelles, la capitale, a un statut de région bilingue.

Comme en Europe, le français poursuit un destin différent d'une région à une autre en Amérique du Nord. Si le Canada est devenu officiellement un État bilingue en 1969, le statut du français dépend de sa situation dans chaque province constituant la confédération canadienne. Alors qu'il est langue officielle au Québec depuis 1977 et qu'il l'est, au même titre que l'anglais, au Nouveau-Brunswick, le français résiste difficilement à l'assimilation anglaise dans les provinces de l'ouest du pays. Et partout le débat sur le statut de la langue s'accompagne d'un discours identitaire où souvent les enjeux politiques se limitent à la seule affirmation linguistique.

Par ailleurs, le français est demeuré vivant aux États-Unis jusqu'au XIXe siècle. Depuis, il est resté à l'état de traces historiques dans les régions du sud de la Louisiane, par exemple. Aujourd'hui, on remarque cependant un certain renouveau du français, soutenu surtout par l'enseignement de la langue et un grand retour aux racines régionales et ethniques. Mais il s'agit d'une francophonie purement folklorique, car les Franco-Américains ne parlent plus le français et sont complètement assimilés à la culture anglo-américaine.

Ces querelles linguistiques sont compréhensibles, car, à l'exception de la France, les régions francophones de l'Occident sont des entités sans souveraineté politique. Ce ne sont que des entités administratives sous-étatiques : région, canton, province, etc. La survivance linguistique et culturelle de telles entités reflète un combat permanent avec en face une autre communauté linguistique, majoritaire ; d'où les rapports ambivalents avec le pays fédéral dans lequel chaque entité francophone se trouve.

Dans la Caraïbe, le français est un signe culturel laissé par le démembrement de l'empire colonial français. Il résulte de la longue histoire esclavagiste de la Caraïbe qui a transformé les langues africaines en une langue métisse, le créole, qui coexiste avec le français, dans une situation de diglossie donnant au créole un statut mineur. Celui-ci est la langue de communication quotidienne et privée de la majorité de la population des îles, mais son statut demeure toutefois ambigu. D'un côté, cette langue a été longtemps méprisée, puisqu'elle évoque des souvenirs esclavagistes ; de l'autre, enseignée à l'école comme en Haïti, elle est aujourd'hui très valorisée et chantée comme langue de combat identitaire et politique, même si son statut demeure subalterne par rapport au français utilisé comme langue de l'administration, de l'enseignement, des affaires et de la diplomatie. Mais à la longue les deux langues vont se compléter au lieu de s'exclure ou de se combattre. Se mouvant sur des plans différents, elles feront, au contraire, bon ménage, car les locuteurs bilingues ne sont pas moins des francophones ou des créolophones convaincus, comme c'est le cas, par exemple, à Madagascar et dans les anciennes colonies belges du Congo, du Burundi et du Rwanda.

En Afrique subsaharienne, le français y a été introduit au xixe siècle par l'aventure coloniale française et belge. Comme partout ailleurs dans la situation coloniale, l'enseignement a constitué un atout majeur dans la diffusion du français selon la politique scolaire adoptée par Joseph Gallieni[2]

---

2. Administrateur et général français (1849-1916) qui fut également gouverneur général de Madagascar.

qui rêvait de faire des sujets colonisés des citoyens français maîtrisant la langue et la culture du maître, politique qui connaîtra un échec cuisant faute de moyens logistiques et de volonté de la part des administrateurs coloniaux chargés de la mettre en pratique. La politique d'assimilation pratiquée par l'école française coloniale, en excluant les langues nationales de l'enseignement, les a réduites aux rôles subalternes de communication quotidienne et locale. Non enseignées, non écrites, ces langues demeurent inférieures au français, dans l'esprit du colonisateur. Après l'indépendance, la situation linguistique demeure la même. Supposé garantir l'unité nationale du pays composé de plusieurs peuples et de nombreuses langues, le français demeure la seule langue d'enseignement, de l'administration, des affaires et de la diplomatie dans les pays anciennement colonisés par la France, sauf la grande île de Madagascar.

L'évolution est différente à Madagascar et dans les anciennes colonies belges du Congo, du Rwanda[3] et du Burundi. Enseignées à l'école par les missionnaires, ayant alors en charge l'éducation, les langues nationales sont écrites et utilisées dans la communication quotidienne et dans l'administration. Cette situation a été l'œuvre des missionnaires dont l'objectif premier était d'enseigner les langues nationales de grande diffusion afin d'évangéliser les populations dans leurs langues. Par après, ces langues sont devenues complémentaires au français qui demeure la langue des affaires, de l'enseignement et de la diplomatie. Cette situation montre que, contrairement à l'idée répandue, le développement d'une langue nationale n'exclut pas la promotion d'une langue internationale comme le français. Car les deux langues évoluent sur des plans différents, presque parallèles, et elles font bon ménage. L'usage de chaque langue est dicté par le besoin spécifique. Au français revient la communication internationale et les affaires, et aux langues nationales la communication quotidienne. Les deux langues sont utilisées aussi tant pour la communication orale que pour l'expression écrite, ce qui n'est pas le cas dans les autres colonies françaises où l'écrit est réservé à la seule langue française, comme on vient de le voir.

Comme en Afrique subsaharienne, le français a été introduit au Maghreb au XIXe siècle par la colonisation française. À l'époque coloniale,

---

3. Le Rwanda a opté officiellement pour le système trilingue (anglais, français, kinyarwanda) dans l'administration et l'enseignement depuis juillet 1994.

le français est la langue dominante utilisée par les pouvoirs politiques et économiques, par les média et surtout par l'école. L'enseignement de l'arabe, langue des colonisés, n'est pas pris en compte par le système scolaire public, à part quelques rares exceptions d'écoles bilingues comme le lycée Sadiki en Tunisie ; ailleurs, l'enseignement de l'arabe est laissé au secteur religieux et s'arrête souvent à l'école coranique.

Après l'indépendance des pays de la région, respectivement en 1956 pour le Maroc et la Tunisie, et en 1962 pour l'Algérie, l'arabe a retrouvé son statut de langue nationale officielle et de culture. À l'école, le français a perdu la place dominante qui était la sienne à l'époque coloniale, même s'il continue de bénéficier d'un statut de langue étrangère privilégiée dans l'enseignement. Et les liens historiques avec la France ainsi que les courants migratoires de part et d'autre de la Méditerranée consolident son implantation dans la région. Pratiqué largement dans la vie quotidienne des citadins, le français représente, pour une certaine élite, l'accès aux courants de pensée internationaux. Certains y voient d'ailleurs un certain paradoxe sur le plan identitaire, car, langue étrangère, symbole de la colonisation, le français incarne la déculturation (l'aliénation culturelle), mais en même temps il apporte des outils intellectuels de libération individuelle. Il est la langue d'écriture de grands écrivains du Maghreb auxquels il sert de moyen d'entrer en contact avec le monde.

La dispersion géographique du français a ainsi occasionné de notables variations linguistiques dénotant l'espace culturel des utilisateurs. Ainsi, les écrivains en tirent profit pour écrire des textes originaux jouant sur l'ambivalence sémantique que permettent, par exemple, les expressions tirées des langues locales ou de nouveaux mots inventés sur le modèle du français standard pour décrire des réalités inexistantes en France.

LES LITTÉRATURES FRANCOPHONES

Depuis une quinzaine d'années, le terme de « littératures francophones » tend progressivement à remplacer les autres termes comme « littératures de langue française hors de France » ou « littératures d'expression française » pour prospecter la vie des lettres francophones dans le monde, en optant pour un découpage géographique, comme la plupart des études sur le sujet. De manière générale, c'est l'histoire littéraire globale qui est favorisée, sans pour autant rejeter les rares études axées sur la dimension littéraire des textes, comme les livres de Michel Beniamino sur l'institution littéraire francophone[4], de Dominique Combe sur les poétiques francophones[5] ou de Farid Laroussi et Christopher Miller sur les rapports entre littératures francophones et littérature française[6], pour ne citer que ceux-là. C'est pourquoi l'*histoire littéraire*[7] sera le critère majeur d'organisation de ce chapitre, en ce qu'il est un des lieux principaux de rencontre entre littérature et société, dans cette étude qui vise un panorama des littératures francophones. Ce parti pris pour l'histoire littéraire permettra de montrer que, loin d'être des annexes régionales ou exotiques de la littérature française, les littératures francophones en sont devenues des axes de renouvellement aussi bien sur le plan de l'écriture que celui des méthodes critiques, en l'occurrence sur la notion d'histoire littéraire.

La littérature francophone d'Afrique

Comme nous l'avons vu plus haut, le français, langue d'écriture des Africains, a été introduit en Afrique par la colonisation au xixe siècle; et il coexiste avec les langues africaines. Celles-ci donnent vie à une création artistique très variée qui coexiste auprès des productions en français. Car elles sont l'expression traditionnelle des cultures qui s'intègre à la modernité par la chanson, le théâtre, le cinéma et des formes écrites, notamment à Madagascar et dans les anciennes colonies belges.

Des Africains ont écrit en langues européennes dès les premiers contacts entre l'Afrique et l'Europe, car des œuvres notables écrites en français datent déjà du xixe siècle, notamment celles des métis sénégalais: l'abbé Boilat et Léopold Panet. Mais c'est au xxe siècle que naît véritablement la littérature africaine de langue française. En 1921, le prix Goncourt couronne René Maran avec *Batouala*[8]. Même si l'auteur est

---

4. Michel Beniamino, *La francophonie littéraire. Essai pour une théorie*, Paris, L'Harmattan, 1999.

5. Dominique Combe, *Poétiques francophones*, Paris, Hachette, 1995.

6. Farid Laroussi et Christopher Miller, « French and Francophone: The Challenge of Expanding Horizons », *Yale French Studies*, n° 103, 2003.

7. Il existe de nombreux ouvrages sur le sujet; voici les principales références consultées sur l'histoire générale des littératures francophones: Jean-Louis Joubert, *Les littératures francophones depuis 1945*, Paris, Bordas, 1986; Fédération internationale de professeurs de français (FIPF), *Littératures de langue française hors de France*, Gembloux, Duculot, 1976 et Auguste Viatte, *Histoire comparée des littératures francophones*, Paris, Nathan, 1981.

8. René Maran, *Batouala*, Paris, Albin Michel, 1921.

plutôt antillais que véritablement africain, son livre annonce la naissance d'une littérature réellement africaine.

Avant *Batouala* existait, en effet, une littérature coloniale écrite par les colons français installés en Afrique, mais ces derniers n'écrivaient que pour le public français et leur regard sur l'Afrique était purement exotique. Cette littérature qui avait l'ambition de faire connaître l'Afrique ne manquait pas d'ambivalences et de contradictions dans la mesure où les auteurs n'adoptaient (et ne pouvaient qu'adopter) le point de vue d'un Européen sur l'Afrique. Cette littérature coloniale, par définition, ne pouvait pas remettre en cause les principes de la colonisation. Elle ne faisait que reproduire le même regard colonial du discours anthropologique sur la mission « civilisatrice » de l'Occident et sur la « sauvagerie » de l'Afrique. *Batouala* est un roman où le monde africain se donne à voir de l'intérieur, sans regard exotique. L'auteur, qui est un fonctionnaire colonial, décrit de l'intérieur une société du territoire qu'il administre : l'Oubangui-Chari. Il relate les scènes de la vie quotidienne dans un village perdu dans la brousse de la forêt équatoriale. Rien là ne s'oppose à l'orthodoxie des thèmes du roman colonial ; et pourtant, *Batouala* souleva une vive campagne dans la presse coloniale, furieuse que le prix Goncourt 1921 lui fût attribué. Une certaine critique disait que c'était couronner une œuvre de haine par le simple fait qu'elle faisait le procès de la colonisation. Son auteur se défendit évidemment d'avoir eu la moindre intention subversive. Il reste que la mise en œuvre romanesque et le fait de rapprocher la narration des personnages et de leurs paroles font entendre des voix que le roman colonial n'avait pas l'habitude de faire entendre : « Nous ne sommes que des chaises à impôt. Nous ne sommes que des bêtes de portage. Des bêtes ? Même pas. Un chien ? Nous sommes moins que ces animaux, nous sommes plus bas que les plus bas. Ils nous tuent lentement[9]. » Le scandale et le succès de *Batouala* furent un événement mémorable. Pourtant, avant les années 1950, il y avait très peu de romans publiés en Afrique par rapport à la poésie. C'est autour de quelques œuvres poétiques que la jeune littérature africaine allait démarrer.

---

9. *Ibid.*, p. 52.

Le mouvement de la négritude

Une école poétique est née au cours des années 1930. Elle est connue sous le nom de la poésie de la *négritude*[10]. Celle-ci fut non seulement un courant poétique, mais surtout un courant de pensée issu de la première génération d'intellectuels négro-africains qui ont voulu définir le projet des peuples noirs sous l'angle littéraire, culturel et politique. La négritude a marqué la première grande rupture avec le colonialisme. Au départ, le mot négritude signifie une prise de position du Noir vis-à-vis du monde défini et conçu selon les valeurs du Blanc. Il s'agit de s'élever contre le déni des valeurs africaines par l'idéologie eurocentriste et raciste et de combattre ce séculaire et spécifique racisme anti-nègre que le Blanc avait bien fallu développer pour justifier la traite et l'esclavagisme, puis la colonisation. La négritude est la manifestation d'une manière d'être origi-nale. C'est une révolution efficace contre le phénomène de l'assimilation culturelle. Elle est aussi un instrument efficace de libération.

Née à Paris, entre les deux guerres, la négritude émerge au milieu du brassage d'idées que provoquent en Europe les séquelles de la guerre, le mouvement surréaliste, la naissance de l'idéologie marxiste, l'intérêt pour la psychanalyse et les revendications des pays colonisés. L'heure est aux questionnements et le climat propice à l'interrogation de cette « civi-lisation » qui se sert de ses « progrès » scientifiques et technologiques pour mieux asservir les peuples et mener des guerres de plus en plus meurtrières et barbares. De jeunes intellectuels antillais et africains venus faire leurs études « en métropole » se découvrent alors une cause com-mune : le refus du dénigrement dont la race noire fait l'objet depuis les premiers contacts de l'Europe avec le « continent noir ». Prenant exemple aussi des écrivains de la Negro Renaissance de Harlem des années 1920 (Langston Hughes, W. E. B. Dubois, Claude Mackay, etc.), les écrivains

---

10. Sur l'histoire de la littérature africaine, les ouvrages consultés sont surtout les livres de Lilyan Kesteloot, *Histoire de la littérature négro-africaine*, Paris, Kartala/AUF, 2001 ; Jacques Chevrier, *La littérature nègre*, Paris, Arman Colin, 1984 ; Mohamadou Kane, *Roman africain et traditions*, Dakar, Nouvelles éditions africaines, 1983 ; Amadou Koné, *Des textes oraux au roman moderne, Étude sur les avatars de la tradition orale dans le roman ouest-africain*, Frankfurt, Verlag, 1993 ; Josias Semujanga, *Dynamique des genres dans le roman africain. Éléments de poétique transculturelle*, Paris, L'Harmattan, 1999 et Séwanou Dabla, *Nouvelles écritures francophones. Romanciers de la seconde génération*, Paris, L'Harmattan, 1986.

du mouvement de la négritude s'élèveront contre le racisme, mais aussi contre les valeurs capitalistes, matérialistes, rationalistes et chrétiennes qui ont cautionné l'esclavagisme et l'entreprise coloniale. Et pour mieux se faire entendre, ils créeront leurs propres forums : plusieurs revues seront fondées, souvent éphémères, mais non moins fécondes en paroles fulgurantes : *La Revue du monde noir* (six numéros parus entre novembre 1931 et avril 1932), *Légitime défense*, 1932 (un seul numéro, mais qui se lit comme un manifeste), *L'Étudiant noir* (1934-1940). En prose et poésie, on revendique la liberté créatrice, prône le retour aux sources et dénonce toute forme d'oppression : « ni asservissement, ni assimilation : émancipation », clame Aimé Césaire (Martinique), chef de file du mouvement, avec Léopold Sédar Senghor (Sénégal) et Léon Damas (Guyane). Et même si, rétrospectivement, la superposition des notions de race et culture paraît hautement problématique, cet amalgame ayant été pratiqué d'abord par l'Occident impérialiste, il fallait dans un premier temps réclamer sa dignité en se servant des termes que le discours social de l'époque fait circuler et que le public est en mesure de « recycler ».

La négritude se définit donc, dans ses principes, comme une entreprise de réhabilitation des valeurs de l'homme noir. Elle crée un mythe inverse de celui de la dénégation blanche. C'est ce que Frantz Fanon appelle le manichéisme délirant, c'est-à-dire que le discours de la négritude ne fait qu'inverser l'équation du récit colonialiste et esclavagiste. Et comme la négritude a d'abord été une affaire de poètes, c'est à travers leurs œuvres qu'il faut en découvrir l'esprit. Elle a imposé une image et un modèle du Nègre et de sa poésie : victime de la barbarie coloniale, le poète noir élève contre elle la protestation de son chant, et comme le poète est nègre, son chant acquiert de ce fait toutes les vertus nègres. Elle est pour les poètes de la négritude une esthétique, même si la dimension politique l'accompagne. Dans *Cahier d'un retour au pays natal*, Aimé Césaire[11] développe une thématique de la libération de l'homme noir et compose un texte fondateur où le français est réinventé et mis au service de l'affirmation de la culture des peuples noirs. En 1948, Léopold Sédar Senghor publie *La nouvelle anthologie de la poésie nègre et malgache*[12]. La

---

11. Aimé Césaire, *Cahier d'un retour au pays natal*, Paris, Présence africaine, 1939.
12. Léopold Sédar Senghor, *La nouvelle anthologie de la poésie nègre et malgache*, Paris, PUF, 1948.

préface de Jean-Paul Sartre, «Orphée noir», fut retentissante au point que cette anthologie marque véritablement la naissance de la littérature africaine d'expression française. Selon Sartre, la négritude, qui est une réaction négative contre le racisme blanc, est appelée à évoluer, car la négritude, notion subjective, est destinée à se résoudre à un niveau objectif par la mobilisation du prolétariat. Elle est appelée à un avenir où elle cédera la place à de nouvelles valeurs. Une année auparavant (1947), *Présence africaine*, revue et maison d'édition, avait commencé le projet de diffuser les œuvres artistiques et les essais sur l'Afrique et le monde noir en général.

La négritude s'est félicitée et a tiré avantage d'un certain changement de mentalités vis-à-vis de l'Afrique. Parmi certaines revalorisations de l'Afrique par la culture occidentale de l'époque, il y a la découverte de l'art africain par Apollinaire, Picasso et les grands inventeurs de la peinture moderne, fascination pour le jazz dès les années 1920 et ce que Césaire a appelé la grande trahison des ethnologues, c'est-à-dire l'abandon par les anthropologues des postulats de l'inégalité des races et des cultures et l'acceptation d'un relativisme culturel.

Les grands thèmes de la littérature africaine

Même si logiquement le roman africain prend la suite du roman colonial, il en subvertit néanmoins l'esprit. Il s'agit d'un changement de perspective dans la façon d'écrire à partir de l'Afrique et sur elle. Pour beaucoup de romanciers, il fallait décrire l'Afrique de l'intérieur, témoigner de sa misère coloniale ou ses grandeurs précoloniales, ce qui n'est pas allé sans susciter beaucoup de débats sur la mission de l'écrivain africain. Très révélatrices à cet égard sont les attaques lancées, à sa sortie, contre *L'enfant noir* de Camara Laye[13]. La critique a reproché à l'auteur de se complaire dans un tableau d'une Afrique «paisible, belle, maternelle, conforme à l'image attendue par le petit-bourgeois [...]. Est-il possible que pas une seule fois, Laye n'ait été témoin d'une seule petite exaction de l'administration coloniale?» Néanmoins, *L'enfant noir* marque une étape. Il commence un courant: le roman engagé de la première génération.

---

13. Il ne s'agit ici que de remarques d'introduction; les précisions sur les auteurs et les œuvres cités figurent dans les chapitres consacrés à chacune des grandes régions de la francophonie littéraire: Afrique, Caraïbes, Maghreb.

Pour la critique de l'époque, le roman africain ne saurait se développer qu'en rompant avec les images de l'Afrique construites par le discours colonial. Et en une quinzaine d'années (1953-1967), plusieurs écrivains engagés dans le combat politique imposent l'existence du roman africain très vivant : Mongo Beti (*Le pauvre Christ de Bomba*, 1956 ; *Ville cruelle*, 1954), Bernard Dadié (*Climbié*, 1956), Ferdinand Oyono (*Le vieux nègre et la médaille*, 1956 ; *Une vie de boy*, 1960), Djibril Tamsir Niane (*Soundjata ou l'épopée mandingue*, 1960), Ousmane Sembène (*Les bouts de bois de Dieu*, 1960), Cheikh Hamidou Kane (*L'aventure ambiguë*, 1961).

En 1963, les éditions *Présence africaine* publient une anthologie en deux volumes : *Romanciers et conteurs négro-africains*. Même étendu à l'ensemble du monde noir, ce premier bilan de la production romanesque témoignait d'une très belle vitalité. Après l'indépendance, la politique d'africanisation de l'enseignement et la volonté d'introduire des auteurs africains dans les programmes ont encouragé la publication des classiques, manuels, extraits commentés, etc. et ont incité à des rééditions en collections de poche. Et en quelques années, les premiers romans africains sont devenus des classiques. Un espace romanesque africain est constitué. Avec le recul du temps, certains romans se détachent comme des œuvres-clés : *Le pauvre Christ de Bomba* (1956), *Le vieux nègre et la médaille* (1956), *Les bouts de bois de Dieu* (1960), *L'aventure ambiguë* (1961), sans oublier *L'enfant noir* (1953), beaucoup moins conformiste que ne l'avait cru la critique à la parution.

Des lignes de convergence apparaissent : sobriété de l'écriture, préférence pour le réalisme, engagement clairement assumé, volonté de se déprendre des images reçues d'une Afrique à l'usage européen, souci de dévoiler la dynamique à l'œuvre dans les sociétés africaines. Le roman africain privilégie les formes où peut se développer une enquête sur l'identité. Globalement, deux types de romans dominent la production littéraire dite de la première génération : le roman historique et le roman d'éducation. Toute communauté humaine qui veut affirmer son identité nationale cherche dans l'Histoire la légitimation de son existence. De ce fait, le roman peut être un moyen commode de conserver et de magnifier la mémoire des temps anciens. Le roman historique est donc le genre nécessaire de tout nationalisme littéraire. L'Afrique en a donné une curieuse confirmation au début du xxᵉ siècle.

Thomas Mofolo, instituteur sotho dans une mission protestante d'Afrique du Sud, avait écrit en langue sotho l'histoire épique du grand chef zulu Chaka qui, entre 1818 et 1828, avait fondé un vaste empire dans le sud de l'Afrique avant d'être assassiné par ses lieutenants. L'intention de Mofolo était de composer une œuvre d'édification chrétienne, condamnant le paganisme en montrant que l'ascension et la chute de Chaka étaient dues à d'abominables pratiques de sorcellerie, allant jusqu'au meurtre de ses proches. Cependant le livre, écrit en 1908, ne fut publié qu'en 1925, car il effarouchait les missionnaires. En effet, malgré la sincérité de son adhésion au christianisme, Mofolo avait donné à son roman-épopée le souffle des anciennes légendes : il rendait fascinantes les forces magiques assurant la cohésion du monde ancien, et grandioses l'aventure politique et les conquêtes de Chaka. Au lieu du roman missionnaire attendu, Mofolo avait écrit le premier roman historique de la littérature africaine moderne. Une traduction française de *Chaka, une épopée bantoue* de Mofolo fut publiée en 1940[14]. Par la suite, le chef zulu a inspiré beaucoup d'écrivains africains : Léopold Senghor (« Chaka : poème dramatique à plusieurs voix », *Éthiopiques*), Seydou Badian (*La mort de Chaka*, 1961) ou Tchicaya U Tam'si (*Le Zoulou*, 1977). Chaka est ainsi devenu (avec l'Haïtien Toussaint Louverture et le Congolais Patrice Lumumba) un des héros fondateurs de l'imaginaire négro-africain. Son mythe incarne les rêves d'unification africaine et de construction nationale, mais aussi le vertige du pouvoir.

En racontant dans *Doguicimi* (1938) les débuts du règne de Guézo, roi d'Abomey vers 1820-1830, Paul Hazoumé obéit à des intentions proches de celles de Mofolo : il veut opposer les cruautés du paganisme (avec les sacrifices humains) aux bienfaits apportés par le christianisme et l'humanisme occidental. Mais en traçant un tableau mi-ethnographique, mi-épique de l'histoire du Dahomey au XIXᵉ siècle, Hazoumé est conduit à donner une image exaltante de l'Afrique ancienne : faste de la cour royale, subtilités des anciennes coutumes, désir du roi de maintenir l'intégrité et l'indépendance du royaume. Une fois de plus, le roman historique prépare l'éveil du sentiment national. Le roman historique africain s'est nourri du récit historique traditionnel. Ainsi est né un genre

---

14. Josias Semujanga « *Chaka* de Mofolo : entre l'épopée et sa réécriture », *Neohelicon*, vol. 21, nº 2, 1994, p. 261-277.

original : l'épopée transcrite, la légende historique notée de la bouche même des griots et autres dépositaires de la parole traditionnelle. Jean Malonga reprend, dans *La légende de M'pfoumou Ma Mazono* (1954), l'histoire mythique de son peuple et réussit à rendre la connivence profonde qui unit les hommes de la forêt et la nature. De même, en restant proche du récit oral dont il conserve la saveur du terroir et la naïveté épique, Djibril Tamsir Niane raconte, dans *Soundjata ou l'épopée mandingue* (1960), l'origine de la dynastie des Keita et du glorieux empire mandingue du Mali. Cette épopée, qui remonte au XIIIe siècle, est restée très populaire en Afrique de l'Ouest et conserve beaucoup de séduction dans la version française de Niane.

D'autres romanciers se rapprochent du modèle occidental du roman historique comme construction du passé à travers la fiction. Nazi Boni, dans *Crépuscule des temps anciens* (1962), se fait encore le chroniqueur de trois siècles du Bwamu (Burkina Faso), même s'il insiste sur l'arrivée des premiers Européens. Jean Ikele Matiba, dans *Cette Afrique-là* (1963), évoque le passage, au Cameroun, de la colonisation allemande à la française. Mais il n'y a pas, en langue française, de roman historique aussi réussi que *Le monde s'effondre* (*Things Fall Apart*, 1958) de Chinua Achebe. Ce roman est une peinture de l'Afrique précoloniale et de la désagrégation de la vie communautaire avec l'arrivée des colons européens.

On peut établir un parallèle entre le roman historique, qui tend plus ou moins à raconter la naissance d'une nation, et le roman d'éducation, qui raconte la formation de l'individu, à travers les épreuves qu'il rencontre dans son parcours. Ce type de roman est une des formes préférées du roman africain de la première génération. Il prend volontiers le ton de la confidence personnelle : récit d'apparence autobiographique à la première personne. Même quand le roman feint l'objectivité de la troisième personne, le personnage principal est le seul à posséder quelque épaisseur romanesque : il se détache parmi les silhouettes de comparses, sur le fond d'un milieu social rapidement brossé, victime d'une suite d'événements qui s'abattent sur lui comme au hasard. Le roman reflète le retentissement d'une aventure sur une conscience. En toile de fond au roman d'éducation, l'affrontement de deux mondes : le village et la ville, la tradition et le modernisme, l'Afrique et l'Europe, etc. Le monde traditionnel, incarné par le village ou le quartier natal du héros, se confond avec l'enfance, dont il garde le prestige. C'est le paradis du temps perdu, univers merveilleux et sans problèmes où le bonheur était à la portée de la main. En face, la grande ville africaine, déjà étrangère, ou l'Europe, que le héros découvre pour y poursuivre ses études, figure un monde de la rupture et du discontinu (alors que le monde traditionnel se développait dans un temps homogène et harmonieux), un monde du malheur, imprévisible, inéluctable, qui s'acharne sur le héros désarmé. Le roman d'éducation raconte le passage d'un monde à l'autre, l'arrachement dramatique au monde ancien, dans l'effondrement de toutes les valeurs, la naissance douloureuse au monde moderne. Quittant la vie collective pour un destin individuel, la solidarité pour la solitude, le sacré pour le rationnel, la sagesse et la sécurité pour l'inquiétude et l'angoisse, le héros connaît une nouvelle version de l'épreuve archétypique de la Chute. Expulsé du « paradis africain », il doit apprendre à vivre dans le monde malheureux de la modernité. Ces romans de formation apportent des témoignages précieux sur l'histoire morale et intellectuelle d'une Afrique en mutation. Ainsi, *Cimbié* (1953) de Bernard Dadié, fortement autobiographique, évoque l'itinéraire d'un de ces cadres africains passés par l'école occidentale et entrés dans l'administration coloniale, et *Kocumbo l'étudiant noir* (1960), d'Aké Loba, raconte la découverte par un jeune broussard transplanté à Paris de la vie occidentale, de ses séductions et de ses turpitudes. *L'enfant noir*, de Camara Laye (1953), appartient à la même famille romanesque, même si l'accent est mis bien davantage sur le monde heureux de l'enfance que sur le départ pour Conakry, la grande ville, puis pour la France. Par la grâce d'un récit fluide, le lecteur est introduit à Kouroussa, village natal du narrateur, puis à Tindican, village de ses vacances au pays de sa mère. Ce sont des lieux ordonnés par les rites et les rythmes des hommes et des puissances naturelles : fabrication de bijoux en or par le père forgeron, sous la protection d'un petit serpent noir, fêtes de la moisson, rituel des repas, cérémonie de la circoncision… Camara Laye a raconté qu'il avait écrit *L'enfant noir* alors qu'il était travailleur immigré dans une usine d'automobiles de la banlieue parisienne : dans le froid d'une modeste chambre d'hôtel, l'écriture ranimait les images lumineuses de son enfance guinéenne. Ce roman doit ainsi se lire comme un recours contre l'exil, contre l'arrachement d'un être à ses racines.

Les années 1960 semblent marquées par un relatif tarissement de la production littéraire africaine comme si les indépendances avaient mobilisé les énergies intellectuelles pour les tâches les plus urgentes. D'un côté, les écrivains majeurs, devenus ministres, diplomates (Oyono, Kane) n'ont plus publié et de l'autre côté, les conditions de circulation des textes changent. Des maisons d'édition africaines se créent. Un public littéraire africain se constitue. Les textes trouvent un lectorat plus adéquat, mais aussi plus limité. Des tendances nouvelles apparaissent. L'idéologie de la négritude, qui magnifie le passé de l'Afrique et qui alimente les thèmes du roman historique, par exemple, commence à être mise en cause. Et cette remise en question de l'imagerie littéraire positive du monde africain avait déjà trouvé une expression décisive dans les essais qui, comme ceux de Frantz Fanon, Marcien Towa ou Stanislas Adotevi, réfutaient parfois violemment les thèses de partisans de la négritude comme Senghor. Le roman ne tarde pas à s'en mêler.

Déjà, en 1966, Ousmane Sembène, dans la préface à *Vehi Ciosane*[15] traitant de la décadence de la noblesse à travers l'histoire incestueuse, refuse toute complaisance :

> La débilité de l'homme de chez nous — qu'on nomme Africanité, notre Négritude — et qui, au lieu de favoriser l'assujettissement de la nature par les sciences maintient l'oppression, développe la vénalité, le népotisme, la gabegie et ces infirmités par lesquelles on tente de couvrir les bas instincts de l'homme — que l'un de nous le crie avant de mourir — est la grande tare de notre époque[16].

En 1968, le roman de Yambo Ouologuem, *Le devoir de violence*, introduit une rupture féconde : sa verve iconoclaste s'attaque aussi bien à la sottise de l'africanisme scientifique des ethnologues qu'aux mythologies de la négritude. L'impartialité de la description, puis la froide contestation de la tradition africaine sont remplacées par une violente condamnation de l'Afrique précoloniale. Ce roman détruit en effet nombre d'idées reçues et pas seulement des moindres. Toute la mythologie du passé glorieux africain passe au crible acerbe de l'auteur, s'apparentant à la condamnation sans appel, et c'est par cet aspect que le roman ouvre une nouvelle génération de romans dont la particularité est davantage la recherche des procédés narratifs que la glorification de l'Histoire. En convoquant la figure de l'Histoire africaine, le narrateur multiplie incessamment des

---

15. Ousmane Sembène, *Vehi Ciosane*, Paris, Présence africaine, 1966.
16. *Ibid.*, p. 16.

versions de ce passé par divers précédés littéraires comme l'ironie, la caricature ou la parodie, comme si, par là, il voulait confirmer non pas la permanence d'un sujet africain identique à travers le temps, comme l'ont créé les mythologies de la négritude, mais la vigueur d'un sujet historique en train de se faire. C'est peut-être en démontrant que l'Histoire officielle de l'Afrique et celle du roman sont par essence incomplètes, en soulignant qu'elles ne s'installent jamais dans les significations définitives, qui réduisent l'écriture romanesque à une simple transcription des vérités historiques, que *Le devoir de violence* révèle au lecteur sa plus grande vérité.

Ahmadou Kourouma, avec *Les soleils des indépendances* (1968), rompt, lui aussi, avec la langue d'écriture conventionnelle et introduit le ton ironique dans sa description des héros de l'Afrique précoloniale. Il donne congé au français académique, scolaire, normatif, qui était de mise dans le roman africain de la première génération. Kourouma invente une langue d'écriture empruntant au malinké et au français. Il traduit l'univers malinké en français.

Par ailleurs, certains romanciers de la première génération — Mongo Beti et Ousmane Sembène — renouvellent leur thématique et leur mode d'écriture. Le sujet romanesque devient à la fois l'évolution des sociétés africaines politiquement indépendantes et la recherche des formes littéraires propres à l'univers africain. En effet, après les romans de l'espérance de libération vient le temps des romans problématiques qui posent jusqu'à en désespérer la question du devenir de l'Afrique : romans du despotisme centrés sur l'ogre du pouvoir — Alioune Fantouré, Tierno Monénembo, Sony Labou Tansi — et romans de la souffrance de l'Afrique victime des calamités naturelles ou de la corruption des pouvoirs : Valentin-Yves Mudimbe, William Sassine, Jean-Marie Adiaffi, Boubacar Boris Diop. Les héros de ces romans sont en proie au malaise et à l'incertitude sur leur identité. Ils flottent dans un univers romanesque ubuesque.

Mais l'originalité des écrivains de la deuxième génération réside dans la recherche des procédés littéraires. En effet, tout un travail se fait sur la forme même du roman africain. Et certaines audaces stylistiques se trouvent dans le mélange des genres des récits de la tradition orale africaine et des procédés narratifs du roman de type occidental. Et l'autre fait littéraire le plus marquant, à partir des années 1980 a été également l'arrivée des femmes à l'écriture. Aminata Sow Fall, Mariama Bâ, Nafissatou Diallo, etc. sont autant de romancières qui sont venues à l'écriture à partir des années 1980 et qui ont permis le développement d'un genre romanesque en particulier : le récit autobiographique. Divers signes manifestent l'autonomie de la littérature africaine : augmentation régulière du nombre des publications, apparition de formes littéraires populaires — roman-feuilleton, roman policier, littérature de marché, etc. —, réseaux de diffusion africains — école, bibliothèque, librairie, etc. Même si cette évolution demeure encore fragile, car le livre reste un objet rare et cher, le livre est entré dans l'imaginaire social africain. Par ailleurs, il n'y a plus une littérature africaine monolithique, mais déjà des domaines littéraires camerounais, congolais, ivoiriens, sénégalais, etc. Depuis les années 1970, les écrivains ne se sentent plus investis, comme les pères fondateurs de la négritude, d'une imposante mission historique. Ils ne veulent plus confondre le rôle d'écrivain et de tribun. Leur vocation et leur travail consistent d'abord à écrire de bons livres. C'est sans doute l'exigence qui rassemble plusieurs œuvres d'auteurs qui ont acquis une renommée internationale.

La littérature francophone de la Caraïbe

Si nous choisissons ici le terme de Caraïbe, c'est qu'il comprend, entre autres, à la fois les Antilles (françaises dans notre cas) et la Guyane. Nous accordons une place particulière à Haïti, dont la production littéraire est fort importante.

La littérature des Antilles-Guyane

On remarque que la littérature de langue française commence véritablement avec les œuvres écrites par les colons français établis longtemps sur les îles : les békés. L'histoire du pays impose cette distinction raciologique du fait littéraire. Car, dominée par le système esclavagiste, la société antillaise a vu s'affronter durant trois siècles une minorité privilégiée de culture française et une majorité noire de souche africaine. Cette classe privilégiée, qui détenait le pouvoir économique et politique, avait les moyens d'apprendre le français, langue de l'administration et de la culture, tandis que les esclaves, à qui il était interdit de s'alphabétiser, utilisaient, eux, uniquement le créole, langue non écrite. Il est logique donc, comme le montre Léon-François Hoffmann dans *Littératures francophones des Amériques*[17], que ce sont les Blancs qui ont écrit les premiers textes de la littérature antillo-guyanaise.

C'est au xixe siècle qu'apparaissent les textes signés par les auteurs békés et les thèmes vantant le bonheur de vivre dans les îles. Au lendemain de la Révolution française, les Blancs des îles redoutent la politique abolitionniste en cours à Paris. Ils prennent les devants en faisant la propagande, par le biais de la littérature, des bienfaits de l'esclavage pour toucher le public français ; d'où l'apparition coup sur coup des œuvres qui vantent les mérites de l'aristocratie insulaire garante de la « civilisation » face à la « barbarie » des Noirs.

Comme on pouvait s'y attendre, l'abolition de l'esclavage en 1848 allait éteindre définitivement cette littérature. Un autre courant lui succéda cependant : la nostalgie du paradis perdu de l'époque esclavagiste. Celui-ci ne dura pas longtemps, non plus. Il donna l'œuvre de Saint-John Perse, Alexis Leger de son vrai nom, qui préféra quitter les îles plutôt que de vivre les temps nouveaux de la liberté des esclaves noirs affranchis. Il raconte cette nostalgie, notamment dans *Éloges* (1911).

Un nouveau thème réunit cette fois les écrivains aussi bien blancs, noirs que métis ; il s'agit du mythe des *Antilles heureuses*. Ce thème connaît son apogée lors de l'exposition du même nom tenue à Paris en 1945. Cette littérature vante la vie heureuse des habitants des îles vivant en harmonie les uns avec les autres grâce à la langue et la culture françaises. Ils réclament une autonomie politique dans le cadre de l'Union avec la France. Sur le plan littéraire, la poésie domine les autres genres et imite les écoles poétiques de la métropole. Tous les écrivains peignent inlassablement le même tableau, font appel aux mêmes procédés tantôt parnassiens, tantôt symbolistes, comme Marcel Achard dans *La muse pérégrine* (1924) ou *La cendre empourprée* (1927).

À ce courant succéda un autre qui, tout en soutenant la politique de l'assimilation, s'en écarte par la critique féroce qu'il fait du système colonial dans les colonies (René Maran, *Batouala*, 1921) et du système d'exploitation des Antillais noirs dans l'économie de la canne à sucre

---

17. Jack Corzani, Léon-François Hoffmann et Marie-Lyne Piccione, *Littératures francophones des Amériques. Haïti, Antilles-Guyane, Québec*, Paris, Bélin, 1998.

(Joseph Zobel, *Diab'-la*, 1946). On trouve, dans ce courant, le thème nouveau de la défense passionnée du Noir et la critique sans ménagement du racisme. Mais cette thématique allait trouver son essor de manière éclatante dans la poésie de la négritude.

Même si, comme on l'a déjà noté pour le cas de la littérature africaine, la négritude est contestable sur le plan intellectuel, il n'en demeure pas moins que c'est le courant littéraire et poétique le plus important de la littérature antillaise. Elle a permis aux poètes antillais de crier haut et fort leur révolte contre un système qui niait leur subjectivité. Ce faisant, en tant qu'avant-garde littéraire, la négritude allait révolutionner la lit-térature antillaise dans sa thématique et dans sa forme, en chantant la beauté, la danse, le rythme, la grandeur de l'Afrique-mère sur des airs du surréalisme révolutionnaire et de l'idéologie communiste proclamant l'égalité des hommes, au-delà de la couleur et de la condition sociale. Citons parmi les œuvres marquantes de cette école, *Pigments* de Léon-Gontrand Damas (1937) et *Cahier d'un retour au pays natal* d'Aimé Césaire (1939). Dans ces deux recueils de poésie, les thèmes de la négritude sont présents : exaltation de l'Afrique-mère, opposition du monde noir et du monde blanc et de leurs valeurs, thèmes qui sont déjà étroitement liés au thème anticolonialiste. Grâce à ce mouvement, une profonde mutation psychologique s'opère dans la conscience des jeunes Antillais après 1945. Alors qu'avant la négritude, leurs yeux étaient tournés vers Paris, avec la négritude, les jeunes se découvrent une personnalité liée à leur histoire de descendants d'esclaves et qui ont la fierté d'appartenir à la race noire.

Autant les poètes de la négritude développent les thèmes de la renais-sance de l'Afrique-mère, autant leur style demeure classique dans ce sens que même si la prosodie est libérée des contraintes du rythme du poème français, c'est par rapport aux nouveautés formelles adoptées déjà par le surréalisme. La langue ne recourt pas aux néologismes par le créole comme on pouvait s'y attendre. Parmi les multiples raisons qui président à ce choix, il y a certainement le public international auquel s'adressent avant tout les poètes et la thématique révolutionnaire qui se veut univer-saliste sous les airs de libération de l'Afrique. C'est d'ailleurs sur ce thème qu'un nouveau courant littéraire contestera les positions de la négritude.

En effet, le courant de l'antillanité reprochera aux poètes de la négri-tude d'être trop extravertis en se désintéressant de la culture créole. Déjà,

Frantz Fanon (*Peau noire, masques blancs*, 1952) avait noté le caractère mythifiant de la négritude, tout en reconnaissant la vertu psychologique désaliénante du mouvement. À la suite de Fanon et d'autres écrivains, Édouard Glissant va réactiver une autre position qui, bien qu'antérieure à la négritude, chronologiquement parlant, était demeurée en veilleuse durant les années de gloire du mouvement conduit par Aimé Césaire. En s'appuyant sur l'histoire et la culture propres aux îles de la Caraïbe, le courant de l'antillanité valorise la créolité, une identité née du syncrétisme et du métissage, à la fois linguistique et culturelle, rassemblant une réalité humaine plus composite : les Blancs (Békés), les Indiens, les Syrolibanais, tous les immigrés de diverses races, en plus de la race noire, qui habitent les Antilles et qui ne se sentent pas concernés par les positions de la négritude dont la tendance a été de racialiser systématiquement les problèmes culturels et politiques.

Sur le plan littéraire, *La lézarde* (1958) d'Édouard Glissant a été la première œuvre importante à donner corps au courant de l'antillanité. Ce roman a pour thème l'action révolutionnaire de jeunes Martiniquais au lendemain de la guerre de 1945. Le romancier allait suivre ce thème du pays en recourant à l'histoire des Antilles dans ses œuvres ultérieures, notamment dans *Le Quatrième siècle* (1964), *Malemort* (1975), *La case du commandeur* (1981) ou *Mahagony* (1987) pour souligner la force de la communauté malgré les brimades de la colonisation. Il existe beaucoup d'œuvres littéraires, surtout des romans, inspirés de cette poétique de l'antillanité, de sorte qu'on peut dire que malgré quelques désaccords de détail, nombre d'écrivains majeurs des Antilles, déçus par les positions racialisées de la négritude et son ambiguïté sur le plan politique, ont utilisé les thèmes chers à l'antillanité de Glissant.

C'est le cas de Maryse Condé, dont l'œuvre, malgré les références à l'Afrique (*Les derniers rois mages*, 1992 ; *La colonie du nouveau monde*, 1993), met davantage l'accent sur les conditions des descendants des esclaves dans les Antilles et dans les Amériques en général avec un ton tragique et une volonté manifeste d'explorer les ressorts complexes d'une société composée de plusieurs races.

Ce thème de l'antillanité domine également l'œuvre de la romancière guadeloupéenne Simone Schwarz-Bart, surtout son troisième roman, *Ti-Jean L'Horizon* (1979), où le héros issu des récits folkloriques créoles, au terme d'un voyage fantastique qui l'a conduit en Afrique et en Europe, deux mondes qui l'ont rejeté tour à tour, revient en Guadeloupe. Par ce retour au pays natal, il acquiert le pouvoir d'abattre la « Bête » qui avait avalé le soleil et plongé l'île dans l'obscurité, bête dans laquelle le lecteur reconnaît aisément l'allégorie de la sujétion coloniale sur l'île. Ses romans antérieurs, *Un plat de porc aux bananes vertes* (1967), *Pluie et vent sur Télumée Miracle* (1972), témoignent également de cette volonté de recentrer l'intrigue dans l'univers créole.

On peut rapprocher l'œuvre de Daniel Maximin aussi des thèmes de l'antillanité. Son œuvre romanesque, *L'isolé soleil* (1981), *Soufrières* (1987) et *L'île et une nuit* (1995), présente des caractéristiques similaires des autres auteurs antillanistes, comme la quête de l'identité antillaise. La particularité de cette œuvre est le recours à l'intertextualité pour créer un espace de réception antillais établissant un dialogue entre les différents écrivains de plusieurs générations. Cette complicité entre créateurs et lecteurs autour des textes de l'espace littéraire antillais révèle sans doute la maturité d'une œuvre qui revendique l'identité par des procédés purement littéraires.

Sur le plan stylistique et littéraire, l'antillanité se caractérise d'une part par une recherche linguistique mélangeant les tournures et expressions créoles et le style du français classique, et d'autre part une contamination de l'écrit par les principes de l'oralité, donnant à la plupart des romans un air baroque. On sent une volonté de créoliser le français par des paroles rapportées dans un souci de créer l'effet de réel, mais aussi de raconter, de narrer différemment. Cette créolisation affecte donc tous les éléments du texte narratif. Il s'agit de plier la langue française aux préoccupations des écrivains et de trouver leur propre voie plutôt que de se conformer aux normes du français académique, comme l'ont fait leurs prédécesseurs. Le mouvement de l'antillanité met l'accent sur la liberté de l'écrivain qui trouve la voie de son écriture à partir de la culture métisse et bilingue des Antilles. Avec le courant créoliste, le principe du mélange des langues et des genres du créole et du français devient un impératif catégorique, essentialiste et idéologique dictant ses principes à la création artistique.

Le mouvement créoliste prend ses distances de l'antillanité en ayant les mêmes principes de base, le fait d'être créole, et ce que cela implique sur le plan de la création artistique, notamment la situation métisse et bilingue des îles. Qu'est-ce que la créolité ? En 1989, paraît un essai sous le titre *Éloge de la créolité* signé par Jean Bernabé, Raphaël Confiant et Patrick Chamoiseau. Ce manifeste se présente comme un « art poétique » et une démarche esthétique visant à créer des œuvres artistiques en produisant un langage créole au sein même de la langue française. Ainsi, la créolité semble, à première vue, s'inscrire dans la continuité de l'antillanité, puisque le mouvement entend renoncer au fétichisme linguistique du français académique et préconise un usage libre, responsable et créateur du français, notamment par la créolisation de la langue de Molière. D'ailleurs, les deux écrivains signataires du manifeste avaient déjà publié des textes qui s'inspirent de ces principes et qui s'inscrivent dans la droite ligne de l'antillanité littéraire en cours depuis déjà les années 1960, même à l'époque où la négritude dominait la scène de la littérature antillaise et africaine. Ainsi, Patrick Chamoiseau était déjà reconnu, entre autres, à cause de cette verve créolisante, notamment dans *Chronique des sept misères* (1986) et *Solibo Magnifique* (1988). Il en est de même de Raphaël Confiant qui venait de publier *Le Nègre et l'amiral* (1988), dans la même veine. Mais *Éloge de la créolité* est plus qu'un texte visant la fondation d'un mouvement artistique et littéraire : c'est aussi un manifeste idéologique qui, comme le montre le chapitre consacré aux rapports entre créolité et politique, entend remplacer l'idéologie panafricaine de la négritude par une vision nationaliste ancrée dans les Antilles, aussi bien dans les domaines littéraire, culturel, artistique et politique. Le manifeste vise alors à expliquer le réel antillais de façon globale et totalitaire comme tout système de pensée de nature idéologique. À l'écrivain, il assigne les préceptes pour écrire une bonne œuvre créole à défaut desquels une œuvre sera condamnée. Et, comme le montre l'analyse de Jack Corzani (1998), « l'ex-communication » pointe à l'horizon, confirmée par la lecture que font les auteurs de la littérature antillaise dans *Lettres créoles, tracées antillaises et continentales de la littérature, 1635-1975* (1991) : il n'y a avant la littérature de la « créolité », qu'une « pré-littérature » et seules les œuvres se conformant aux canons de la nouvelle idéologie seront en mesure d'édifier une « littérature antillaise authentique[18] ». Cette vision sera fortement critiquée par nombre d'écrivains et d'intellectuels antillais. La critique la plus

---

18. Glissant cité par Corzani, *ibid.*, p. 152.

sévère a été formulée par Édouard Glissant, sans doute le mieux placé car les principes de la créolité s'inscrivent dans la suite du courant de l'antillanité, dont l'auteur est l'initiateur. Dès 1993, rappelle Corzani (1998), citant l'auteur, car aux yeux de Glissant il faut «inventer une autre trace que la revendication identitaire, il faut que nous soyons les inventeurs de nous-mêmes [...]. Je suis hostile à la créolité qui est une prison comme la latinité, la francité ou la négritude.»

Mais au-delà de la dimension identitaire de l'école créoliste, des œuvres qui se réclament de ce courant sont d'une grande qualité littéraire, comme en témoignent les distinctions obtenues par certaines d'entre elles, comme *Texaco* (1992) de Chamoiseau qui a obtenu le prix Goncourt.

Tous les romans sont caractérisés par le mélange des genres où les formes du conte, des récits folkloriques créoles, sont amalgamées aux modes de narration habituels du roman. Ces textes sont caractérisés par un style inventif qui, tout en créant un univers imaginaire antillais, s'avèrent surtout une quête de l'écriture romanesque dans une société imprégné des modes oraux. Parmi tant d'œuvres, on peut retenir l'exemple du genre dans *Solibo Magnifique* de Chamoiseau. Tout à la fois conte, roman, pièce de théâtre, tragédie, comédie, farce, roman policier, le récit est un mélange de genres réussi où le lecteur apprécie cette inventivité de l'auteur. Quoique à un moindre degré, il en est de même pour *Texaco* et *Antan d'enfance* du même auteur ou d'*Eau-de-café* et *Le Nègre et l'amiral* de Confiant. La réception a été positive en France à cause de fibres exotiques que n'ont pas manqué de toucher ces formes créolisantes des œuvres. Elle a été ambiguë aux Antilles, comme le dit Maryse Condé que cite Corzani: «Pour se convaincre de l'authenticité de l'image de leur pays natal contenue dans leurs écrits, ils s'enorgueillissent de faire recette dans les milieux littéraires de l'Hexagone toujours à la recherche de nouveaux exotismes[19].» Mais le malentendu vient davantage de la créolité en tant qu'idéologie et non des œuvres qui, elles, sont plutôt bien accueillies aussi bien par la critique journalistique et universitaire. Car ces œuvres, loin de révéler une certaine essence créole, sont plutôt appréciées et jugées comme des inventions artistiques originales mettant en œuvre des styles et imaginaires encore inédits.

---

19. Condé cité par Corzani, *ibid.*, p. 161.

Ainsi, pendant longtemps et jusqu'au début des années 1940, le courant littéraire était dominé par le courant qu'on peut appeler la *francité*. Les auteurs se réclamant de cette idéologie rattachaient la culture et la littérature antillaises à la France et ignoraient superbement la langue et la culture créoles. On a qualifié ce courant de littérature de la *décalcomanie*, imitant les courants littéraires français. La *négritude* remplacera ce courant en mettant l'accent sur l'héritage africain des Antilles. Elle révolutionne les lettres antillaises avec l'entrée en scène d'Aimé Césaire, dont le talent et l'engagement politique deviennent des modèles pour plus d'une génération d'auteurs et d'intellectuels antillais. Au cours des années 1960 commencent déjà des mises en doute osées de cette théorie qui ne privilégie que le seul héritage africain, alors que la culture créole des Antilles doit également aux héritages français, indiens et syro-libanais. Ce fut l'*antillanité*, vulgarisée par cette autre figure littéraire incontournable de la littérature antillaise contemporaine qu'est Édouard Glissant avec une œuvre abondante dominée par le roman et l'essai et dont la portée est internationale. Au cours des années 1990 est née, dans le prolongement de l'antillanité, un nouveau courant littéraire : la *créolité*. Celle-ci se veut surtout un dépassement radical des vestiges de la négritude que l'école de l'antillanité n'a pas pu éradiquer. Elle est surtout idéologiquement associée au trio Bernabé, Chamoiseau et Confiant. Autant d'idéologies qui ont caractérisé l'évolution de la littérature antillaise depuis son origine jusqu'à maintenant et qui ont proposé, chacune, sa manière d'écrire et de lire les textes de façon univoque.

Par ailleurs, l'évolution de cette littérature montre que les principes de la création littéraire qui sont d'abord individuels donnent naissance à un corpus trop hétérogène pour être embrassé d'un seul coup d'œil magique d'une quelconque idéologie. Si certains écrivains ont reproduit avec des fortunes diverses des principes de chaque mouvement, beaucoup d'écrivains antillais ont écrit des œuvres de qualité tout en étant indifférents aux pétitions de principes érigées en poétique officielle et ont enrichi par leur choix la littérature antillaise. C'est aussi par ces choix individuels que la littérature antillaise se caractérise par une grande vitalité parmi les corpus francophones, alors que du point de vue territorial, les îles sont plutôt de dimensions modestes.

La littérature haïtienne

Les débuts de la littérature haïtienne entre 1804 et 1915 sont caractérisés par la question de l'indépendance que vient de conquérir l'île. Les œuvres de cette époque défendent la légitimité et la cause de la révolution haïtienne et en font la promotion sur le plan international et, surtout, les auteurs visent l'opinion française, d'autant qu'ils vivent en majorité en France où ils ont été envoyés par leurs parents pour faire des études.

Le ton est polémique et vise à combattre les préjugés des colons blancs vis-à-vis des Noirs. Autant les Blancs jugeaient les Africains et leurs descendants inférieurs et incapables de se gouverner eux-mêmes, autant les auteurs haïtiens exaltent la patrie et défendent la race noire en présentant les Blancs comme les barbares qui ont ensanglanté le pays depuis deux siècles. On réfute les propos des auteurs qui soutiennent la théorie de la supériorité des races et on promeut la théorie des conditions historiques et sociales pour expliquer les différences de développement socio-économique constatées entre la France et la colonie d'Haïti. Des générations successives d'intellectuels haïtiens allaient continuer cette défense de la nation naissante, aussi bien par les manifestes, essais que devant les forums internationaux. On défend l'Afrique noire ancestrale avec ses valeurs sociales et humaines en l'opposant aux colons négateurs de l'humanité des êtres qu'ils ont réduits en esclaves. L'on dénonce les abus dans les colonies, les lynchages, la discrimination et le racisme dans le sud des États-Unis et proclame la fierté d'appartenir à ce peuple qui s'est libéré lui-même du joug de la domination et entend prendre sa place dans le concert des nations en enrichissant le patrimoine littéraire de l'humanité. Ici, comme ailleurs, la littérature est au service de la nation. Des écrivains et des poètes défendent la cause du pays et célèbrent sa gloire.

Sur le plan esthétique, il existe, à côté des essais engagés, la poésie lyrique et didactique qui se diffuse à Paris par des expatriés haïtiens. Tout en évoquant la vie en Haïti, on écrit suivant le modèle parisien dans une langue très académique et hypercorrecte dans laquelle toute coloration locale par une quelconque référence au créole est absente. On écrit des fables et des mythes à saveur régionale tout en suivant les procédés stylistiques purement parisiens. Pour l'heure, il ne semble pas important d'élaborer une littérature nationale, mais de défendre la nation par les textes littéraires. Il s'agit de faire naître la nation et un jour la littérature nationale suivra, qui inventera ses propres canons esthétiques. On en viendra plus tard à dénoncer l'imitation servile de la métropole et à prôner une littérature véritablement autonome des procédés parisiens. Le désaccord demeurera sur les spécificités de cette littérature capables de lui garantir le non-conformisme ambitionné par les nationalistes. Ainsi, pendant de nombreuses décades, le débat sur la nation va opposer de manière radicale le devoir d'engagement sociopolitique, esthétique, artistique et littéraire, la recherche de la couleur locale et l'aspiration à l'universalité[20]. Au cours de la seconde moitié du XIXe siècle, tout se passe comme si la littérature haïtienne était dans une période d'apprentissage aussi bien du point de vue des thèmes et des genres que des procédés stylistiques.

La production théâtrale se compose essentiellement de pièces historiques célébrant les hauts faits des héros de l'indépendance et de comédies s'inspirant des mœurs bourgeoises à la manière du théâtre parisien. Des saynètes et des farces plus charmantes écrites en français et comprenant des répliques en créole étaient représentées et répondaient au goût de la population haïtienne. Mais la critique dramatique étant négative à leur égard, ces pièces n'ont jamais été publiées alors qu'elles représentent une réalité nationale plus bilingue que purement française. Ce qui fait dire à Maximilien Laroche que « jusqu'à 1950 le théâtre haïtien s'est toujours heurté à l'obstacle insurmontable de vouloir donner à une collectivité qui parle et entend le créole une image ressemblante d'elle-même en français[21] ». La critique s'entend pour dire que l'on a transformé la scène en tribune politique et qu'il faudra attendre la deuxième moitié du XXe siècle pour que naisse un important théâtre haïtien entièrement en créole.

Le roman *béké* n'a jamais existé en Haïti comme c'est le cas dans les îles voisines des Antilles françaises, car la révolution a chassé les planteurs blancs du pays. Les premiers romans haïtiens sont des romans historiques. *Stella* d'Émeric Bergeaud (1859) et *Deux amours* d'Amédée Brun (1895) sont des récits allégoriques évoquant par histoire d'amour

---

20. Pour compléter cette esquisse de la littérature d'Haïti à l'époque de l'indépendance, on peut se reporter à Antoine Métral, « De la littérature d'Haïti », *Revue encyclopédique*, tome I, p. 524-537, et tome III, p. 132-149, Paris, s.é., 1819.

21. Maximilien Laroche, *La littérature haïtienne*, Montréal, Leméac, 1981, p. 25.

le soulèvement pour l'indépendance du pays et dans lesquels le recours à l'événement historique sert à l'expression d'une cause politique de la défense de la nation haïtienne contre ses destructeurs antirévolutionnaires. Ce thème de la révolution restera pendant tout le xixᵉ siècle le thème dominant du roman haïtien. C'est au début du xxᵉ siècle que naît le roman réaliste axé sur les mœurs sociales et politiques. On voit apparaître le thème de l'arbitraire et de la violence politique et le personnage de la classe moyenne et commerçante qui, en détrônant le personnage du peuple longtemps privilégié par le roman historique, constitue un tournant dans la littérature haïtienne. *Thémistocle-Épaminondas* de Frédéric Marcelin (1901), *Séna* de Fernand Hibbert (1905) et *La famille des Pitites-Cailles* de Fernand Lhérisson (1905) sont les œuvres les plus représentatives du courant réaliste. L'univers urbain dans lequel évolue l'intrigue est conditionné par la question politique où le pouvoir s'exerce par un contrôle paranoïaque de la société. Les faits et gestes des héros semblent leur échapper pour trouver une profondeur par l'intrigue politique dont les ressorts sont extérieurs à leur action. À cause de ce réalisme social, tous les registres linguistiques sont représentés par la diversité de personnages dont la façon de parler correspond à leur statut social ; d'où cette polyphonie ayant souvent recours au style direct et au dialogue. Si le français international demeure la langue de la relation du récit, il est coloré par les expressions et tournures créoles dans les dialogues ou la description de certaines réalités propres au pays. Cette polyphonie linguistique des romans se justifie par le souci du réalisme des auteurs. Une autre particularité du roman haïtien de cette époque est la linéarité de l'intrigue et sa simplicité. On y trouve peu de retours en arrière. La vie d'un personnage, les épisodes de l'intrigue se déroulent dans un ordre chronologique ; et les récits secondaires sont absents tellement les auteurs respectent scrupuleusement la règle d'unité de la tragédie classique. Ce qui a fait dire à Ghislain Gouraige que « [les] écrivains haïtiens ont retranché du roman la séduction du récit. Ayant aboli l'imagination, ils consignaient l'évidence, accordant au don de voir une place plus importante dans la composition littéraire qu'à celui de créer[22]. » Ce propos est tout de même à nuancer, car cette simplicité va de pair avec le

---

22. Gislain Gouraige, *Le roman contemporain d'expression française*, Sherbrooke, Presses de l'Université de Sherbrooke, 1971, p. 149.

mélange des genres dans le roman du fait que le conte, la fable, la légende et la conversation cohabitent en donnant au tout un ton savoureux et humoristique.

Ces traits ne caractérisent pas certainement le roman moderne haïtien, mais ils permettent de comprendre l'évolution de cette littérature complexe d'un des pays dont l'histoire ne cesse de connaître des soubresauts depuis deux siècles.

Ainsi, entre 1915 et 1934, l'occupation américaine, en créant un traumatisme chez les Haïtiens, a provoqué deux recherches de solution complémentaire : une francophilie affermie et une quête de l'authenticité. Des intellectuels revendiquent avec insistance l'appartenance à une culture latine qu'ils proclament supérieure à la culture anglo-saxonne des envahisseurs américains. Tout se passe comme si le français s'intéresse aux choses de l'esprit, l'anglo-américain baignerait vulgairement dans un crasseux matérialisme. Arme de combat, la francophilie devient en quelque sorte une forme de résistance. On refuse l'enseignement technique en anglais que propose l'envahisseur. On lui oppose une formation fondée sur les humanités générales à la française. Car les élites redoutent que finalement le pays ne devienne petit à petit un pays de langue anglaise. Aussi, avant d'adopter la constitution de 1918 rédigée à Washington, les négociateurs haïtiens exigent-ils que le français reste la langue officielle et que son emploi demeure obligatoire en matière administrative et judiciaire. C'est qu'avant cette date, les deux dispositions n'étaient pas enchâssées dans la constitution ; tout se passait comme si cela allait de soi. Dans cette optique, les écrivains haïtiens allaient renforcer le style classique dans leurs œuvres en vue de se faire reconnaître par la critique parisienne ; et cette autocensure, qui touchait également les essais et les romans, allait produire des œuvres sans originalité où le talent allait être sacrifié à une certaine francophilie de bon ou de mauvais goût, sans lien avec la langue créole, pourtant fondement de la vie culturelle haïtienne.

Mais à la même période se manifeste chez d'autres écrivains la quête de l'authenticité nationale. Initiée par Jean Price-Mars, dans un essai intitulé *Ainsi parla l'Oncle* (1928), cette démarche allait faire date dans l'histoire intellectuelle et littéraire du pays. En effet, l'auteur y dénonce l'idéologie qui a mené le pays au désastre, et accuse l'élite d'avoir ignoré et méprisé la culture populaire. Sa visée est de montrer que la culture africaine est différente de la culture française et non inférieure. Fécondée par les éléments de la culture française, la culture africaine dans sa forme haïtienne était même supérieure à celle-là. Il propose de l'enseigner et de la revendiquer comme composante de l'authenticité haïtienne. En particulier, il voulait revaloriser le vaudou et la langue créole. Price-Mars fera de l'ethnologie un devoir patriotique en recommandant que la littérature s'inspire des traditions orales (contes, légendes, chansons, devinettes, proverbes) ainsi que des coutumes de la masse, jusqu'alors dédaignée et méprisée.

Quelle est l'originalité de Price-Mars puisque d'autres avant lui avaient exprimé des idées analogues ? Il reproche à l'élite de pratiquer un *bovarysme collectif* et d'avoir refoulé les origines africaines dans leur comportement. Plutôt que de vivre comme des Parisiens basanés, les intellectuels devraient se rapprocher des hommes du peuple avec qui ils partagent les racines africaines de leur culture, car le mélange des éléments culturels d'origine africaine à ceux venus d'Europe constitue exactement la particularité de la culture haïtienne. Ce débat suscita une vive polémique : d'un côté, ceux qui rejettent l'idée en disant que Jean Price-Mars prônait l'abandon du français, du christianisme et du progrès technologique pour retourner aux pratiques culturelles africaines restées vivaces auprès du peuple, et, de l'autre, ceux qui voient en lui le réformateur considéré aujourd'hui comme le père de la négritude, en ce sens qu'il a provoqué la prise de conscience de l'identité *nègre*. Les écrivains haïtiens du mouvement *indigéniste* (du nom de *La Revue indigène* fondée en 1927) allaient se réclamer de lui. À *La Revue indigène* succède le journal *Les griots*, dont le seul nom signale l'importance accordée à l'Afrique dans cette nouvelle conception de la culture haïtienne, comme le note Jean Price-Mars, cité par Jean-Louis Joubert : « Ils s'insurgeront contre les aînés qui ayant été trop fascinés par l'éblouissement de la littérature française en ont imité servilement les avatars. Ils iront demander à l'Afrique ce que l'alma mater a déposé dans nos lointaines origines et glorifieront les légendes, les croyances, les mœurs paysannes imprégnées d'africanisme[23]. »

En analysant les avatars de la culture africaine dans celle d'Haïti, Price-Mars a donné les points essentiels sur lesquels l'indigénisme allait s'articuler pour devenir la nouvelle idéologie nationaliste des écrivains

---

23. Jean-Louis Joubert, *op. cit.*, p. 128.

et hommes de culture. L'indigénisme est à la fois un courant littéraire, culturel, politique et social. Pour les classes moyennes en majorité noire, qui se sentent brimées par la bourgeoisie mulâtre, le retour aux sources africaines de la culture du pays constitue une revendication qui a des conséquences également sur le plan politique. Car, en effet, les indigénistes accusaient la bourgeoisie de mépriser les autres Haïtiens au nom de la maîtrise de la langue française. Cette revendication culturelle aux relents politiques a attiré beaucoup d'écrivains d'obédience communiste, dont les plus connus sont, entre autres, René Depestre[24], Jacques Stephen Alexis[25] et Jacques Roumain[26]. En faisant de la langue un enjeu politique, culturel, social et littéraire, le mouvement indigéniste et le pays tout entier entraient dans une révolution culturelle qui est loin de s'achever. En effet, tant que la littérature haïtienne n'était que simple imitation de la littérature française, et ne proposait que des tableaux stéréotypes de l'exotisme parisien, le problème ne se posait pas et la paix linguistique régnait sur le pays. À partir du mouvement indigéniste dont les idées continueront à agiter la société jusqu'à maintenant, le débat sur la langue débouchera sur la reconnaissance du créole comme une des deux langues officielles du pays (avec le français), depuis 1979. Le créole est désormais enseigné à l'école au même titre que le français qui n'est maîtrisé que par 15 % de la population. Du moment où elle entend rendre compte de la réalité nationale dans sa totalité, la littérature ne peut plus éviter le problème du choix de la langue d'écriture, de lecture et de diffusion.

En conclusion, on peut dire que compte tenu du rapport très étroit que la littérature a entretenu avec le thème de l'identité nationale en Haïti, la littérature haïtienne a pu être caractérisée jusqu'assez récemment comme étant régionale. Elle prenait la culture haïtienne pour cadre et les Haïtiens pour personnages et leurs problèmes pour thèmes. Certains écrivains, surtout ceux de la diaspora, visent de plus en plus à l'universel, et tout en évoquant les êtres et les choses d'Haïti, en font des types

---

24. René Depestre a écrit de nombreux romans, notamment *Hadriana dans tous mes rêves*, Paris, Gallimard, 1988.

25. Jacques Stephen Alexis a écrit, entre autres textes, le roman célèbre, *Compère Général Soleil*, Paris, Gallimard, 1955.

26. Jacques Roumain, militant communiste devenu diplomate, est surtout connu pour son roman *Gouverneurs de la rosée*, Port-au-Prince, Imprimerie de l'État, 1944.

universels qui symbolisent les problèmes communs à l'humanité, comme la soif du pouvoir, l'amour, le racisme, etc.[27].

Désormais, les œuvres en créole se propagent intensément au point d'occuper un espace littéraire important, notamment au théâtre. Elles marquent une rupture fondamentale dans l'histoire de la littérature haïtienne, de sorte que même si elle n'appartient pas à la francophonie littéraire, la littérature en créole fait partie intégrante de la littérature haïtienne. Car les deux corpus visent la plupart du temps le même lectorat sur le plan national ou régional si on pense à tout l'espace créolophone allant d'Haïti aux îles Mascareignes, en passant par les Antilles.

La littérature francophone du Maghreb

Le Maghreb, qui signifie en arabe le Couchant, l'Occident, et s'oppose au Machrek, l'Orient, regroupe trois pays anciennement colonisés par la France au nord-ouest du continent africain : d'ouest en est, le Maroc, l'Algérie et la Tunisie. C'est une région qui a été depuis les temps les plus reculés au carrefour des civilisations et des langues. Peuplée par les peuples berbères depuis la Préhistoire, la région entre dans l'histoire en faisant du commerce avec les Grecs et les Phéniciens depuis le XIIe siècle avant J.-C. Ces derniers fondent Carthage au IXe siècle avant J.-C., qui devient le centre d'une brillante civilisation rivalisant avec Rome. En 146 avant J.-C., Rome rase Carthage et le Maghreb devient une province romaine, sauf la région de l'Ouest qui appartient au royaume de la Maurétanie, la région actuelle où se trouve une grande partie du Maroc.

En 42 après J.-C., la Maurétanie est à son tour annexée par les Romains avant que ceux-ci n'en soient chassés par les Vandales. Au VIe siècle, ces derniers sont chassés par les Byzantins de l'Empire romain d'Orient. Au VIIe siècle commence la conquête arabe, et malgré la résistance des Berbères, le Maghreb tombe sous la domination arabo-musulmane. Entre le XIe et le XIIIe siècle, les Berbères reprennent le pouvoir au Maroc, étendent leur empire, sur le bassin de la Méditerranée, de l'Espagne en passant par l'Algérie et contrôlent brièvement tout le Maghreb. Au

---

27. Sur cette question des écrivains haïtiens de l'exil, voir Jean Jonassaint, *Le pouvoir des mots, les maux du pouvoir : des romanciers haïtiens de l'exil*, Paris/Montréal, Arcantère/Presses de l'Université de Montréal, 1986.

xvᵉ siècle, le Portugal, devenu une puissance navale, occupe les côtes du Maroc et les chrétiens ont repris l'Espagne après les dernières croisades.

Au siècle suivant, l'Espagne occupe des sites sur la côte d'Algérie et impose un protectorat aux dirigeants berbères d'Algérie. Ceux-ci font appel aux Turcs qui chassent l'Espagne d'Algérie en 1518, mais détrônent également les Berbères en 1554 et les Arabes en 1574, et instaurent un protectorat sur le pays. Cependant, les chérifs musulmans ont repris le contrôle du Maroc et opposent une résistance à l'invasion turque de 1578. Le pouvoir y est alors partagé entre plusieurs chérifs locaux. Ce sera seulement en 1660 que l'unification du royaume du Maroc a lieu autour de la dynastie des Alawites. À la même période, l'Empire ottoman maintient son emprise sur l'Algérie et la Tunisie, dirigées respectivement par un représentant turc appelé le bey d'Alger et le caïd de Tunis[28]. Alger devient de plus en plus autonome vis-à-vis de l'Empire ottoman et les pirates y établissent leur capitale pour contrôler les activités en Méditerranée. Malgré tout, l'Algérie et la Tunisie demeurent des régences dépendantes de l'Empire ottoman (Turquie), mais elles s'ouvrent peu à peu au commerce avec l'Europe, alors que le royaume du Maroc se referme sur lui-même.

Au xixᵉ siècle commence la grande aventure coloniale européenne en Afrique et en Asie. Des rivalités entre les puissances européennes pour occuper le Maghreb se soldent par la prise d'Alger par la France en 1830. La résistance algérienne en Kabylie, menée par Abd-el-Kader, durera jusqu'en 1847. En 1869, la crise financière de la Tunisie conduira à la tutelle anglo-franco-italienne et finalement à la colonisation française sous forme de protectorat de 1881 à 1956. De même, le Maroc sera finalement occupé par la France sous forme de protectorat de 1912 à 1956. La politique d'assimilation est totalement appliquée en Algérie, c'est-à-dire que ce sont les lois et les autorités françaises qui dirigent le pays tandis que les lois et autorités algériennes seront supprimées, et la langue d'enseignement est le français. Par contre, dans le régime du protectorat appliqué au Maroc et à la Tunisie, des lois françaises coexistent avec des

---

28. On appelle «bey» un souverain vassal du sultan (roi) de Turquie, et «caïd» le fonctionnaire qui cumule les fonctions de juge, d'administrateur et de chef de police. Le déclin de l'Empire ottoman a lieu graduellement au cours du xixᵉ siècle; l'éclatement définitif se produit avec la Première Guerre mondiale. La République turque est fondée en 1923.

lois islamiques ; et dans le système d'enseignement, le bilinguisme arabe-français est appliqué. Ces deux régimes auront des conséquences notables dans l'évolution des pays jusqu'à aujourd'hui.

Au xxᵉ siècle naissent des mouvements de mise en cause du système colonial, surtout après la Deuxième Guerre mondiale. Malgré la répression, les révoltes continuent pour culminer avec la plus importante d'entre toutes à cause de son ampleur, celle du Front de libération nationale (FLN) des nationalistes algériens, dont la guerre durera de 1954 à l'indépendance du pays en 1962. Finalement, les trois pays obtiennent l'indépendance respectivement en 1956 pour le Maroc et la Tunisie, et en 1962 pour l'Algérie.

La littérature francophone : avant 1945

Quand on aborde le phénomène littéraire du Maghreb, on doit faire une distinction importante. Il existe deux champs littéraires maghrébins, l'un en langue arabe, qui existe depuis des siècles, et l'autre en français, qui date de l'époque coloniale. C'est ce dernier que nous allons présenter rapidement pour le propos de ce livre d'introduction aux littératures francophones. Ici, l'histoire littéraire du Maghreb comporte quatre grands moments : avant 1945, de 1945 à 1962, de 1962 à 1980 et depuis 1980[29].

La période d'avant 1945 peut être divisée à son tour en deux sous-périodes. De 1830 à 1930, il s'agit plutôt de littérature exotique sur le Maghreb, de récits écrits par des Français vivant en Afrique du Nord. Ce sont des récits de voyageurs, de militaires, d'ethnologues ou encore d'écrivains qui se situent dans la thématique de la littérature exotique avec ses *topoï* connus comme le désert, les nomades, les caïds, etc. On ne peut pas encore parler d'une vie littéraire maghrébine proprement dite puisque ces récits sont adressés spécialement aux lecteurs européens, mais petit à petit, une vie littéraire prend naissance à Alger entre 1930 et 1945. Ses activités littéraires s'organisent autour de l'École d'Alger, animée

---

29. Pour les références bibliographiques, voir notamment Jean-Louis Joubert, « Le Maghreb », *Littératures francophones depuis 1945*, Paris, Bordas, 1986, p. 171-237 ; Jean-Louis Joubert, *Littératures francophones du monde arabe*, Paris, Nathan, 1994 ; Jean Déjeux, *Dictionnaire des auteurs maghrébins de langue française*, Paris, Karthala, 1984 ; Jean Déjeux, *Littérature maghrébine de langue française : introduction générale et auteurs*, Paris, Presses universitaires de France, 1992 ; et Beïda Chikhi, *Maghreb en textes : écriture, histoire, savoirs et symboliques*, Paris, L'Harmattan, 1996.

essentiellement par Camus, Roblès, Jules Roy et Audisio, qui publient revues, poésies, essais et romans. Cette vie littéraire se diffuse également dans des salons littéraires. Les premiers écrivains du Maghreb vont apparaître sur la scène littéraire, notamment Jean et Taos Amrouche, qui sont les premiers à militer pour une littérature maghrébine autonome. Car, en effet, les écrivains les plus importants de l'École d'Alger sont les pieds-noirs qui ne s'adressent qu'au public européen et qui voient la société maghrébine à partir des yeux du colonisateur.

La littérature d'affirmation de soi et de contestation : 1945-1962

Au cours de cette période, une littérature militante apparaît, écrite par des Maghrébins. La langue française devient paradoxalement un instrument de libération servant à déconstruire l'image fabriquée par le colonisateur et à la remplacer par celle qui convient à leur vision de la société maghrébine métissée depuis des millénaires. Ces écrivains revendiquent la liberté politique et culturelle. Parmi les écrivains les plus représentatifs de cette période, on peut citer Mouloud Feraoun, *Le fils du pauvre* (1950), Albert Memmi, *La statue de sel* (1953), Driss Chraïbi, *Le passé simple* (1954), Mohammed Dib, *L'incendie* (1954), Mouloud Mammeri, *Le sommeil du juste* (1955), Kateb Yacine, *Nedjma* (1956) et Assia Djebar, *Les enfants du nouveau monde* (1962).

Cette période est surtout dominée par les deux thèmes récurrents du malaise identitaire et de l'affirmation de soi par le combat. L'écrivain, qui s'interroge sur son identité construite sur les deux univers culturels français et arabo-musulman, ne sait comment résoudre ce drame personnel et collectif. Mais bientôt, certains écrivains s'engagent résolument dans la quête de la libération nationale qu'alimentera longtemps la guerre d'Algérie. Cette quête de soi se manifeste du point de vue stylistique par une écriture heurtée et fortement imagée.

Vers une autonomie littéraire : 1962-1980

Alors que la période précédente avait été caractérisée par des questions sociales et surtout politiques en rapport avec celle de l'identité, les deux décennies qui suivent l'indépendance vont surtout ramener le débat de la spécificité de la littérature en langue française au Maghreb et poser la question de l'esthétique. Les activités littéraires se développent et se diversifient : union des écrivains, salons, conférences, édition, enseignement, etc. Une littérature nationaliste se développe surtout en Algérie autour de la Société nationale d'édition et de diffusion (SNED). Les thèmes et les genres se diversifient, notamment les romans documentaires, intimistes, autobiographiques, avec autant de thèmes, tels que la révolte contre le père, la contestation des nouvelles élites, la mise en cause de la religion, l'angoisse métaphysique, le rôle de la femme, le débat sur la tradition et la modernité ainsi que la question même de l'écriture. En effet, on remet en question le conformisme d'une littérature engagée qui s'appesantit trop sur le temps de la guerre de libération, alors que celle-ci a fait son temps. On parle alors de l'exploitation abusive de l'héroïsme guerrier. Ce courant trouve son écho dans les nouvelles revues littéraires. *Lamalif* et *Souffles* réclament de nouveaux thèmes et font état d'un malaise poignant depuis l'établissement de l'indépendance. On prône une écriture libre qui mêle le rêve et la réalité, une écriture très recherchée qu'avait inaugurée Kateb Yacine et qui se manifeste par l'éclatement majeur des genres littéraires et la violence dans la satire et la dérision. Parmi les écrivains représentatifs de ce courant, on peut citer Mohammed Dib, *La danse du roi* (1968) ; Rachid Boudjédra, *La répudiation* (1969) ; Mohammed Khaïr-Eddine, *Le déterreur* (1973) ; Nabile Farès, *L'exil et le désarroi* (1976) ; et Addelkébir Khatibi, *Le livre du sang* (1979). On sent chez tous ces romanciers une recherche d'écriture qui suggère parfois une influence des grands classiques du roman occidental, influence relative tout de même, car cette littérature éveille également des résonances spécifiques, comme si les morceaux de ces étrangers avaient été très bien digérés et assimilés à une culture millénaire où il n'y a jamais eu de frontière étanche entre prose et poésie, écriture et oralité.

Une écriture complexe et le retour au réalisme : depuis 1980

Depuis les années 1980, la littérature maghrébine en langue française apparaît de plus en plus complexe, si bien qu'il est difficile désormais de l'aborder globalement. En effet, on remarque une tendance dans la critique à l'aborder à partir des critères nationaux. Cependant, on remarque aussi bien au Maroc qu'en Algérie et en Tunisie un retour à une écriture plus réaliste, après une période caractérisée par un certain hermétisme esthétique. Certes, une certaine audace dans la recherche stylistique, notamment la brisure de la linéarité sur le plan de la temporalité, demeure perceptible chez les grands écrivains du Maghreb, mais le récit est de plus en plus de type traditionnel. On revient également aux thèmes directement liés à la critique sociale. C'est le cas de Rachid Mimouni, *Le fleuve détourné* (1982), Abdelhak Serhane, *Messaouda* (1983), Rabah Belamri dans *Regard blessé* (1987), Tahar Djaout avec *Les vigiles* (1991), Tahar Ben Jelloun dans *La nuit sacrée* (1987), Assia Djebar dans *L'amour la fantasia* (1985) ou Edmond Amran El Maleh avec *Mille ans, un jour* (1990).

En conclusion, il est notable que le classement par périodes recoupe le classement par thèmes. Les deux modes d'appréhension des œuvres se complètent et s'appellent comme en écho. Ainsi, une écriture autobiographique et de témoignage qui fait abondamment usage du récit de type ethnographique est rendue par une description réaliste de type balzacien, comme dans *Le fils du pauvre* de Mouloud Ferraoun (1950). La critique de la famille et de la société, thème qui se retrouve dans plusieurs romans parus à des époques différentes de 1945 à maintenant, révèle en même temps une recherche esthétique soutenue où la violence verbale symbolise la violence sociale, comme chez Boudjedra dans *La répudiation* (1969) ou dans *L'enfant de sable* de Tahar Ben Jelloun (1985). Enfin, la quête identitaire se fait par la double convocation de la littérature et de l'histoire : on interroge l'histoire pour se construire une identité collective. Ainsi le thème de l'indépendance du pays représente l'espoir de renouer avec la culture nationale arabo-musulmane ou berbère pour une société moderne où les deux cultures vivraient en symbiose. Ce thème de l'acculturation[30] et du métissage traverse les grands moments

---

30. Proposé par l'anthropologie, le terme d'acculturation a reçu des acceptions diverses en migrant dans des disciplines proches. Il désigne l'ensemble des phénomènes résultant du contact direct et continu entre des groupes d'individus de cultures différentes avec des changements subséquents dans les types de culture originaux de l'un ou des autres groupes. Avec les moyens de communication modernes, qui peuvent rendre virtuel le contact et permettre la réalisation de l'acculturation, le contact n'a plus besoin d'être direct. Ici, le phénomène rappelle l'assimilation, c'est-à-dire l'abandon de son identité culturelle pour adopter la culture dominante. Cela étant dit, la notion d'acculturation n'est pas sans poser de difficultés. Les études d'acculturation tendent implicitement à déchiffrer le changement culturel du point de vue d'un seul des univers en présence, culture « source » ou culture « cible », alors que la rencontre de deux ou même de plusieurs cultures définit la situation du sujet postcolonial et transculturel, sujet participant justement de plusieurs espaces culturels. Aussi, pour être efficaces, ces termes seront-ils utilisés dans les contextes qui en explicitent très bien les usages. Par exemple, loin d'être des handicaps pour un sujet postcolonial, l'ambivalence et la dualité culturelle enrichissent sa propre culture.

de la littérature maghrébine, où les écrivains s'interrogent constamment sur la spécificité d'une littérature en langue française dans une région qui a une autre langue de large diffusion : l'arabe. De fait, le thème de la langue est révélateur de ce thème de l'identité collective. Pour certains, écrire en français, c'est trahir sa propre culture. Mais certains écrivains écrivent aussi bien en arabe qu'en français. La littérature maghrébine partage ce phénomène avec les autres littératures francophones, comme nous l'avons vu en Afrique et dans la Caraïbe.

Les littératures francophones de Belgique et de Suisse

Aborder la question des littératures belge et suisse de langue française demeure plus problématique que pour d'autres littératures francophones à cause de la proximité de ces pays avec la France. Le cas est encore plus accentué avec la Belgique où aucune frontière naturelle ne sépare les deux pays. Et depuis le conflit linguistique et politique qui a fini par diviser le royaume de Belgique en deux régions linguistiques autonomes vivant dans une fédération, les francophones se sont rapprochés davantage de Paris du point de vue culturel, sans oublier l'effet de la télévision qui tend même à réduire l'écart dans les accents régionaux aussi bien en France qu'en Belgique et en Suisse[31].

Pour les deux pays, l'attrait de Paris, capitale littéraire de la Francophonie, est donc plus manifeste que pour d'autres régions francophones et, ce faisant, une telle proximité avec la France joue en défaveur, dans un certain sens, de l'existence d'une littérature nationale de langue française. Par ailleurs, cette fusion de l'institution littéraire de la Belgique ou de la Suisse romande ne date pas d'aujourd'hui, puisque beaucoup d'écrivains de ces pays se sont intégrés facilement à la littérature française, qu'il s'agisse de Rousseau, de Simenon ou de Michaux, pour ne citer que ceux-là. Cela découle, pour le cas de la Belgique, de la jeunesse même du pays. Car avant la naissance de l'état unitaire belge en 1830, les écrivains belges appartenaient à la littérature française depuis le Moyen Âge.

---

31. Ces littératures ne seront pas présentées de manière plus détaillée dans la présente édition de cet ouvrage, mais il est important de les prendre en considération dans une réflexion sur les enjeux de la notion même de littératures francophones. Une édition ultérieure pourra consacrer un chapitre à part à cette francophonie d'Europe.

Ainsi l'évolution de la littérature belge suit celle de la politique. En consolidant l'état unitaire, le nationalisme belge a fait taire pendant au moins trois générations les rivalités entre Wallons et Flamands. Le français est la langue de la bourgeoisie aussi bien chez les Flamands que chez les Wallons, naturellement. Ce nationalisme triomphant des années 1830 alimente plusieurs mouvements littéraires, notamment le symbolisme. Ainsi Charles de Coster dans *L'Ulenspiegel*[32], œuvre que la critique considère comme la « bible nationale » du symbolisme belge, développe le thème de l'union nationale. Beaucoup de lecteurs contemporains se sont reconnus dans cette œuvre dans laquelle l'auteur considère que la sensibilité belge est plus proche de celle des Allemands que de celle des Français. En effet, dans cette œuvre magistrale, Coster déclare que la littérature française est la littérature du doute, de la sensiblerie et des flatteries, une littérature des êtres développant les sentiments qu'ils n'ont jamais éprouvés. Il fustige le tempérament français qu'il accuse d'avoir la manie de parler pour parler. On sent chez lui une méfiance envers l'intellectualisme et le lyrisme qui semblent dominer la littérature française depuis surtout le courant romantique. Il prône un style archaïsant pour se distinguer du raffinement stylistique caractérisant selon lui la littérature française.

De son côté, Edmond Paicard, dans *L'art moderne* (1881), cultive la même méfiance envers le raffinement de la littérature française. Militant du nationalisme politique, Paicard préconise une littérature au service du progrès social et s'oppose à la théorie de l'art pour l'art. C'est le même son de cloche que l'on entend dans *La Jeune Belgique*, revue animée par Max Waller et dont la devise — « Soyons nous-mêmes » — est justement évocatrice de cette conjonction de la politique et de la littérature dans le nationalisme. La revue rejette la théorie de l'art pour l'art, développe les thèmes nationaux dans les écrits poétiques produits par les collaborateurs nationaux, dont les plus connus sont les poètes symbolistes[33] de renom, comme Émile Verhaeren ou Georges Rodenbach. La

---

32. Jean-Marie Klinkenberg, *L'Ulenspiegel, témoin d'une époque?*, Bruxelles, Palais des Académies, 1968. Sur la littérature belge des xixᵉ et xxᵉ siècles, voir Gérard Tougas, *Les écrivains d'expression française et la France*, surtout le chapitre 2 : « Situation de la Belgique wallonne et de la Suisse romande », Paris, Denoël, 1973, p. 36-59.

33. Le symbolisme est un courant poétique et esthétique d'après lequel l'œuvre d'art vaut non pas en tant qu'expression fidèle d'une réalité qui lui est extérieure, mais par elle-même, comme la musique, et dans la mesure où elle est suggestive de sentiments ou de pensées.

revue défend même la langue française menacée par les journaux parisiens et les auteurs symbolistes. Elle fait montre d'un esprit conservateur par rapport aux écarts stylistiques pris par les poètes et écrivains français. Mais sans l'avoir voulu, la revue sera, ironie du sort, associée au courant symboliste et la critique considérera qu'elle a été le porte-parole du mouvement symboliste belge. Celui-ci a incarné l'esprit national. Or, l'influence du symbolisme belge a été mondiale, alors que Max Waller voulait se limiter à sa seule Belgique. Plus tard, Camille Lemonier, dans *Au cœur frais de la forêt*, développe le thème de la force de la nature et de l'énergie vitale que l'on ne trouve pas en littérature française de cette époque. La critique a considéré que ce serait là un trait spécifique à la littérature belge, trait qui vient des thèmes et des sujets propres aux imaginaires de l'Europe du Nord.

Au xxᵉ siècle, le débat sur l'existence d'une littérature belge de langue française et distincte des lettres françaises revient à l'ordre du jour. Il y a d'un côté les tenants d'une littérature nationale belge et de l'autre ceux qui ne distinguent pas cette littérature de la littérature française. On remarque que si une certaine spécificité de la littérature belge a pu exister, c'est notamment grâce à l'apport des écrivains d'origine flamande dont la sensibilité et certains thèmes paraissaient originaux pour les lecteurs français et wallons. Et le débat demeure d'actualité, d'autant plus que depuis la dissolution de l'État unitaire belge, qui a vu naître deux États régionaux sur base linguistique, la Flandre et la Wallonie, les Wallons se rapprochent de plus en plus de la France et de la Francophonie.

Quant à la Suisse, notons que le pays a des origines qui remontent au xviiiᵉ siècle. Le sentiment national y est très fort, car le relief montagneux a protégé le pays contre les influences extérieures. Pays trilingue allemand, français et italien, la Suisse a un système politique complexe. Elle est organisée en un système confédéral des cantons qui sont des entités locales organisées sur une base linguistique. Le prestige mondial de la Suisse remonte au xviiiᵉ siècle, avec le rayonnement intellectuel de la ville de Genève à cette époque engendré par l'esprit de tolérance issu de la Réforme. Ce tempérament que l'on trouve déjà dans l'œuvre de Rousseau, notamment dans *Les confessions* et surtout avec *La nouvelle Héloïse* (1761), a fait naître dans les littératures européennes le mythe alpestre. En effet, jusqu'ici la montagne était représentée comme un milieu hostile et mortifère. Il devient dans ce premier roman suisse une idylle par laquelle un Suisse se distinguerait d'un Français alors qu'ils partagent la même langue. Ce tempérament serait caractérisé, entre autres éléments, par le monologue intérieur, la communication avec la nature, la spiritualité, c'est-à-dire la rencontre de l'homme avec la nature.

Chez nombre de contemporains de Rousseau paraissent les signes d'une littérature naissante. Albert de Haller avait déjà publié ses poèmes intitulés *Les Alpes* (1731) et frayé le chemin sur le thème de la nature grandiose à la postérité littéraire helvétique. Une fois le pays confirmé dans ses frontières définitives, les écrivains chantent le pays et prônent une littérature nationale.

Vivant dans une situation particulière en relations quotidiennes avec les Suisses alémaniques, qui par la langue ont accès à la littérature allemande, les Suisses romands, conscients aussi de leurs contacts avec l'Italie par l'entremise de leurs compatriotes italophones (tessinois), se trouvent au carrefour de trois cultures à dimensions universelles. C'est pour cela que la grande tentation de la Suisse est le cosmopolitisme. Madame de Staël a une œuvre retentissante pour la pénétration de la littérature et de la pensée allemandes en France, aussi bien dans les romans comme *Delphine* (1802) et *Corinne ou l'Italie* (1807) que dans ses essais *De la littérature* (1800) et *De l'Allemagne* (1813).

Au xixᵉ siècle, Édouard Rod (1857-1910) a incarné ce cosmopolitisme depuis sa demeure parisienne en se faisant l'interprète en France des œuvres littéraires allemandes et italiennes. Il a fait connaître au public français les façons de voir et de sentir des cultures qui lui sont étrangères. Ces efforts des écrivains suisses, dont le travail s'est partagé entre la création et l'interprétation de la pensée allemande et italienne, a eu comme résultat de rendre la littérature et la culture françaises plus accueillantes à l'étranger qu'elles ne l'eurent été autrement. Ce sont donc les écrivains suisses qui ont contribué énormément à rendre la littérature française plus ouverte aux autres littératures, selon Gérard Tougas : « Thomas Mann devait dire un jour que de toutes les grandes littératures, c'est la française qui s'ouvre difficilement aux idées fécondes venues d'autres traditions. Par un étrange paradoxe, c'est la petite Suisse, aux solides attachements cantonaux qui a puissamment contribué à élargir nos horizons[34]. »

---

34. Gérard Tougas, *op. cit*, p. 58.

Cette fonction de passeur entre culture française et culture allemande est remplie au xxe siècle par plusieurs écrivains, comme le romancier Étienne Barilier qui construit ses romans sur les grands mythes littéraires et artistiques de la culture allemande. Depuis *Orphée* (1971) et *Laura* (1973), Barilier implique ses personnages dans des fictions d'inspiration philosophique ; et dans *Le duel* (1983), c'est la figure de Nietzsche qui est parodiée.

Après les manifestes littéraires du xviiie siècle et le développement d'une littérature nationaliste romande enracinée dans son terroir, jusqu'à la Deuxième Guerre mondiale, les écrivains cherchent à se définir dans ce rôle de passeur entre la culture de langue française et la culture allemande. Si la littérature romande existe aujourd'hui, c'est dans ses relations avec la littérature française et non dans son isolement sur son terroir comme au début. La spécificité de la littérature suisse semble même contestée par la génération d'écrivains nés après la Deuxième Guerre mondiale. Et la question longtemps posée dans les manifestes, de savoir si la littérature romande existe, a cessé de hanter les écrivains qui, désormais, se préoccupent d'écrire de bons livres plutôt que de proclamer l'avènement de la littérature. À la différence des Belges et des Québécois, il semble que les écrivains suisses romands se préoccupent peu des questions touchant la Francophonie dans toutes ses dimensions.

La littérature québécoise

On parle de littérature québécoise pour désigner une littérature de langue française qui s'est développée au Canada, surtout dans la province du Québec, depuis les récits de voyages des premiers colons au xvie siècle jusqu'aux œuvres contemporaines. Son parcours est lié à celui de la colonie française de l'Amérique du Nord. Elle a subi plusieurs changements profonds d'identité au fil du temps, comme la population francophone du Canada elle-même.

Au départ, ces textes des premiers colons arrivés sont davantage français que canadiens. Les journaux des marins, les relations des découvreurs, les récits des géographes présentent le Nouveau Monde comme une vaste étendue habitée par des peuples aux mœurs étranges. Ils portent un regard extérieur au pays. Jacques Cartier[35], dans son *Brief récit*,

---

35. Marcel Trudel, *Jacques Cartier*, Montréal/Paris, Fides, 1968 et *Champlain*, Montréal/Paris, Fides, 1956.

est impressionné par les paysages merveilleux, mais manifeste en même temps un certain dégoût vis-à-vis des mœurs des Amérindiens. L'œuvre de Samuel de Champlain s'inscrit dans la même veine. Tout au long de sa carrière, l'auteur a tenu un journal qui sera la base de ses ouvrages. *Des Sauvages* (1603) et surtout *Les Voyages*, dont il y a trois éditions (1613, 1619, 1632), sont des descriptions du pays et des mœurs de ses habitants qu'il appelle les « sauvages ». Ce terme suscite déjà à cette époque une certaine controverse, comme le montre Marc Lescarbot dont l'œuvre présente le Nouveau Monde comme le fleuron du royaume de France habité par des peuples dignes d'être des sujets de sa majesté et ne méritent pas selon lui le point de vue de ses contemporains qui les appellent des « sauvages ». Car, dira-t-il, « il y a beaucoup de choses bonnes en eux [...]. De sorte que si nous les appelons communément sauvages, c'est par un mot abusif qu'ils ne méritent point[36]. »

De *canadienne* au XVIIIᵉ siècle — car, à cette époque, le terme *canadien* désigne les habitants de langue française du Canada, peu importe où ils habitent, du fleuve Saint-Laurent à Windsor —, elle devient *canadienne-française* avec l'Acte d'Union, en 1840. Dans le climat morose qui a suivi la défaite des Canadiens par l'armée anglaise, une terrible humiliation allait suivre avec la diffusion du rapport de lord Durham, dans lequel le représentant du gouvernement britannique prône l'assimilation des Canadiens français, qualifiés de paysans bornés et rétrogrades ! C'est dans ce climat que François-Xavier Garneau écrit sa volumineuse *Histoire du Canada depuis sa découverte jusqu'à nos jours* (1845) pour dénoncer les maux causés par la domination britannique et susciter la fierté de ses concitoyens.

Ce passé glorieux que ranime Garneau sera repris dans l'œuvre de Philippe Aubert de Gaspé, *Les anciens Canadiens* (1863)[37] qui fait revivre les grands sentiments entre les Anglais et les Canadiens français, évoque les coutumes, les traditions. Ce roman, considéré comme l'ancêtre du roman québécois, charme surtout par l'usage de l'oralité abondante dans une narration romanesque. À son opposé, Laure Conan, dans

---

36. Marie-Lyne Piccione, « Québec », dans Jack Corzani, Léon-François Hoffman et Marie-Lyne Piccione (dir.), *Littératures francophones. Les Amériques. Haïti, Antilles-Guyane, Québec*, Paris, Bélin, coll. « Lettres sup », 1998, p. 195.

37. Réginald Hamel, John Hare et Paul Wyczynski, *Dictionnaire pratique des auteurs québécois*, Montréal, Fides, 1976.

Angeline de Montbrun (1884)[38], construit un univers régi par le drame et où l'humour est absent. La critique a surtout insisté sur le caractère autobiographique du récit.

Jusqu'à cette période, la littérature canadienne demeure une littérature coloniale encore dépendante des modèles français. Elle est encore caractérisée par une vision francocentriste, même si les thèmes liés à la vie et aux mœurs du pays sont de plus en plus développés pour culminer avec l'avènement du roman du terroir. On désigne par « roman du terroir » un courant littéraire lié à une conception politique en cours dans la province du Québec selon laquelle le salut des Canadiens français résidait dans la valorisation de la terre et le rejet de l'industrialisation[39]. Et l'écriture romanesque devait servir cette morale qui refusait toute transformation de la société. Jean-Jules Tardivel, journaliste et polémiste, a écrit un roman dont le titre est justement tout un programme — *Pour la patrie* (1895) — dans lequel le narrateur soutient qu'il n'est pas nécessaire de posséder l'industrie et l'argent, sinon le Canadien français risque de devenir un Américain comme un autre. Une sorte d'illustration de cette idéologie se dégage des romans de cette époque. D'autres sont beaucoup plus complexes, bien que demeurant démonstratifs, comme *La terre paternelle* (1846) de Patrice Lacombe et *Jean Rivard, le défricheur* (1862) d'Antoine Gérin-Lajoie, caractérisés par une intrigue simple où les personnages s'opposent de façon manichéenne entre ceux qui voudraient garder la terre et ceux qui préfèrent la ville.

On trouve dans la même veine les romans lyriques, comme *Maria Chapdelaine* (1916) de Louis Hémon, *Menaud, maître draveur* (1937) de Félix-Antoine Savard, *Trente arpents* (1937) de Ringuet. À la même période, les romans de la dénonciation de cette pensée agriculturiste et catholique voient le jour, comme *La Scouine* (1918) d'Albert Laberge, qui fut ignoré par la critique, alors que presque dans la même veine, *Un homme et son péché* (1933) de Claude-Henri Grignon connut un succès retentissant grâce à l'habileté de l'auteur qui a su à la fois critiquer l'institution en manipulant le paradoxe pour mieux désacraliser les idées figées et ménager la susceptibilité des autorités cléricales et politiques. Ce

---

38. Voir Micheline Dumont, *Laure Conan*, Montréal/Paris, Fides, 1960.
39. Sur le roman de la terre, voir Mireille Servais-Macquoi, *Le roman de la terre au Québec*, Québec, Les Presses de l'Université Laval, 1974.

courant disparaîtra avec l'idéologie qui l'avait fait naître quand, résolument, la société canadienne-française deviendra industrielle et citadine.

Entre 1945 et 1960, la ville, qui était jusque-là écartée des thèmes romanesques, devient le thème privilégié par les écrivains. En 1945, *Bonheur d'occasion* de Gabrielle Roy[40] relate la chronique de la vie du menu peuple du quartier Saint-Henri, faubourg pauvre au sud du très cossu quartier de Westmount, et décrit la misère de la ville et l'attrait irrésistible d'une société de consommation. Toute l'œuvre de cette romancière a en général la ville comme cadre. De son côté, Roger Lemelin situe l'intrigue de sa trilogie romanesque, *Au pied de la pente douce* (1944), *Les Plouffe* (1948) et *Pierre le Magnifique* (1952), dans la ville de Québec. Il développe le thème de la hiérarchie sociale en ville, hiérarchie basée sur la richesse, mais aussi sur l'occupation géographique de la ville opposant la basse à la haute-ville. Il présente également la famille et la paroisse comme des prisons qui limitent la liberté des personnages, surtout des jeunes qui s'ouvrent vers le monde, notamment les États-Unis.

Très marquée par la philosophie existentialiste, paraissant même souvent comme un décalque de l'œuvre de Camus, comme dans *Le temps des hommes* (1956), l'œuvre d'André Langevin[41] se caractérise par une vision pessimiste du monde, dénotant par certains aspects un tiraillement entre le passé et le présent. Dans *Poussière sur la ville* (1956), le romancier développe notamment le thème du couple impossible et le défaitisme intégral devant la prétention humaine au bonheur. Le roman de cette période, plus complexe et nuancé, témoigne d'une période sociale caractérisée par un régime politique tourné vers le passé, une société devenue citadine et industrielle : c'est une période caractérisée par le doute et le malaise existentiel et l'on voit se développer les thèmes de l'enfermement et du rêve comme pour caractériser et échapper à ce réel devenu étouffant.

Devenue *québécoise* à partir de la Révolution tranquille au début des années 1960, la littérature, dont l'autonomisation avait déjà commencé après la Deuxième Guerre mondiale, se sépare nettement de la littérature française en développant sa propre critique, ses lieux autonomes de réception et de consécration. Bien que les œuvres canadiennes eurent

---

40. Voir François Ricard, *Gabrielle Roy. Une vie*, Montréal, Boréal, 1996.
41. Voir Gabrielle Pascal, *La quête de l'identité chez André Langevin*, Montréal, Aquila, 1976.

existé, surtout depuis le xixe siècle, la littérature canadienne-française ne faisait pas partie de l'enseignement de la littérature jusqu'à cette époque. On enseignait plutôt la littérature française, la vraie Littérature !

La Révolution tranquille

C'est en effet avec la Révolution tranquille[42] que la littérature québécoise prend sa revanche, au sens fort du terme, sur la littérature française. Entre 1960 et 1970, le Québec a connu un rayonnement sans précédent dans l'histoire des nations et dans tous les domaines. Et la littérature fit un bond en avant sans précédent. Tous les genres sont touchés par ces transformations remarquables. *Le libraire* de Gérard Bessette, en 1960, est un précurseur du roman de la Révolution tranquille caractérisé par une nouvelle forme d'écriture marquée par la transgression des valeurs. *Le cassé* de Jacques Renaud, en 1964, va plus loin dans la transgression en prônant l'usage du joual, ce langage hybride du parler quotidien où entrent bon nombre d'anglicismes, suivant les principes littéraires de la revue *Parti pris* dont les membres prônent le joual comme langue d'écriture, car langue du peuple. Dans ces œuvres, la littérature pose la question de l'identité québécoise. De nombreux auteurs comparent la situation culturelle et politique du Québec à une situation coloniale suivant en cela les influences de Frantz Fanon, d'Aimé Césaire ou d'Albert Memmi sur les théories de l'aliénation culturelle et de la décolonisation[43]. À partir du joual, les écrivains veulent utiliser une langue bâtarde, cassée et pittoresque pour en faire le symbole de l'abâtardissement général d'une société colonisée. Ils écrivent « mal » pour symboliser le mal vivre collectif. Quelques romans mènent ce combat, comme le roman de Jacques Godbout, *Salut Galarneau*, mais c'est avec le théâtre de Michel Tremblay, notamment dans *Les belles-sœurs*[44], que cette affirmation identitaire par la langue s'impose avec éclat.

---

42. On appelle la Révolution tranquille un ensemble de réformes politiques et sociales accompagnées de mouvements d'idées qui ont transformé la société québécoise entre 1960 et 1970.

43. Frantz Fanon, *Les damnés de la terre*, Paris, Seuil, 1961 ; Aimé Césaire, *Discours sur le colonialisme*, Paris, Présence africaine, 1955 ; Albert Memmi, *Portrait du colonisé*, Paris, Gallimard, 1961 et Jacques Berque, *La dépossession*, Paris, Gallimard, 1964.

44. Michel Tremblay, *Les belles-sœurs*, Montréal, Leméac, 1972.

Cette autonomie littéraire se développe par la suite avec des romans tels que *Une saison dans la vie d'Emmanuel* (1965) de Marie-Claire Blais, qui constitue une parodie du roman du terroir et ironise sur les bienfaits de la famille nombreuse, la peur de la ville, l'Église. *Prochain épisode* de Hubert Aquin, en 1965, multiplie les contrastes d'un récit qui se termine comme il a commencé. Le héros revient à la position de départ et son déchirement trouve un écho dans la société où l'élite québécoise se déchire inlassablement sur la nature de l'identité collective. La mise en place de cet appareil éditorial favorise la transformation des formes littéraires, surtout romanesques. Les romans du joual sont en effet caractérisés par une recherche inédite sur le plan esthétique. C'est qu'il y a un éclatement des styles dans un souci de réalisme qui dénonce les conditions aliénantes de la société. On dénonce la dépossession du peuple québécois sur le plan thématique et l'on symbolise celle-ci sur le plan stylistique par l'usage du joual. Dans certains romans, même l'évolution du personnage n'obéit plus aux règles du roman réaliste. On assiste à des comportements imprévisibles, comme chez Ducharme dans *L'avalée des avalés*[45]. Sur le plan formel, les auteurs jouent avec le temps du récit : désormais, le récit est construit de façon non linéaire, comme si le monde n'avait plus cette homogénéité qu'a toujours fait valoir le roman traditionnel. La littérature entre ainsi très vite dans la postmodernité sur le plan esthétique, à parti des années 1970. On maintient presque la même thématique (la quête identitaire), les mêmes motifs littéraires (la récurrence du passé), mais les procédés d'écriture changent. Le personnage acquiert la stature de héros et une connivence s'établit entre le narrateur et le lecteur à partir de l'ironie, la parodie ou la simple allusion.

Par ailleurs, le phénomène littéraire le plus important de la Révolution tranquille a été la littérature féminine et féministe. Depuis les années 1970, celle-ci a investi tous les genres et dénonce une société patriarcale maintenant la femme dans une position d'infériorité sociale. Ces écrivaines dénoncent les stéréotypes de la société sur la femme et proposent une image de celle-ci conforme à ses désirs et aspirations, comme en témoigne le roman d'Anne Hébert, *Les fous de Bassan*[46]. Les œuvres de

---

45. Réjean Ducharme, *L'avalée des avalés*, Paris, Gallimard, 1966.
46. Anne Hébert, *Les fous de Bassan*, Paris, Seuil, 1982.

Louki Bersianik (*L'Euguélionne*, 1976), Marie-Claire Blais (*Les nuits de l'underground*, 1980), Nicole Brossard (*French Kiss*, 1980), Suzanne Jacob (*La passion selon Galathée*, 1987) et Yolande Villemaire (*La vie en prose*, 1982) sont représentatives de ce mouvement fort important et diversifié au Québec.

Les années 1980 sont également caractérisées par l'éclosion d'auteurs dits néo-québécois. On désigne par le terme «littérature migrante» ce corpus composé d'œuvres d'auteurs issus des communautés montréalaises d'immigration récente par rapport aux communautés anglaise et française longtemps installées au pays. Cette période correspond au moment où la communauté française du Québec commence à s'ouvrir au monde et reconnaît les autres communautés minoritaires francophones comme source de valeur et d'enrichissement culturel comme ce fut le cas durant des siècles. On peut citer, entre autres œuvres, *La québécoite* de Régine Robin (1983), *Comment faire l'amour avec un nègre sans se fatiguer* de Dany Laferrière (1985), *Le figuier enchanté* de Marco Micone (1992), *La mémoire et la promesse* de Naïm Kattan ou *L'ingratitude* de Ying Chen, en 1995. Cette notion de littérature immigrante, tout en insérant ces écrivains dans l'institution littéraire québécoise, pose quand même un problème dans la mesure où ces écrivains sont installés dans un *no man's land*. Ils ne sont ni étrangers ni québécois à part entière; d'où encore ici le problème de la définition de la littérature à partir du paradigme du XIXᵉ siècle: un peuple, un territoire, une langue, une littérature. En séparant ainsi les œuvres publiées par les auteurs montréalais, pour la plupart, entre le «nous ici» et les «autres» mais d'ici, la catégorisation ne nous apprend rien sur l'écriture. Elle ne procède que de l'idéologie de la célébration de la nation par sa littérature.

LITTÉRATURES FRANCOPHONES ET HISTOIRE LITTÉRAIRE

On peut conclure ce panorama des littératures francophones en rappelant que, dans le système d'enseignement de la littérature en général et de l'histoire littéraire en particulier, on aime répartir les textes selon le critère des langues. Convenons que c'est là un principe de classement très commode. Et c'est sur ce principe datant du XVIIIᵉ siècle en Europe — un peuple, une langue, une nation — que l'histoire littéraire fonde ses postulats méthodologiques. Certes, à cette époque le principe pouvait se justifier dans une certaine mesure. Car la *littérature* était une littérature *nationale* puisque la *nation* correspondait à l'espace géographique délimité par la *langue*. Par exemple, la littérature suisse de langue allemande faisait partie de la littérature allemande, qui constituait une unité culturelle par rapport à d'autres littératures nationales avant même que n'apparaisse en Allemagne l'idée d'une quelconque unité nationale d'ordre politique, qui elle, viendra plus tard, au xixᵉ siècle. Il en est de même pour la littérature française qui choisit parmi les Suisses romands ou les Belges wallons certains de ses meilleurs écrivains à partir de ce critère linguistique. La littérature nationale pouvait donc contenir tous les textes écrits dans la langue de la nation telle qu'elle était conçue à cette époque.

C'est bien plus tard que ce principe allait subir une première entorse à la suite de la naissance de la littérature de langue anglaise en Amérique du Nord avec l'indépendance des États-Unis. D'autres littératures en langues européennes se constitueront progressivement en dehors du territoire linguistique d'origine correspondant à l'État-nation : littératures hispanophones et lusophones en Amérique latine et les littératures francophones un peu partout à travers le monde : Amérique du Nord, Afrique, Caraïbes, Maghreb, Asie du Sud-Est et Océanie. C'est là un problème général des études littéraires. Car, en effet, comme on le disait sous forme de boutade, s'il est difficile de déterminer en quoi la littérature américaine est américaine, c'est, entre autres, que nous ignorons en quoi la littérature anglaise est anglaise. Or, l'histoire littéraire part d'un présupposé de l'existence d'une littérature nationale, d'un certaine idée romantique d'un esprit animant le tout, dont les parties ne prendraient sens que par rapport au tout. Et ce tout engloberait aussi la langue, de telle sorte que l'idéalisation de la nation qui en résulte fait de celle-ci, d'une part, un des principaux acteurs de l'histoire et, de l'autre, lui assigne des qualités immuables.

Ce questionnement sur le rapport entre État-nation, langue et littérature dans les littératures francophones permet donc de revenir sur les postulats sur lesquels se fond l'enseignement de l'histoire littéraire. Par littératures francophones, nous entendons les littératures en français dans les régions où la langue de Molière coexiste avec au moins une autre langue, avec au moins une autre littérature. Mais la diversité des situations géographiques et historiques a créé une hétérogénéité des statuts linguistiques et culturels de façon que chaque région francophone se présente comme un cas particulier exprimant une culture spécifique. Mais comme elles ont en commun l'usage du français comme moyen d'écriture, toutes les situations francophones participent, toutes proportions gardées, du même projet culturel. Par exemple, ces littératures sont le lieu des tensions entre les langues et entre les univers symboliques représentés et construisent un univers imaginaire retravaillant ces situations sociohistoriques. De fait, les littératures francophones participent du vaste mouvement culturel issu des empires coloniaux européens et incitent à l'analyse de la notion d'histoire littéraire conçue à partir de l'Europe, à la redéfinition de la notion de *canon* littéraire et de ses implications dans les institutions, notamment à travers les programmes d'enseignement et des circuits de publications.

Dans le cadre des littératures francophones, ce principe est donc lui-même un reliquat de l'hégémonie politique qui veut que les États-nations disposant d'une langue nationale soient les seuls qui produisent une littérature digne de ce nom. Puisqu'elles se situent au-delà de la nation linguistique de type européen dans la mesure où elles convoquent des cultures, des langages, des situations politiques et économiques du monde entier, les littératures francophones sont transnationales et transculturelles. Elles consacrent des formes hybrides par le fait qu'elles participent de plusieurs espaces culturels. Elles révèlent ainsi un problème majeur sur le plan théorique en histoire littéraire : comment penser la coexistence sur un même territoire *national* de littératures écrites en langues différentes : Afrique, Belgique, Suisse, Caraïbes, Québec... Quelles sont les implications méthodologiques ? Comment les littératures coexistantes négocient-elles entre elles leur place dans l'enseignement ? Dans le contexte français et francophone, les vues demeurent celles du triptyque État-nation, langue et littérature. On cherche à opposer littératures francophones et littérature française, de sorte qu'à l'intérieur de chaque espace francophone, les deux blocs coexistent. En France, par exemple, il y a la littérature française, les autres littératures européennes et la littérature générale et comparée. Les littératures francophones (d'autres pays que la France) sont alors enseignées, quand elles sont enseignées, dans ce troisième bloc. En Afrique, la littérature africaine prend de l'importance à côté de la littérature française et les autres littératures font partie des cours généraux. Au Québec, la littérature québécoise a acquis son autonomie vis-à-vis de la littérature française et se différencie d'autres littératures francophones. Ces littératures ont déjà acquis une reconnaissance institutionnelle en dehors des institutions françaises.

Tout d'abord, les littératures francophones montrent que le fait linguistique n'inclut pas nécessairement le fait national, car elles inventent un univers littéraire où se définit une communauté, où se découvre une conscience nationale dans une langue — le français — autre que la langue maternelle des écrivains. De fait, depuis la fin de la colonisation, le champ littéraire de langue française s'est considérablement transformé de sorte que, s'il existe une littérature française hexagonale, d'autres littératures de langue française se sont développées. Et même si elles ne jouissent pas de l'autonomie comparable à celle des littératures en langue anglaise ou espagnole par rapport à leurs métropoles linguistiques, ces littératures remettent en cause l'hégémonie littéraire française. Ensuite, même si les littératures francophones sont tangentes, par la communauté de langue, à la littérature française, elles s'en séparent quand elles procèdent d'une société, d'une histoire ou d'une vision du monde qui ne sont pas celles de l'Hexagone. On note qu'une problématique qui conduit à faire de la littérature le reflet d'une culture territorialisée ne permet pas de saisir de manière rigoureuse les littératures francophones. En effet, celles-ci, en tant que champ de recherche autonome et institutionnalisé, posent de nouvelles questions à l'histoire littéraire dans la mesure où le français n'étant pas la langue nationale est utilisé comme langue d'écriture qui aide à définir des cultures originales.

Les littératures francophones posent aussi la question de la réception. L'écrivain francophone écrit-il pour être lu en France ou chez lui? Par une élite locale le plus souvent bilingue, ou potentiellement, par tous les citoyens? Les solutions apportées à ce problème sont multiples. C'est d'abord au théâtre, forme d'expression collective, que les langues nationales (créole, arabe, lingala, kinyarwanda, malagasy) ont conquis leurs lettres de noblesse, soit en puisant dans la tradition orale, soit en transposant de pièces de théâtre de la littérature universelle. L'édition, dans l'espace francophone, connaît des conditions matérielles précaires pour assurer aux œuvres une existence convenable: publications à compte d'auteur, tirages insignifiants, rééditions inexistantes, trop rares bibliothèques publiques. L'écrivain francophone cherchera donc naturellement à se faire publier à Paris, ou bien pour le cas des écrivains haïtiens, à partir des années 1970, à Montréal, là où les structures éditoriales présentent plus de stabilité. S'il n'y est pas publié directement, ce sera souvent la réédition à l'étranger d'un texte publié originellement chez lui qui fournira à l'écrivain un public véritable, une reconnaissance digne de son talent. Les conditions politiques qui forcent régulièrement bon nombre d'écrivains à quitter leur pays contribuent aussi à accentuer ce phénomène. La question nationale s'est posée aux écrivains francophones dès les premières heures de la fondation de la littérature comme institution sociale. Sans rompre avec la littérature française, il s'est posé la question de l'indépendance de chaque littérature en langue française en dehors de l'Hexagone.

Notons pour terminer que dans les universités où elles sont enseignées, les littératures francophones n'ont plus à être justifiées ni auprès des étudiants ni auprès des responsables du département, de la faculté ou des programmes. La connaissance de ces littératures apparaît de plus en plus comme un élément nécessaire à une bonne formation dans le contexte de mondialisation que nous connaissons, et le contexte immédiatement accessible est l'espace francophone. L'enseignement des littératures francophones a-t-il permis de trouver une réponse à l'une des recommandations de la grande rencontre de l'AUPELF à Québec, tenue en 1972, à l'Université Laval, et selon laquelle l'enseignement des littératures francophones implique une vision inclusive des textes en français, c'est-à-dire qui dépasse le cloisonnement géographique? La structure actuelle permet-elle une telle approche inclusive de la francophonie? Pourrait-on enseigner à partir de centres d'intérêts, afin de dépasser les cloisonnements actuels des *littératures de langue française*? Par exemple, est-il pédagogiquement justifié d'enseigner de manière cloisonnée dans trois blocs imperméables les uns aux autres — littérature francophone de la Caraïbe, littérature française du xxe siècle, littérature québécoise — Aimé Césaire, André Breton et Paul Chamberland, tous des poètes de la période surréaliste du xxe siècle ayant produit des *œuvres en français*? Autant de questions que l'enseignement des littératures francophones au Canada ou ailleurs soulève et sur lesquelles, croyons-nous, une réflexion en profondeur devrait porter.

L'Afrique subsaharienne

Christiane Ndiaye (Poésie, roman, théâtre)
Josias Semujanga (Essai)

L'Afrique est un continent qualifié de « noir » par l'Occident depuis ses premiers contacts avec cette aire culturelle et encore aujourd'hui, non pas seulement du fait d'être peuplé par la race noire mais aussi à cause du caractère « impénétrable » de la culture et de la nature africaines aux yeux des Européens. Ainsi, avant même la tragédie de la traite des esclaves et les inégalités et injustices instaurées par la colonisation, les rapports entre l'Europe et l'Afrique ont été fondés bien plus sur des préjugés, mythes et idées reçues que sur des connaissances et une volonté d'échange et de compréhension mutuelle. Encore aujourd'hui l'Afrique fascine ou effraie par son mystère et toutes les traditions et pratiques demeurées « obscures » pour l'Occident. Par ailleurs, les médias comme les discours savants qui tentent d'informer le public occidental sur l'Afrique tendent encore à parler de façon générale du « continent » dans son ensemble en faisant abstraction, le plus souvent, de toute la diversité géographique et culturelle qui caractérise en réalité ce continent de plus de 700 millions d'habitants.

LA TRADITION ORALE

Pour situer cette littérature écrite en français dans son contexte culturel et pour saisir la richesse et l'évolution de son imaginaire, il faut, dans un premier temps, s'intéresser au vaste patrimoine des littératures orales qui ont précédé la production d'une littérature écrite, à la suite de la colonisation de l'Afrique par les Européens. Alors que la critique occidentale avait d'abord perçu la littérature écrite par les ressortissants des pays africains comme une rupture (par rapport à la tradition orale) marquant l'entrée du « continent noir » dans la modernité, il s'est avéré depuis que cette littérature écrite n'est pas modelée purement et simplement sur des pratiques littéraires « importées » par le colonisateur, mais qu'elle hérite aussi une grande partie de ses procédés d'écriture, ses thèmes et son imaginaire de la tradition précoloniale millénaire.

Il faut préciser ici que cette tradition orale, transmise de génération en génération, en langues africaines, depuis des siècles, est loin d'être inconnue en Occident. Il existe, en effet, d'innombrables transcriptions et traductions des contes, légendes, mythes et proverbes africains recueillis par des missionnaires, ethnologues, administrateurs et voyageurs ayant séjourné en Afrique et cela, depuis le xixe siècle. L'intérêt que les élites lettrées du xixe siècle portaient au folklore européen s'est étendu à l'Afrique, si bien que des traductions françaises de contes et proverbes africains sont publiées dès le début du siècle. La première étude où il est question de la littérature orale africaine (entre autres aspects de la culture africaine) est celle de l'abbé Henri Grégoire, *De la littérature des nègres ou Recherches sur leurs facultés intellectuelles, leurs qualités morales et leur littérature, suivies de notices sur la vie et les ouvrages nègres qui se sont distingués dans les sciences, les lettres et les arts*, parue en 1808 chez Marandan. Par ailleurs, le baron Roger, gouverneur du Sénégal, publie deux recueils de « fables », en 1828, *Kélédor : histoire africaine*, et *Fables sénégalaises recueillies de l'ouolof et mises en vers français avec des notes sur la Sénégambie, son climat, ses principales productions, la civilisation et les mœurs des habitants*. L'abbé Boilat, pour sa part, inclut dans ses *Esquisses sénégalaises* de 1853 quelques adages, proverbes et légendes et le Dr Béranger-Féraud signe en 1885 une étude et la traduction de 25 contes recueillis auprès de plusieurs ethnies, intitulée *Contes de la Sénégambie*. *Les noirs peints par eux-mêmes*, publié en 1883 par l'abbé Bouche, présente des contes, proverbes et énigmes de la région de Ouidah (le Bénin actuel). Ces études et transcriptions se multiplient à la fin du siècle et au début du xxe, si bien que, à partir de 1905, chaque année voit paraître un ou plusieurs recueils de contes[1]. Parmi ceux-ci se distinguent les ouvrages de l'administrateur François-Victor Equilbecq qui fait paraître en 1913

---

1. Pour des précisions sur ces abondantes publications sur la tradition orale, voir Robert Cornevin, « La littérature orale », dans *Littératures d'Afrique noire*, Paris, PUF, 1976, p. 40-100.

quatre volumes de contes de la région du Mali et du Burkina Faso actuels, contes recueillis entre 1904 et 1912 (réédités en 1972 sous le titre *Contes populaires d'Afrique occidentale*). Equilbecq présente par ailleurs une méthodologie de la collecte et propose une des meilleures classifications des contes de l'époque[2]. Cette collecte des productions de la tradition orale continue tout au long du xxᵉ siècle, si bien que, malgré la disparition graduelle des conteurs et griots, une partie importante de ce patrimoine a pu être conservée. Le travail sera facilité, graduellement, et se fera avec plus de rigueur lorsqu'on commencera à enregistrer les prestations des griots sur magnétophone, avant de les transcrire et traduire, et à partir du moment où les chercheurs africains eux-mêmes participeront à la conservation du patrimoine oral. Parmi les plus connues des transcriptions et adaptations produites par des écrivains africains, il faut citer *Les contes d'Amadou Koumba* (1947) et *Les nouveaux contes d'Amadou Koumba* (1958) de Birago Diop du Sénégal, les *Légendes africaines* (1954) de Bernard Dadié de la Côte-d'Ivoire, *Koumen, textes initiatiques des pasteurs peuls* (1961) et *Kaïdara* (1969) du Malien Amadou Hampâté Bâ, *La légende de M'pfouman Ma Mazono* (1954) du Congolais Jean Malonga, *Avec un troubadour du Rwanda* (1949) et *La poésie dynastique du Rwanda* (1951) de l'abbé Alexis Kagame, *Soundjata ou l'épopée mandingue* (1960) de Djibril Tamsir Niane de la Guinée, *La grande geste du Mali* (1988) de Youssouf Cissé et Wâ Kamissoko du Mali, et *L'épopée du Kajoor* du Sénégalais Bassirou Dieng. Ainsi, bien que beaucoup reste à faire, le lecteur étranger, comme le lecteur africain (il existe de nombreuses éditions bilingues), peut désormais accéder à un fonds important de la tradition orale par le biais de ces transcriptions.

Il est à noter cependant que ce travail de conservation de la tradition orale se fait parallèlement à celui de la critique littéraire qui, pendant longtemps, ne s'y réfère que rarement dans ses interprétations de la littérature écrite. Ce n'est qu'à partir des années 1970, avec la constitution d'une critique plus afrocentriste, qu'on s'intéresse de plus près à ce patrimoine en tant que source de l'esthétique de la littérature d'expression française. Aujourd'hui, les études illustrant la continuité entre tradition orale et littérature écrite se multiplient, détachant de plus en plus la littérature africaine (et sa critique) de la tutelle française. Cette volonté

---

2. Voir *ibid.*, p. 62 et 88-90.

d'affirmation d'une autonomie littéraire africaine se manifeste par ailleurs dans la désignation devenue courante de l'écrivain comme « griot de la modernité ».

L'art des conteurs et griots

Qu'est-ce qu'un griot et en quoi consiste son art ? Les études à ce sujet sont également innombrables et, loin de présenter un portrait uniforme, elles ont suscité de multiples controverses autour des genres et des praticiens de ce qu'on désigne de manière englobante par « la tradition orale ». Quelques faits marquants ressortent néanmoins de cette masse d'information qu'il est utile de retenir pour mieux contextualiser l'émergence et les caractéristiques essentielles des œuvres de la production écrite. Alors que le conteur peut être toute personne de talent qui fait son apprentissage par la pratique, le griot (ou la griote) est un « professionnel de la parole » qui fait une formation formelle auprès d'un griot (un initié) de renom, ou, dans le cas des sociétés organisées en castes en Afrique de l'Ouest, auprès du père ou d'un aîné de la caste des griots. Il est à noter, par ailleurs, que l'appellation « griot », d'origine incertaine, est employée généralement par les chercheurs occidentaux pour désigner tous ceux que la société africaine reconnaît comme des « conteurs attitrés » de mythes, épopées, légendes et contes, alors que chaque langue africaine dispose d'un terme spécifique signifiant « griot » et que la formation du griot-conteur peut être plus ou moins formelle selon les régions, l'époque et les ethnies. Ainsi les Malinkés emploient le terme *djeli*, les Peuls le mot *diali* et les Wolofs *géwël* pour désigner le maître de la parole ; en Afrique centrale, on trouve également l'expression « chanteur de *mvet* », d'après le nom de l'instrument (le *mvet*) dont le conteur s'accompagne ; celui-ci n'appartient pas à une caste mais suit un apprentissage rituel[3].

La formation la plus poussée et la plus formelle est celle des griots dits « traditionalistes », castés, de l'Afrique de l'Ouest qui sont des initiés dont la science est secrète et qui sont rattachés à une famille royale dont ils gardent en mémoire les origines, la généalogie et tous les faits marquants

---

3. Concernant le métier du griot et les multiples théories sur l'origine du mot « griot », voir l'étude de Thomas Hale, *Griots and Griottes*, Bloomington, Indiana University Press, 1998. L'une des théories les plus plausibles est que le terme « griot » serait une déformation du portugais *grito* ou « cri » (*ibid.*, p. 359).

de l'histoire du peuple de ce royaume. Ces griots détiennent ainsi, en quelque sorte, les archives et la constitution de la monarchie (ou la chefferie) qu'ils servent; ce sont par conséquent des hommes d'influence et de pouvoir, des maîtres de l'art de parler dont la parole est réputée magique, dans certains cas. Ils tiennent en mémoire toute la science accumulée pendant des générations et des milliers de vers des épopées, lesquelles sont présentées lors des fêtes et cérémonies officielles notamment, où la prestation du griot peut s'enchaîner sur plusieurs nuits de suite.

Le conteur de village, par contre, est généralement un aîné que la communauté reconnaît comme « maître de la parole » et autour duquel se réunissent les villageois, la nuit, lors des moments de détente, après le travail aux champs. Conteurs et griots sont en interaction constante avec leur public, si bien que la prestation d'un maître de la parole comporte toujours une dimension théâtrale (gestes, mimiques, dramatisation de chaque « scène », etc.) et souvent un accompagnement ou des intermèdes musicaux (chants, tam-tams et séquences instrumentales diverses). Le conteur ou le griot peut également intervenir pour commenter son propre récit afin d'en souligner, de manière didactique, tel aspect sur lequel il souhaite attirer l'attention du public.

Il faut souligner, par ailleurs, que la tradition orale est constituée de plusieurs genres, mais que la richesse et la diversité de cette production séculaire est telle que les chercheurs ont établi de multiples classifications qui se recoupent souvent sans qu'il y ait consensus sur la définition de ces genres. En suivant la méthodologie établie d'abord par Henri Labouret en 1933 et reprise par Robert Cornevin, on peut cependant identifier quatre catégories générales de « paroles » des griots et conteurs qui se retrouvent chez la plupart des peuples africains et qui ont donné lieu, selon les régions, à diverses typologies: 1) les mythes cosmogoniques ou totémiques; 2) les légendes portant sur des dieux, des êtres surnaturels ou des humains; 3) des épopées qui relatent les exploits des fondateurs de dynasties et des conquérants; 4) des contes à personnages humains, d'animaux ou d'êtres surnaturels (génies, ogres, revenants, etc.)[4]. Les contes, en particulier, sont d'une telle diversité qu'il existe des classements par cycles (hyène, lièvre, tortue, araignée, etc.), par types (contes fantaisistes, contes didactiques ou moraux, contes ou fables

---

4. R. Cornevin, *op. cit.* p. 92.

d'animaux, contes grivois, ou contes charades[5]) ou par la structure[6]. Chaque genre se définit ainsi par des conventions et des techniques particulières que le maître de la parole adapte aux circonstances de chaque prestation, chaque public, selon son propre génie.

Notons qu'il peut paraître surprenant, de prime abord, de ne pas retrouver dans bon nombre de ces classifications génériques deux genres principaux qui ont été marquants dans l'histoire littéraire occidentale : le théâtre et la poésie. Pourtant, la poésie et l'art dramatique existent bel et bien dans ce patrimoine de la littérature orale africaine. Si l'on ne les reconnaît pas comme « genres », c'est qu'il s'agit de pratiques en langues africaines et prenant des formes diverses longtemps méconnues par les chercheurs occidentaux, et aussi du fait que l'art de la poésie et l'art dramatique constituent une partie intégrante des genres identifiés (mythes, épopées, contes). Il y a donc lieu d'apporter ici quelques précisions sur les techniques des griots et les caractéristiques des genres les plus complexes de la tradition orale que sont les épopées et les légendes.

Ces récits sont présentés en prose rythmée et en strophes adaptées à la respiration du griot, de sorte que la composition de l'ensemble est variable, parfois plus proche d'une poésie en vers, parfois plus proche d'une prose répétitive, parfois semblable à une prose ou des vers chantés. L'accompagnement musical (kora, balafon, tam-tam d'aisselle, etc.) contribue à marquer le rythme ; les épopées peuvent comporter également des devises ou thèmes musicaux et des chants qui s'intègrent au récit et que le public reconnaît[7]. Cette prose rythmée, mi-chantée, s'agrémente en plus de techniques théâtrales : le griot peut contrefaire la voix des personnages, mimer des gestes, adopter un débit solennel ou léger, un ton grave ou comique. Toutes ces techniques servent à créer une performance d'une grande créativité qui saura maintenir l'attention du public en soulignant, diversement, les éléments constitutifs de l'histoire racontée : un fait historique, un phénomène surnaturel, le caractère

---

5. Voir *ibid.*, p. 89.

6. Voir en particulier l'ouvrage de Denise Paulme, *La Mère dévorante : essai sur la morphologie des contes africains*, Paris, Gallimard, 1976.

7. Ainsi, lorsqu'un rappeur comme MC Solar se présente comme héritier des griots, cela n'est pas sans fondement. Certains groupes de musiciens contemporains ont par ailleurs repris et « modernisé » les thèmes traditionnels comme le font les musiciens de Railband (Salif Keita et Mory Kante) dans leur enregistrement de leur « version » musicale de Soundjata sur le disque *Mali Stars, Vol. 1.*

extraordinaire, surhumain du héros, un propos moral ou idéologique pertinent aux circonstances, ou même des « effets de réel », car il ne faut pas oublier que, malgré les aspects appartenant au merveilleux, les récits de la tradition orale comportent aussi une dimension réaliste permettant au public de s'y identifier en y reconnaissant des faits et gestes de la vie quotidienne de tout un chacun. L'extrait que l'on trouvera en annexe de ce chapitre de la transcription de Cissé et Kamissoko de l'épopée de Soundjata illustre plusieurs des caractéristiques de l'art des griots : prose rythmée en strophes avec répétitions, création habile d'une voix particulière pour chaque personnage, effets théâtraux, caractéristiques d'un héros hors du commun, dictons de la sagesse ancestrale, effets réalistes, symbolismes, etc.

Tout lecteur de la littérature contemporaine africaine pourra donc se convaincre par lui-même, aujourd'hui, que, s'il est indéniable que la littérature écrite s'inspire de certains modèles français (et occidentaux), elle puise également dans ce vaste patrimoine de la tradition orale. Lorsqu'il est question de cette oralité qui s'intègre à la littérature écrite, il faut cependant se garder de confondre deux interprétations de ce terme (ce qu'une certaine critique n'a pas manqué de faire) : l'oralité d'un texte au sens d'une imitation de la langue parlée est une technique d'écriture (une « oralité feinte ») qui fait partie des multiples procédés que peut adopter la fiction en prose de toute origine[8] et qui est sans rapport avec la tradition orale. Comme il a été indiqué ci-dessus, la tradition orale africaine est constituée de plusieurs genres dont chacun comporte des conventions qui font en sorte que, même dans les sociétés de culture orale, chacun sait distinguer ces productions *littéraires* de la langue parlée courante. La langue de la littérature orale *n'est pas* la langue parlée de tous les jours. Lorsqu'il est question de l'oralité de la littérature africaine de langue française au sens des emprunts à la tradition orale, il s'agit de l'intégration dans le texte écrit de techniques littéraires qui appartiennent aussi à la tradition précoloniale (structuration du récit, symbolismes, thèmes, rapport avec le public, types de personnages, etc.)[9].

---

8. L'exemple type est celui de Céline qui raconte une histoire du peuple dans la langue du peuple.

9. Voir, en particulier, à ce propos, les ouvrages de Mohamadou Kane et d'Amadou Koné.

Cependant, rien n'empêche, bien entendu, que l'écrivain ait recours à ces deux types « d'oralité » dans la création d'un texte écrit.

LES DÉBUTS DE LA LITTÉRATURE ÉCRITE

Si les assises de la littérature francophone d'Afrique sont dans cette oralité dont nous venons de parler, il va sans dire que sa diffusion s'est faite par l'écrit. Or, il ne peut y avoir de diffusion massive sans presses et maisons d'édition.

L'édition

L'une des premières difficultés à laquelle ont dû faire face les écrivains africains est celle de l'édition. Avant la Deuxième Guerre mondiale, il n'existe pas de maisons d'édition africaines. Les premiers organes de publication sont les imprimeries des missionnaires et de l'administration coloniale qui ne publient cependant pas les textes d'auteurs africains. Quelques-unes de leurs contributions commenceront néanmoins à paraître dans des périodiques tels que *L'Éducation africaine* lancé en 1913[10], la *Revue africaine littéraire et artistique* fondée en 1925 à Dakar ou *La Reconnaissance* publiée à partir de la même année au Dahomey (actuel Bénin). Il s'agit généralement d'articles portant sur des questions d'éducation, de religion ou sur de multiples aspects de la culture et l'histoire africaines, mais aussi, à l'occasion, de textes littéraires. Quelques écrivains réussissent à se faire publier à Paris, à partir des années 1920, mais la première maison d'édition spécialisée en littérature africaine sera *Présence africaine* fondée en 1947 par Alioune Diop à Paris, où elle continue aujourd'hui encore à publier les auteurs africains.

Cette situation se transforme lors des indépendances avec l'implantation de nouvelles imprimeries disposant d'un équipement neuf, dans plusieurs des nouvelles nations, et, en 1964, de la première maison d'édition africaine située en terre africaine, fondée à Yaoundé au Cameroun par le Centre de littérature évangélique (CLÉ). L'année 1971 voit la création à Dakar des Nouvelles éditions africaines (NÉA) qui s'installeront

---

10. Cette publication s'appelle d'abord *Bulletin de l'enseignement en AOF* et prend le titre *L'Éducation africaine* à partir des années 1930.

également à Abidjan par la suite. D'autres maisons d'édition voient le jour au Zaïre (actuelle République démocratique du Congo[11]) et, au cours des années, dans tous les pays francophones d'Afrique[12]. Les écrivains africains n'en sont pas pour autant au bout de leurs peines, car ces maisons d'édition sont loin de disposer de moyens comparables à ceux des éditeurs français (ou québécois) et, la liberté de publier et de diffuser tout ce que les auteurs proposent ou que le public souhaite lire est, encore au début du XXIᵉ siècle, limitée par la censure des gouvernements à parti unique (les dictatures). De nombreux écrivains continuent par conséquent à se faire publier en France ou en Belgique (et dans de rares cas au Québec), où les critères de sélection (des manuscrits) des maisons d'édition sont pourtant conçus pour la littérature française et ne tiennent pas compte des goûts du public africain ni de l'esthétique propre aux écrivains africains. Il existe donc aujourd'hui une situation d'édition « à deux vitesses » où certaines œuvres sont publiées dans de grandes maisons d'édition et bénéficient d'une distribution internationale et d'autres sont éditées et circulent localement. Cela a donné lieu à deux types de production encore largement méconnus sur le plan international : une littérature populaire dont le public est presque exclusivement africain, et des textes d'une qualité littéraire exceptionnelle qui demeurent à peu près inconnus.

La scolarisation

Pour devenir écrivain « francophone », l'Africain ou l'Africaine doit évidemment avoir accès à une scolarisation en langue française. Or, les premières écoles de type occidental sur le continent africain sont fondées par des missionnaires et dispensent un enseignement religieux. Dans les colonies françaises de l'Afrique-Occidentale française (A-OF)[13],

---

11. L'actuelle République démocratique du Congo est désignée souvent, par commodité, comme le Congo-Kinshasa, alors que la République populaire du Congo est désignée comme Congo-Brazzaville.

12. Pour plus de détails, voir R. Cornevin, *op. cit.*, p. 22-32.

13. L'A-OF est constituée de huit colonies : la Côte-d'Ivoire, le Dahomey (l'actuel Bénin), la Guinée, la Haute-Volta (l'actuel Burkina Faso), la Mauritanie, le Niger, le Sénégal, le Soudan (Mali) ; l'Afrique-Équatoriale française (A-ÉF) est constituée de quatre colonies : le Gabon, le Congo (Congo-Brazzaville), l'Oubangui-Chari (République centrafricaine) et le Tchad.

il n'existe que neuf écoles primaires en 1898, dont huit sont gérées par des missions. La première école « publique » est fondée par l'administrateur Faidherbe en 1861 et sera vite rebaptisée « l'école des otages », comme toutes les écoles créées par la suite par l'administration coloniale et dont le but est d'accueillir un nombre restreint de fils de notables afin de les assimiler à la culture française avant de les intégrer comme fonctionnaires à la gestion des colonies. Au Congo belge, on dénombre sept écoles officielles en 1938 où 4 368 élèves reçoivent un enseignement en français et en néerlandais. (Par contre, les écoles missionnaires sont nombreuses et dispensent un enseignement religieux en langues locales à quelque 700 000 élèves[14].) La première école normale située en Afrique ouvre ses portes à Saint-Louis du Sénégal en 1903. Ainsi, une élite indigène restreinte est formée graduellement, constituée essentiellement de mulâtres et de quelques Africains en situation privilégiée, triés sur le volet… pour les besoins de l'administration coloniale. Pour une population de plus de 14 millions, l'A-OF compte environ 71 000 élèves en 1938. Le chemin de l'école des premiers écrivains africains a donc été long et parsemé d'embûches.

Les premiers écrits et textes littéraires de langue française

Malgré ces obstacles de taille, quelques textes d'auteurs africains (dont plusieurs sont mulâtres) commenceront à paraître dès le XIXᵉ siècle. Félix Darfour, originaire de la province du Darfour dans l'actuel Soudan, après des études en France, émigre en Haïti en 1818 où il sera le fondateur et le principal rédacteur de deux journaux, *L'Éclaireur haïtien* et *L'Avertisseur haïtien*. Ardent défenseur de la race noire et du paysan de la nouvelle nation haïtienne, Darfour peut être considéré comme un précurseur du mouvement de la négritude, mais il sera exécuté en 1822 pour son opposition au gouvernement (mulâtre) de l'époque. En Afrique même, Léopold Panet, du Sénégal, sera l'auteur d'un récit de voyage publié en 1850 dans *La Revue coloniale*, et l'abbé Boilat, orphelin de parents mulâtres, formé chez les missionnaires, publiera en 1953 un volumineux ouvrage ethnologique de presque 500 pages intitulé *Esquisses sénégalaises*.

---

14. Voir R. Cornavin, *op. cit.*, p. 122-126.

Un autre prêtre sénégalais, l'abbé Moussa, se rend également en Haïti où il fera paraître régulièrement des articles dans le *Moniteur haïtien* entre 1853 et 1860. Paul Holle, un fonctionnaire mulâtre de Saint-Louis, sera l'auteur d'un volume sur la Sénégambie française en 1855 et l'interprète Bou el Moghdad signe un récit de voyage publié dans *La Revue maritime et coloniale* en 1861. Un autre récit de voyage paraîtra dans *La Revue des missions catholiques* en 1878 signé par l'abbé Léopold Diouf, également du Sénégal. Ainsi, quelques Africains lettrés ouvrent le chemin aux écrivains du xxe siècle.

En effet, une littérature en prose commence à voir le jour dès le début du xxe siècle, dont la première moitié constitue l'apogée de la colonisation. Un court récit de 28 pages à teneur morale, du Sénégalais **Amadou Mapaté Diagne** (1886-1976), intitulé *Les trois volontés de Malic*, paraît en 1920. *Force-Bonté*, récit autobiographique du tirailleur sénégalais **Bakary Diallo** (1892-1978), ayant fait la guerre de 1914-1918, sera publié en 1926 aux Éditions Rieder à Paris. La même année, **Massyla Diop**, également sénégalais, écrira un feuilleton, *Le réprouvé*, pour *La Revue africaine littéraire et artistique* de Dakar. Le plus prolifique des auteurs de romans-feuilletons, **Félix Couchoro** (1900-1968) du Dahomey (l'actuel Bénin), publie son premier roman, *L'esclave* en 1929 ; suivront *Amour de féticheuse* (1941), *Drame d'amour* (1950) et *L'héritage cette peste* (1963) ; ces romans (mis à part celui de 1950) seront publiés sous forme de feuilletons, ainsi que 15 autres romans-feuilletons, à partir de 1962, dans la presse locale au Togo, où Couchoro s'installe entre 1935 et 1952 et de 1958 à sa mort en 1968. En 1937, **Paul Hazoumé** (1890-1980) reçoit le premier prix du gouverneur général de l'A-OF pour son étude ethnographique *Pacte de sang du Dahomey* ; l'année suivante, il publie *Doguicimi*, qui relate l'histoire de l'épouse d'un prince d'Abomey (au Bénin) du xixe siècle, considéré comme le premier roman historique d'un auteur africain. Parmi ces premières publications, il faut citer également *Karim* (1935), du Sénégalais **Ousmane Socé** (1911-1973), qui met en scène un jeune homme de Saint-Louis aux prises à la fois avec ses premières amours et l'attrait de la modernité matérialiste introduite en Afrique par le colonisateur. Ce récit sera suivi en 1937 de *Mirages de Paris* qui est le premier d'une série de romans signés par d'autres auteurs portant sur les expériences douloureuses et les désillusions vécues par les Africains à Paris.

Ces premiers textes littéraires ont souvent été jugés sévèrement par la critique et ont fait l'objet de bon nombre de controverses et de malentendus du fait que la critique eurocentriste considère qu'il s'agit de récits qui tentent de se couler dans le moule de l'esthétique du roman réaliste français du XIXᵉ siècle et y réussissent plus ou moins bien. Il faudra donc rappeler ici, comme le fait Mohamadou Kane, que l'art du récit n'a pas été introduit en Afrique par les pays colonisateurs, ni même ce que l'on désigne communément comme le « réalisme », que ces premiers écrivains, comme ceux qui les suivront, ont puisé librement dans les conventions romanesques occidentales mais *aussi* dans celles, millénaires, de la littérature orale africaine. Kane souligne que le premier public du roman africain est essentiellement le même public qui s'intéressait jusque-là au roman colonial[15]. Or, celui-ci est d'abord le fait de quelques voyageurs et administrateurs ayant fait escale en Afrique (ou même d'auteurs se contentant de se documenter sans jamais se rendre sur place eux-mêmes) et, par la suite, de coloniaux ayant séjourné longuement ou étant nés sur le continent. Il s'agit d'une littérature exotique qui reproduit les clichés courants sur le nègre primitif, caricaturé et dénigré, et sur la nature tropicale ; ces romans relèguent le personnage africain dans les marges pour mettre au premier plan la vie « passionnante » du colon blanc, téméraire aventurier parmi les sauvages[16]. Cependant, cette représentation de l'Afrique dans le roman colonial (et dans l'esprit de certains lecteurs et intellectuels occidentaux) se transforme quelque peu à partir du début du XXᵉ siècle sous l'impact d'un africanisme plus scientifique qui commence à s'écarter de l'idéologie coloniale en reconnaissant la grandeur des civilisations africaines. Parmi ces africanistes cherchant à mieux faire connaître la richesse et la diversité de la culture africaine, on peut citer des fonctionnaires coloniaux tels que Maurice Delafosse, V. F. Equilbecq et Georges Hardy, mais l'ouvrage le plus marquant sera celui de Leo Frobenius, ethnologue allemand, qui publie, en 1936, *L'Histoire de la civilisation africaine (Kulturgeschiche Afrikas, 1936)* qui

---

15. Voir Mohamadou Kane, *Roman africain et tradition*, Dakar, Nouvelles éditions africaines, 1982, p. 35-50.

16. Quelques noms d'auteurs de ces romans coloniaux : André Démaison, Jean et Jérôme Tharaud, Lucie Cousturier, Pierre Mille, Raymond Escholier, Robert Randau, et, le plus connu, Pierre Loti.

constituera un point tournant de l'africanisme européen. Il s'agira désormais (du moins pour certains) de dépasser les mythes et clichés pour livrer au public de véritables connaissances sur le «continent noir». Ainsi, quelques écrivains coloniaux considèrent aussi qu'il vaudrait mieux «témoigner» de la réalité africaine, donner davantage dans le «réalisme» et non plus dans l'exotisme facile[17]. Mais qui mieux que les Africains eux-mêmes saura témoigner de l'Afrique vue «du dedans»? Paradoxalement, les premiers écrivains africains seront alors accueillis par ce public européen comme des témoins «authentiques» du vécu africain, comme si leurs textes n'étaient que des reportages et non pas des œuvres de création.

C'est dans ce contexte qu'est décerné le premier prix Goncourt attribué à un «roman africain», en 1921, à **René Maran** (1887-1960) pour *Batouala, véritable roman nègre*. Le prix comme le titre s'explique par cette attente du public qui cherche à connaître l'Afrique «vue du dedans». En effet, contrairement au roman colonial, le roman de Maran ne met pas en scène uniquement l'univers du colon mais bien des personnages africains confrontés aux abus de certains représentants de l'administration coloniale. La diffusion du roman est interdite en Afrique et la controverse éclate: certains jugent le roman injurieux pour les Blancs, d'autres injurieux pour les Noirs. Plusieurs finiront par classer *Batouala* parmi les romans coloniaux du fait que, comme ceux-ci, il décrit certains aspects de la réalité africaine sans pour autant mettre en cause le bien-fondé du système colonial. Par ailleurs, René Maran n'est pas africain mais originaire de la Guyane, éduqué en France et occupant plusieurs postes comme fonctionnaire colonial en Afrique de 1909 à 1923. Il mènera une carrière littéraire en France jusqu'à sa mort en 1960, collaborant à plusieurs revues et publiant sept autres romans, cinq recueils de poésie et plusieurs contes, essais et biographies. Sans doute faudra-t-il une analyse plus poussée de l'esthétique des œuvres de Maran pour établir ce qui constitue leur «africanité» ou leur «colonialité»[18].

---

17. Voir M. Kane, *op. cit.*, p. 47-48.
18. On notera que les points de vue sur le roman divergent encore aujourd'hui; alors que Mohamadou Kane le classe parmi les romans coloniaux, Josias Semujanga le considère malgré tout comme «un roman où le monde africain se donne à voir de l'intérieur» (voir «Panorama des littératures francophones» dans le présent ouvrage).

Car il faut rappeler que les premiers écrivains africains de l'époque, tels Socé et Hazoumé, en répondant à cette attente de «faire plus vrai», auront recours non seulement à l'esthétique réaliste, mais aussi à l'art du récit des conteurs et griots. Ainsi, le caractère «réaliste» de cette première littérature en prose s'avère être un héritage à la fois occidental et africain. Kane souligne que : «Il reste que la médiation des romanciers coloniaux et des africanistes a fortement marqué l'orientation du roman africain [...]. Elle explique pour une large part la place faite à la description, l'explication des traditions et de la mentalité qu'elles sécrètent[19].» Ces premiers romanciers ne s'en inspirent pas moins de l'esthétique africaine :

> Au risque d'interrompre abusivement le fil de l'action ou de la faire piétiner, l'un recourt au mélange des genres, l'autre, pour faire ressortir le passéisme, l'attachement à leurs traditions des protagonistes, n'hésite pas à reproduire un discours traditionnel lent, répétitif, alourdi de références à l'histoire, à la légende et à la mythologie. Ces littératures traditionnelles, qu'ils prolongent volontairement ou qui s'imposent à eux du fait de l'environnement socioculturel de leur enfance, ont pour caractère essentiel d'être des littératures réalistes. Ce n'est certes pas dire pour autant qu'elles ne recèlent pas de dimension poétique, symbolique ou, à l'occasion, ésotérique. Elles constituent un moyen d'assurer l'unité et la continuité du groupe social. Leur mission première étant de sauvegarder les traditions, elles ne peuvent parvenir à cette fin que par le biais du réalisme. Cet héritage peut être décelé dans les œuvres africaines modernes[20].

Délaissant l'exotisme superficiel du roman colonial, les Africains adopteront ainsi un «nouveau réalisme» où convergent oralité millénaire et écriture moderne. Le fait que les romanciers africains soient restés attachés à ce réalisme tout au long du XXe siècle, alors qu'en Occident on passe du nouveau roman au postmodernisme, s'expliquerait ainsi par l'enracinement d'un certain type de réalisme dans la tradition littéraire africaine[21]. De la même manière, l'engagement sociopolitique des écrivains africains constitue un prolongement de la pratique des griots et conteurs dont le rôle moral et didactique faisait en sorte qu'ils n'étaient jamais de simples amuseurs publics (l'un n'excluant pourtant pas l'autre).

---

19. M. Kane, *op. cit.*, p. 59.
20. *Ibid.*, p. 61.
21. Voir *ibid.*

LA POÉSIE

Si cette naissance de la littérature africaine de langue française se fait « en douceur » par la prose, ce seront néanmoins les poètes du mouvement de la négritude, **Léopold Sédar Senghor** (1906-2001) en tête, qui la feront entrer avec éclat sur la scène littéraire mondiale. L'heure n'est pas alors à la description, mais à l'expression d'une créativité où convergent indignation, exaltation, sensibilité humaine et nostalgie. Dans cette poésie aussi se manifestent de multiples liens avec l'héritage ancestral. Senghor, le premier, revendique et affiche cet héritage en indiquant des instruments d'accompagnement pour plusieurs de ses poèmes et en célébrant tous les aspects de la vie africaine.

La poésie traditionnelle

Si de nombreux africanistes n'ont pas d'abord reconnu la poésie comme un genre pratiqué couramment en Afrique précoloniale, c'est que poésie, prose et musique se confondent très souvent dans des compositions de formes fort variables. Aujourd'hui, l'on reconnaît cependant que la poésie était en fait omniprésente dans la culture traditionnelle et que, si les poètes modernes ont souvent tenté, dans un premier temps, d'adopter la versification pratiquée dans les pays colonisateurs (France, Angleterre, Portugal), le lecteur attentif y décèlera également les marques de la poésie orale dont les écrivains eux-mêmes se réclament plus ou moins ouvertement. Dans la poésie traditionnelle, deux pratiques se distinguent : celle de la poésie déclamée solennellement au cours des rituels religieux et cérémonies officielles (laquelle s'intègre à l'épopée, par exemple, et se confond avec elle, dans certains cas), et celle de la poésie lyrique qui prend la forme de poèmes chantés à toutes les occasions de la vie quotidienne[22]. La poésie des rituels consiste en une récitation incantatoire rythmée, mi chantée, mi-parlée, pratiquée par des griots et des initiés dans des cérémonies où l'on invoque la protection des esprits ou l'intervention des forces surnaturelles, ou dans des cérémonies divinatoires, dans des rituels de guérison et dans des rites funèbres, etc. Cette

---

22. Voir, entre autres, Ruth Finnegan, *Oral Literature in Africa*, Nairobi, Oxford University Press, 1976, et Oyekan Owomoyela, *Africian Literatures: An Introduction*, Massachussetts, African Studies Association, 1979.

poésie rituelle peut comporter des formules et séquences qui doivent être répétées avec exactitude et dont le sens peut parfois être connu des initiés seuls. Ce type de récitation solennelle est adoptée également dans la poésie d'éloges adressée à des personnalités importantes ou à des individus dont le comportement est présenté comme exemplaire pour la communauté. Ces récitations cérémoniales peuvent comporter aussi de nombreuses informations d'ordre historique sur la communauté (généalogie des rois ou chefs, guerres et conquêtes, pratiques religieuses, etc.), d'où que cette poésie est confiée aux «professionnels».

La poésie lyrique (chantée), comme le conte, peut être pratiquée par toute personne de talent; elle peut se répéter en groupes ou encore dans une prestation à laquelle participe aussi le public. Certains poèmes/chants peuvent se transmettre longtemps à travers une collectivité et devenir «traditionnels», d'autres sont des créations individuelles ou collectives spontanées suscitées par des circonstances particulières. Le poème chanté peut être amusant, satirique, injurieux, sérieux, mélancolique, etc.; toutes les occasions sont bonnes pour y avoir recours: naissances, fiançailles, mariages, retrouvailles, querelles de femmes, travail aux champs, éloge de leur bétail par les pasteurs, amours espérées ou amours déçues, éloges des courageux ou peines à la perte d'êtres chers, etc. Cette poésie chantée est verbalement moins élaborée que la poésie rituelle mais se distingue toujours, de diverses manières, de la langue parlée courante.

Caractéristiques traditionnelles de la poésie écrite

La poésie écrite en langues européennes a conservé de multiples aspects de la poésie orale. L'on note, par exemple, que les poètes africains préfèrent le vers libre à la composition en strophes avec une versification métrique et des rimes. La structuration du poème se fait plus souvent par le recours à de multiples techniques de répétition: anaphores et épiphores, reprise de structures grammaticales, refrains, répétition d'un vers au début et à la fin du poème ou de manière régulière pour marquer le début d'une nouvelle «strophe» (séquence), etc. Le vers libre se prête également à introduire des éléments narratifs dans le poème et ainsi à maintenir la fusion entre prose et poésie caractéristique de la littérature orale. Parmi les caractéristiques de la rhétorique de la poésie

orale, on peut retenir aussi une propension marquée des poètes modernes à invoquer directement le public (le lecteur) ou un destinataire particulier, soit par l'emploi de l'impératif, soit en nommant explicitement
ce destinataire (comme le faisait la poésie rituelle et la poésie d'éloges
adressée à des divinités ou des notables particuliers) : « À tâtons nous
sommes parvenus jusqu'à toi » (Tati Loutard), « Écoute plus souvent / les
choses que les êtres » (Birago Diop), « Masques ! Ô Masques ! », « Femme
nue, femme noire » (Senghor)[23], « Raconte-moi / la parole du griot »
(Véronique Tadjo)[24], etc. Par ailleurs, la poésie écrite conserve également, chez de nombreux poètes, un caractère didactique et tente de
sensibiliser le lecteur à de multiples questions d'ordre social. Il existe,
naturellement, une poésie intimiste qui évoque la vie privée, les amours,
espoirs, douleurs ou joies issus d'une expérience individuelle, mais
comme les contes traditionnels, la poésie écrite tend plus généralement
à créer une symbolique qui interpelle le lecteur sur le plan d'un vécu
collectif. Ce vécu collectif comprend également l'univers naturel et parfois toute une cosmogonie intégrée au poème sur le plan figuratif et
symbolique. Ainsi, bien que chaque poète développe son imaginaire
propre à travers des techniques d'écriture qui lui sont particulières, l'on
peut aussi dégager certains traits généraux caractéristiques d'une esthétique partagée par bon nombre de poètes africains[25].

Le poème suivant de **Francis Bebey** (1929-2001), poète et chansonnier
du Cameroun, peut servir à illustrer quelques-unes de ces caractéristiques qui s'inscrivent dans la continuité de la poésie traditionnelle.

MA VIE EST UNE CHANSON

On me demande parfois d'où je viens
Et je réponds « Je n'en sais rien
Depuis longtemps je suis sur le chemin
Qui me conduit jusqu'ici
Mais je sais que je suis né de l'amour
De la terre avec le soleil »

---

23. Voir Jacques Chevrier, *Anthologie africaine : poésie*, Paris, Hatier, 1988, p. 50-54 et 127.
24. *Ibid.*, p. 70.
25. Pour des précisions à ce sujet, voir, entre autres, Tanure Ojaide, *The Poetic Imagination in Black Africa. Essays on African Poetry*, Durham (NC), Carolina Academic Press,
1996, et Jean-Pierre Makouta-Mboukou, *Les grands traits de la poésie négro-africaine*,
Dakar/Abidjan/Lomé, NÉA, 1985.

Toute ma vie est une chanson
Que je chante pour dire combien je t'aime
Toute ma vie est une chanson
Que je fredonne auprès de toi

Ce soir il a plu, la route est mouillée
Mais je veux rester près de toi
Et t'emmener au pays d'où je viens
Où j'ai caché mon secret
Et toi aussi tu naîtras de l'amour
De la terre avec le soleil

Toute ma vie est une chanson
Que je chante pour dire combien je t'aime
Toute ma vie est une chanson
Que je fredonne auprès de toi[26]

L'on note ici la répétition d'un refrain et de deux éléments clefs du poème : « l'amour de la terre avec le soleil », et le chemin (la route). Une dimension narrative se dégage également (« On me demande parfois », « Ce soir il a plu ») ainsi que l'invocation d'un interlocuteur à la deuxième personne. Par ailleurs, le thème de l'amour sert à déplacer une question qui comporte des accents d'une discrimination sociale vers une réflexion métaphysique qui esquisse un mythe des origines humaines où l'être humain est la progéniture d'entités cosmiques et la terre un réservoir d'amour où l'humanité pourra se « réapprovisionner » indéfiniment en cas de chagrin. Ce glissement se fait par une technique figurative simple qui transforme le « chemin » en métaphore de la vie et qui marque le contraste entre l'apparente simplicité de ce poème d'amour et la « philosophie de vie » sous-jacente qui refuse de traiter la question identitaire sur le plan de la race et de la nation (« On me demande parfois d'où je viens ») pour inviter le lecteur à la situer plutôt sur le plan humain. Ce court poème se lit alors comme un condensé de plusieurs thèmes et techniques d'écriture caractéristiques de la poésie africaine orale et écrite.

---

26. F. Bebey, « Ma vie est une chanson », dans Jacques Chevrier, *op. cit.*, p. 128.
27. Voir Bernard Magnier, *Poésie d'Afrique au sud du Sahara*, Paris, Actes Sud/Éditions Unesco, 1995.

Les poètes de la première génération (1930-1950)

Quelques poètes africains se sont taillé une place de choix sur la scène littéraire mondiale, mais la plupart sont très peu connus, la diffusion de leurs œuvres se faisant souvent par des éditions à compte d'auteur, dans des périodiques ou même à la radio, et, parfois, par le biais des anthologies. À titre d'exemple, l'anthologie de Bernard Magnier réunit des poèmes écrits entre 1945 et 1995 par quelque 65 écrivains africains s'exprimant en français, dont certains sont déjà des classiques alors que d'autres sont inédits[27]. Parmi les poètes de la première génération, il faut citer ceux qui se sont fait connaître à partir des années 1930, avec **Léopold Sédar Senghor**, dans le sillage du mouvement de la négritude, et dont l'œuvre poétique (et autre) est consacrée essentiellement à réhabiliter la civilisation africaine et dénoncer l'oppression et les injustices que l'Afrique et la race noire ont souffertes aux mains des pays colonisateurs : **Birago Diop** (1906-1989), **David Diop** (1927-1960), **Jean-Joseph Rabéarivelo** (1903-1937), **Bernard Dadié** (né en 1916), et **Tchicaya U Tam'si** (1931-1988), pour ne citer d'abord que quelques noms connus. La renommée de plusieurs de ces poètes se déploie, entre autres, à partir de la première anthologie de poésie africaine et antillaise, publiée par Senghor en 1948, *Anthologie de la nouvelle poésie nègre et malgache de langue française*, dont la préface de Jean-Paul Sartre, « Orphée noir », connaît un retentissement important. Le lecteur est prévenu : « Ces têtes que nos pères avaient courbées jusqu'à terre par la force, pensiez-vous, quand elles se relèveraient, lire l'adoration dans leurs yeux[28] ? »

Senghor lui-même, en dépit de sa théorie conciliante du métissage culturel, consacre la plupart de ses poèmes à la célébration (souvent nostalgique) de la vie africaine et à l'expression de l'amère déception que la « trahison » de la France a provoquée chez les Africains qui ont cru, sincèrement, au mythe de la grandeur de la civilisation occidentale. Les poèmes de *Chants d'ombre* (1945), *Hosties noires* (1948), *Éthiopiques* (1956), *Nocturnes* (1961) et *Élégies majeures* (1979) seront réunis dans une édition « complète » parue en 1984. Cette poésie, qui prend souvent la tonalité grave de la poésie rituelle, évoque la vie ancestrale harmonieuse

---

28. Jean-Paul Sartre, « Orphée noir », dans *Anthologie de la nouvelle poésie nègre et malgache de langue française*, Paris, PUF, 1948/1972, p. ix.

et dynamique où l'être humain peut s'épanouir dans la paix et la fraternité ; elle comprend des « chants » lyriques inspirés par la femme et la terre aimées, des textes élégiaques et méditatifs où s'expriment le chagrin et les doutes que provoquent la mort des amis, des victimes de la guerre et les manifestations de la « barbarie » occidentale pendant la Deuxième Guerre mondiale... et depuis le début des contacts de l'Europe avec l'Afrique. Les lecteurs de Senghor, comme l'écrivain lui-même, se faisant interprète de ses propres textes, ont souvent souligné la musicalité et le caractère rythmique de la poésie de Senghor ainsi qu'une composition et une imagerie antithétique qui réunit (ou oppose, dans une structure dramatique) lumière et ombre, joie et douleur, harmonie et conflit, exil et pays natal, passé et présent, morts et vivants, noblesse et faiblesses, etc. Le recul du temps permet d'y lire à la fois l'illustration et l'échec du métissage culturel prôné par Senghor.

Birago Diop se fait connaître avant tout par ses contes, mais également par un recueil de poèmes écrits entre 1925 et 1960, *Leurres et lueurs*, et en particulier par un poème devenu célèbre et repris dans plusieurs anthologies, « Souffles », poème puissant dont la voix tout en chuchotements souffle au lecteur que « les morts ne sont pas morts ». L'unique recueil de David Diop, *Coups de pilon* (1956), se distingue par la virulence de sa dénonciation des maux de la colonisation et de son appel à la liberté. Le rythme régulier et l'intensité de ses poèmes insistent sur l'urgence d'une prise de conscience, analogue au réveil que provoquent, tôt le matin, les coups de pilon des femmes qui broient des aliments afin de mieux nourrir la famille, comme ces mots tombent avec force sur l'inacceptable pour mieux alimenter la révolte. Cette même passion d'une vie en éveil anime les poèmes d'amour du recueil de Diop où s'exprime, sur un autre registre, cette soif d'un mieux-être. Les huit recueils du poète malgache J. J. Rabéarivelo, publiés entre 1924 et 1957 (en incluant deux volumes posthumes), portent davantage la marque des drames qui ont ébranlé sa propre vie, en particulier la mort d'une de ses filles et les difficultés matérielles qui ont mené à son suicide en 1937. Ce sera surtout le dernier recueil paru de son vivant, *Traduit de la nuit* (1935), où domine la quête d'un retour aux sources, qui aura valu à ce poète malgache la reconnaissance des écrivains de la négritude, mouvement auquel Rabéarivelo n'a pas par ailleurs participé.

Les poètes de la deuxième génération (1950-1970)

Tchicaya U Tam'si (nom de plume de Gérald-Félix Tchicaya), du Congo-Brazzaville, appartient, quant à lui, à la deuxième génération d'écrivains qui commence à publier une œuvre importante à partir de la Deuxième Guerre mondiale ; plusieurs critiques voient néanmoins dans son œuvre un certain prolongement des thèmes de la négritude (dans *Le mauvais sang* [1955] notamment), malgré l'hermétisme qu'on s'accorde à lui attribuer. Sa poésie se caractérise en effet par un symbolisme complexe où l'évocation de la tradition africaine fusionne avec une imagerie biblique, symbolisme à travers lequel on peut lire son attachement à sa terre natale et la désillusion de tous ceux qui avaient cru à une indépendance réelle au sein d'une démocratie, avant les événements qui ont mené à la mort de Patrice Lumumba et l'arrivée au pouvoir de Mobutu. D'une richesse peu commune, la poésie de Tchicaya peut prendre les accents d'une quête métaphysique, comme elle peut être ironique ou teintée d'humour. Par ailleurs, si Tchicaya est poète avant tout, auteur de huit recueils de poèmes parus entre 1955 et 1978, il a signé également trois romans, deux pièces de théâtre, un volume de légendes et un recueil de nouvelles. Auteur prolifique chez qui prose et poésie se chevauchent, Tchicaya offre au public de tous les horizons une œuvre inépuisable à lire et à relire.

Ainsi, avec Tchicaya, la poésie dépasse en fait déjà les préoccupations des poètes de la négritude et se diversifie dans ses formes et ses contenus. Il est vrai que le roman se taille une place de choix et occupe le devant de la scène littéraire africaine depuis les années 1950, mais cela reflète davantage les préférences des éditeurs et du public que celles des écrivains qui continuent à produire une œuvre poétique importante. Plusieurs poètes entrent en scène, comme Tchicaya, après la guerre, pour « traverser » les indépendances et œuvrer, ne serait-ce que par un renouveau de la création, à la « renaissance » sociale, en dépit des dictatures, partis uniques et ingérences néocolonialistes[29]. **Paulin Joachim** (né en 1931) du Bénin fait paraître ses deux premiers recueils en 1954 et 1967 et le troisième, *Oraison pour une Re-naissance*, en 1984. Son compatriote, **Émile Ologoudou** (né en 1935), journaliste et diplomate, publie des poèmes dans *Présence*

---

29. La présentation des écrivains sera faite ici par pays, dans l'ordre alphabétique.

africaine dès 1964, et deux recueils au cours des années 1980. Le musicologue **Francis Bebey** (1929-2001) du Cameroun est surtout connu comme compositeur-interprète de chansons populaires, mais il s'agit en réalité d'un écrivain polyvalent, auteur de trois romans, quelques nouvelles, trois essais et trois recueils de poésies parus entre 1967 et 1992 ; son œuvre se caractérise par cet alliage heureux de simplicité et de profondeur illustré dans « Ma vie est une chanson ». **Samuel Eno Bélinga** (né en 1935), également du Cameroun, géologue et musicologue, est l'auteur de plusieurs études sur la tradition orale, dont *Littérature et musique populaire en Afrique noire*, paru en 1965 ; ses connaissances étendues sur l'épopée, la musique et les contes africains l'amèneront à publier à son tour des poèmes inspirés des traditions bulu, béti et fang : *Masques nègres* (1972), *Ballades et chansons camerounaises* (1974) et *La prophétie de Joal* suivi de *Équinoxes* (1975). Professeur de littérature africaine à Yaoundé, **Patrice Kayo** (né en 1942) s'inspire, quant à lui, de la tradition bamiléké dans sa poésie d'un registre personnel et d'une simplicité éloquente comparable à celle de la poésie de Bebey : *Chansons populaires bamiléké* (1968), *Hymnes et sagesse* (1970), *Paroles intimes* (1972) et *Déchirements* (1983). Dans ce courant « traditionaliste » du Cameroun, on peut situer également **René Philombe** (né en 1930), pseudonyme de Philippe Louis Ombede, qui commence sa carrière littéraire avec la publication, en 1959, d'une collection de contes et légendes intitulée *Passerelle divine*. Écrivain polyvalent, ses contes, nouvelles et romans connaissent un grand succès populaire, alors que ses poèmes, publiés en quatre recueils entre 1970 et 1983, traduisent un engagement « humaniste » qui rejoint celui de tous les poètes qui ont à cœur la justice, la tolérance et la dignité humaine. Moins prolifique, **François Sengat-Kuo** (né en 1931), ministre de l'Information et de la Culture de 1983 à 1985, fait aussi partie de cette génération de la « transition » qui passe de l'idéologie de la négritude à un engagement plus nationaliste et une poésie du renouveau où le romantisme rencontre l'affirmation identitaire véhiculée par un symbolisme aux échos de l'oralité construit sur les éléments naturels de la terre natale : *Fleurs de latérite* (1954), *Heures rouges* (1954), *Collier de cauris* (1970).

Sociologue et journaliste, **Pierre Makombo Bamboté** (né en 1932), originaire de la République centrafricaine (Centrafrique), commence également sa carrière littéraire avec quatre recueils de poésie, parus entre

1960 et 1965, avant de passer à la prose (avec quatre recueils de nouvelles et deux romans). *Chant funèbre pour un héros d'Afrique* (1962), dédié à Lumumba, est un long poème de 70 pages qui traduit un rejet violent du colonialisme, lequel caractérise toute l'œuvre de Bamboté, mais l'on n'y retrouve pas pour autant l'idéalisation de l'Afrique traditionnelle si fréquente chez les poètes de la négritude. **Jean-Baptiste Tati-Loutard** (né en 1938), diplômé en lettres et ministre de la Culture du Congo-Brazzaville de 1977 à 1991, compte parmi les poètes les plus prolifiques d'Afrique subsaharienne avec sept recueils de poésie à son actif (parus entre 1968 et 1985), deux recueils de nouvelles et un essai intitulé *Le poète africain* (1975), publications qui font de lui l'un des poètes les mieux connus du public occidental. Le symbolisme de la poésie de Tati-Loutard est fortement ancré dans la nature congolaise (espaces, faune et flore), comme en témoignent les titres mêmes de ses ouvrages : *Poèmes de la mer* (1968), *Les racines congolaises* (1968), *L'envers du soleil* (1970), *Les normes du temps* (1974), *Les feux de la planète* (1977), *Nouvelles chroniques congolaises* (1980), *La tradition du songe* (1985)... ce qui n'empêche que certains poèmes tendent à l'abstraction tandis que d'autres traduisent la préoccupation du poète face à une condition humaine (ou du moins sociale) où abus de pouvoir, dépossessions, convoitises et autres fléaux perdurent.

Être poète à l'ombre de Senghor n'est pas chose facile ; le Sénégal compte pourtant plusieurs autres poètes et la première poétesse africaine de langue française. Ministre de l'Information de 1962 à 1969 et diplomate, **Lamine Diakhaté** (1928-1987) signe cinq recueils de poésie (dont le premier date de 1954), deux romans, un recueil de nouvelles et une pièce de théâtre. Comme Senghor, Diakhaté se réclame de la tradition orale où poésie et musique sont interdépendantes par les sonorités et les rythmes, et sa poésie se met également au service des valeurs culturelles du monde noir défendues par les écrivains de la négritude. Moins nostalgique, la poésie de Diakhaté présente un regard résolument optimiste (sinon utopiste) tourné vers l'avenir d'une Afrique nouvelle évoluant dans la fraternité des nations : *La joie d'un continent* (1954), *Primordiale du sixième jour* (1963), *Temps de mémoire* (1967), *Nigérianes* (1974), *Terres médianes* (1984). La poétesse **Annette M'Baye d'Erneville** (née en 1926) signe son premier recueil, *Poèmes africains*, en 1965 ; il sera suivi de *Kaddu* en 1966 et *Chanson pour Laïty* en 1976. Quoiqu'une imagerie quelque peu européenne se glisse parfois dans certains vers, la poésie d'Annette M'Baye peut se lire comme un prolongement moderne des poèmes chantés traditionnels portant sur les petits drames et rites de passage de la vie de tous : naissance (« Berceuse »), circoncision (« Kassack »), mariage (« Labane »), mort (« Requiem »), mais aussi : « Indépendance ».

La poésie contemporaine (depuis 1970)

Ainsi se développent graduellement, au cours des années, des littératures d'une orientation plus nationaliste et des carrières individuelles dégagées des influences et orientations prépondérantes qui ont marqué les premières générations d'écrivains africains : l'éducation française, l'idéologie de la négritude, l'anticolonialisme, le ralliement autour des projets d'indépendance, le désenchantement devant les abus des nouvelles classes dirigeantes. La troisième génération trouve alors le champ libre, en quelque sorte, pour s'ouvrir à toutes les inspirations, toutes les écritures. Sans doute que les éditeurs, comme le public (dont la partie africaine connaît une croissance constante), commencent à chercher peu à peu autre chose, dans un texte de création, que ces témoignages et manifestations de l'engagement sociopolitique qu'on attendait de l'écrivain africain, de manière quasi fétichiste, depuis les années 1920. Un élargissement s'opère ainsi qui permet d'entendre aujourd'hui les voix les plus diverses et notamment celles des écrivaines qui parviennent à percer plus régulièrement depuis les années 1970. Comme il est impossible de faire ici un portrait exhaustif de cette nouvelle polyphonie poétique, nous citerons encore quelques écrivains dont l'œuvre peut illustrer cette polyvalence de la poésie africaine contemporaine.

Le Burkinabé **Frédéric Pacéré Titanga** (né en 1943), diplômé en lettres et en droit, construit son imaginaire autour des paysages sahéliens, des traditions mossi et des secousses des crises politiques telles que ressenties dans son village natal : *Refrains sous le Sahel* (1976), *Ça tire sous le Sahel* (1976), *Quand s'envolent les grues couronnées* (1976), *La poésie des griots* (1983), *Du lait pour une tombe* (1984). Le rythme de ces poèmes se construit à la fois par des répétitions verbales et la disposition graphique des mots sur la page créant un langage unique que l'auteur dit être celui des initiés mossi, « un langage spécial qui est absolument rythmé et absolument scientifique[30] ». Du Burkina Faso nous parviennent également trois voix de femmes, celle de **Pierrette Sandra Kanzié**, auteure de *Les tombes qui pleurent* (1987), celle de **Bernadette Sanou** qui, dans *Parturition* (1988) et *Quote-Part* (1993), traite du sort des femmes, des enfants, des paysans, de la pauvreté et de l'analphabétisme et, dans *Symphonie* (1993), offre au lecteur un hymne à l'amour, et celle d'**Angèle Bassolé-Ouédraogo** (née en 1967), dont le recueil *Burkina Blues* (2000) allie le narratif et un lyrisme « jazz » dans un enchaînement de scènes de vie, prières, souvenirs nostalgiques et échos des drames du pays natal. Les poèmes de son plus récent recueil, *Avec tes mots* (2003), prennent la forme d'un dialogue avec ce « tu » en petits textes courts rappelant le haïku.

Journaliste et enseignant, le Camerounais **Fernando d'Almeida** (né en 1955) signe une poésie d'une teneur quelque peu philosophique et autoréflexive qui ne délaisse pourtant pas la construction rythmique par anaphores et répétitions grammaticales : *Au seuil de l'exil* (1976), *Traduit du je pluriel* (1980), *En attendant le verdict* (1982), *L'espace de la parole* (1984). Son compatriote, **Paul Dakeyo** (né en 1948), qui se consacre également avec dévouement et énergie à son travail d'éditeur-fondateur à la maison d'édition Silex, se situe résolument dans le courant de la poésie militante qui proclame avec force et conviction que la poésie peut et doit changer le monde… car la négritude n'a pas suffi ; c'est à la solidarité humaine que fait appel la poésie de Dakeyo, au-delà des races et des classes. D'une facture souvent proche du narratif aussi, les poèmes de Dakeyo traduisent un imaginaire fait d'espaces carcéraux, de fusils, de cris, de pleurs, de sang où persiste malgré tout l'espoir que cette interminable nuit des opprimés débouchera sur *L'aube d'un jour nouveau* (comme le veut le titre de cette anthologie de 1981).

Du Congo-Brazzaville nous parvient une autre voix féminine, celle de **Marie-Léontine Tsibinda** (née en 1953). Diplômée en lettres et comédienne, Tsibinda signe plusieurs recueils dont : *Mayombe* (1980), *Poèmes de la terre* (1980), *Une lèvre naissant d'une autre* (1984), *Demain un autre jour* (1987). Comme celle d'autres poétesses, cette poésie évoque des dimensions essentielles de la vie quotidienne : amour, amour de la nature,

---

30. Voir Alain Rouch et Gérard Clavreuil, *Littératures nationales d'écriture française. Histoire littéraire et anthologie*, Paris, Bordas, 1987, p. 31.

amitié, naissance, enfance, souffrance et mort, mais comporte également un volet revendicateur qui réclame la liberté et la fin des abus et conflits. Tsibinda a recours aux techniques de répétition classiques (de l'oralité) dans la structuration des ses poèmes, mais aussi à la composition graphique des mots sur la page. La poésie de **Maxime N'Debeka** (né en 1944), compatriote de Tsibinda, appelle également à la justice et la paix universelles. Marqués par ses 18 mois de prison pour tentative de coup d'État, les recueils de ce prisonnier politique devenu bibliothécaire évoquent le silence, l'absence, l'amertume devant un combat toujours à reprendre : *Soleils neufs* (1969), *L'oseille les citrons* (1975), *Les signes du silence* (1978). Écrite en vers libres, la poésie de N'Debeka est riche en figures tirées souvent du quotidien et de la nature sans pour autant être traditionaliste. Exil, errance, nostalgie de l'enfance et enracinement sont les thèmes récurrents autour desquels se construit l'œuvre poétique d'**Alain Mabanckou** (né en 1966) également du Congo-Brazzaville, depuis le premier recueil, *Au jour le jour* (1993), au plus récent, *Tant que les arbres s'enracineront* (2003). Son premier roman, *Bleu-Blanc-Rouge* (1998) s'inscrit dans le prolongement de ces préoccupations en évoquant avec humour les déboires et aspirations d'une jeunesse en quête de repères.

Du Congo-Kinshasa nous provient une poésie plus sereine aux allures classiques, quelquefois presque surannée, dont les images frisent parfois l'exotisme, celle de **Kama Kamanda** (né en 1952) qui se fait d'abord connaître par ses contes mais qui produit, parallèlement, une abondante œuvre poétique : *Chants de brume* (1986), *La somme du néant* (1989), *L'exil des songes* (1992), *Les myriades des temps vécus* (1992), *Les vents de l'épreuve* (1993), etc., recueils réunis en 1999 dans un imposant volume paru aux éditions Présence africaine, *Œuvre poétique*. Également du Congo-Kinshasa s'élève une autre voix de femme, **Madiya Faïk-Nzuji** (née en 1944), dont la poésie se distingue à la fois par les sujets abordés (amours, désir, relations conjugales, mort) et par la richesse de la composition verbale qualifiée « d'impressionniste » par la critique… faute de pouvoir en cerner autrement la « féminité » peut-être.

Parmi les écrivains polyvalents ayant pratiqué plusieurs genres, il faut citer par ailleurs **Jean Marie Adiaffi** (1941-1999) de la Côte-d'Ivoire, à la fois romancier, auteur de contes et poète : *Yalé Sonan* (1969), *D'éclairs et de foudres* (1980), *Galerie infernale* (1984), *À l'orée de ma montagne de*

Kaolin et *La carte d'identité* (roman, 1980). Se voulant défenseur du peuple, héritier des griots, Adiaffi adapte plusieurs techniques de l'oralité, alternant poésie et prose, alliant symbolisme et réalisme, impliquant le lecteur par le procédé des questions-réponses. Cela ne l'empêche pas toutefois d'innover sans cesse, de puiser autant dans des discours philosophiques que dans le langage populaire, de passer de l'onirisme à l'exhortation à la solidarité des peuples. D'autre part, les Ivoiriennes, aussi polyvalentes, sont également présentes à l'appel de ce dernier quart de siècle. **Tanella Boni** (née en 1954), professeure de philosophie, commence son œuvre littéraire avec le recueil *Labyrinthe*, publié en 1984, suivi en 1993 de *Grains de sable*; au cours des années 1990, elle signe également deux romans (*Une vie de crabe* [1990] et *Les Baigneurs du Lac Rose* [1995]) et deux récits pour la jeunesse. Ses poèmes et romans explorent de multiples aspects du vécu des femmes, le rapport au corps, aux hommes, à la tradition, à l'avenir dans le milieu urbain où la misère et la déchéance de l'humain semblent invincibles. Se construisant autour d'une multiplicité d'isotopies oppositionnelles (l'aube et le crépuscule, la liberté enchaînée, ténèbres et clarté, la mouvance et l'immobile, absence-présence, l'eau et le désert, etc.), l'écriture de Boni se sert abondamment de l'injonction à un destinataire précis, de l'exclamation et de l'interrogation directe pour dramatiser les joies et les déceptions de la vie et pour questionner l'insensé de l'existence à l'heure du « progrès » : « Es-tu née pour vivre dans la puanteur / Tu ne rêves plus à force / de coller à la terre tienne[31] ». Notons par ailleurs qu'en 2004 Tanella Boni a encore trois recueils de poèmes en instance de publication, dont *Gorée*, *Île baobab* et *Le bruit des autres*, ce qui, malheureusement, est une situation connue de trop de poètes et en particulier des femmes. **Véronique Tadjo** (née en 1955), également ivoirienne, professeure et traductrice, fait paraître un long poème intitulé *Latérite*, en 1984, avant de passer à l'écriture romanesque. Son écriture poétique fait fusionner conte, « chant » (lyrisme) et poésie pour faire le parcours d'un amour déçu, et évoquer le caractère éphémère des êtres et des choses. Écrit entièrement en majuscules, *Latérite* s'adresse avec insistance à des interlocuteurs interpellés par « vous » ou « tu », comme pour les tirer d'une léthargie débilitante.

---

31. T. Boni, « Femme-corps », dans Adrien Huannou, *Anthologie de la littérature féminine d'Afrique noire francophone*, Abidjan, Les Éditions Bognini, p. 287.

Tadjo signera par la suite deux romans, *Le royaume aveugle* (1991) et *L'ombre d'Imana: voyage jusqu'au bout du Rwanda* (2000) qui compte parmi les œuvres de création récentes qui ont tenté de dire l'indicible de la tragédie rwandaise.

Diplômé en lettres, **Okoumba-Nkoghe** (né en 1954) du Bénin fait paraître *Paroles vives écorchées* (1979), *Rhône-Ogooué* (1980) et *Le soleil élargit la misère* (1980) avant de se faire lui aussi romancier; l'écrivain passe d'un lyrisme prosaïque à une prose agrémenté de touches poétiques. **Charles Carrère** (né en 1928) du Sénégal écrit une poésie méditative qui évoque amours, tristesses et rêveries à travers une imagerie souvent aquatique: *Océanes* (1979), *Lettres de Corée* (1982), *Les Frissons du soir* (1983), *Mémoires de la pluie* (1983) et *Insula* (1983). **Kiné Kirima Fall**, également du Sénégal, signe deux recueils, *Chants de la rivière fraîche* (1975) et *Les élans de grâce* (1979), pour célébrer à sa manière l'amour de la nature, l'amour humain, l'amour de Dieu et pour appeler à une vie dans la paix. À la façon de la poésie d'éloges et la poésie rituelle traditionnelle, la poésie de Kiné Fall s'adresse souvent aux êtres et aux forces interpellés: « Ô charme Amour / Tu m'as dérobé mon cœur[32] ». Son compatriote, **Amadou Lamine Sall** (né en 1951), propose également au lecteur une poésie d'amour, un amour d'origine divine qui a la puissance de transformer le monde et que la pratique « ordinaire » de la poésie devrait pouvoir mettre en œuvre. *Mante des aurores* (1979), *Comme un iceberg en flammes* (1982), *Locataire du néant* (1989), *Kamandalu* (1990): la poésie de Sall traverse cultures, temps et espaces.

LE ROMAN

Le roman, qui est le premier genre de la littérature écrite pratiqué au début du siècle par les écrivains africains, continue son cheminement sans faire de grandes vagues ni d'éclat jusqu'après la Deuxième Guerre mondiale où il prendra son envol pour devenir le genre majeur qu'il demeure actuellement. Prenant la relève de la poésie, le roman se fait remarquer d'abord pour son engagement sociopolitique anticolonialiste, qui prend une double orientation à l'instar de la poésie de la négritude: certains écrivains s'attachent à réhabiliter les valeurs et pratiques socioculturelles

---

32. Poème cité dans l'anthologie d'Adrien Huannou, *ibid.*, p. 304.

de l'Afrique traditionnelle, d'autres dénoncent l'oppression, les humiliations et les préjugés raciaux et appellent à la résistance, sinon à la révolte (les deux tendances pouvant évidemment se conjuguer dans un même texte). Cette deuxième génération de romanciers adopte généralement une esthétique réaliste qui n'exclut nullement, comme il a été expliqué plus haut, l'intégration à l'écriture romanesque de plusieurs techniques de l'art du récit de la tradition orale. Et alors que la critique a généralement lu ces œuvres comme des témoignages et même des autobiographies plus ou moins déguisés en roman, il ne faut pas minimiser la part de création que comportent ces romans : l'on convient d'ailleurs aujourd'hui que le terme « autofiction » est plus juste que celui d'« autobiographie » car, même en « se racontant », l'écrivain fait des choix qui font que tout « récit de vie » se crée à partir d'une composition et une esthétique. Ainsi, il apparaît aujourd'hui qu'un romancier qui raconte « son » expérience personnelle le fait souvent à la manière du conteur qui met en scène un orphelin démuni pour en faire un personnage exemplaire dont le parcours est constitué d'éléments édifiants suggérant des comportements à adopter ou à éviter[33]. De nombreuses œuvres de cette période sont aujourd'hui des classiques de la littérature africaine — et mondiale —, d'autres mériteraient de faire l'objet d'une relecture sans les œillères des critères d'évaluation de la critique eurocentriste.

Les romanciers de la deuxième génération (1945-1965)

Parmi les écrivains béninois à produire une œuvre importante, depuis Hazoumé et Couchoro, il faut citer **Olympe Bhêly-Quenum** (né en 1928), journaliste et diplomate qui, à partir de 1968, se consacre à des recherches sociologiques à l'Unesco. Bhêly-Quenum soutient que l'écrivain est un « historien du quotidien[34] » qui inscrit son œuvre dans un monde qui évolue. En effet, ses romans et nouvelles mettent en scène des personnages qui doivent concilier l'esprit rationaliste et matérialiste moderne avec les pratiques et croyances traditionnelles où interviennent les forces

---

33. Voir Christiane Ndiaye, « Les mémoires d'Amadou Hampâté Bâ : récit d'un parcours identitaire exemplaire », dans Suzanne Crosta (dir.), *Récits de vie de l'Afrique et des Antilles*, Québec, GRELCA, 1998, p. 13-36.

34. Cité par Alain Rouch, *op. cit.*, p. 14.

surnaturelles: *Un piège sans fin* (1960), *Le chant du lac* (1965), *Liaison d'un été* (1968), *L'initié* (1979), *Les appels du vaudou* (1994), *La naissance d'Abikou* (1998). Il s'agit cependant d'une œuvre de questionnement qui n'idéalise ni la tradition ni la modernité mais qui valorise plutôt les comportements susceptibles de contribuer à l'évolution sociale de manière constructive. Pour sa part, le Burkinabé **Nazi Boni** (1912-1969) se fait connaître par un seul roman, *Crépuscule des temps anciens*, paru en 1962, qui, à la manière de *Doguicimi* de Hazoumé, fait revivre l'Afrique précoloniale à partir des récits qui consignent l'histoire des peuples africains, telle que conservée par le savoir traditionnel.

C'est toutefois du Cameroun que s'élèvent deux des voix les plus retentissantes de l'après-guerre, celle de **Mongo Beti** (1932-2001) et celle de **Ferdinand Oyono** (né en 1929). De son vrai nom Alexandre Biyidi, Mongo Beti signe ses deux premiers ouvrages, *Sans haine et sans amour* (recueil de nouvelles de 1953) et *Ville cruelle* (1954) du pseudonyme d'Eza Boto; son œuvre ultérieure, dont 10 romans, paraîtra sous le nom de Mongo Beti. Toute sa vie, autant dans son travail de journaliste que comme romancier, Mongo Beti aura été un pourfendeur virulent et infatigable des injustices sociales perpétrées par le colonialisme et les dictatures. En 1978, il crée la revue *Peuples noirs, Peuples africains* qu'il dirigera jusqu'à sa mort. Depuis ses premiers romans (*Ville cruelle*, *Le pauvre Christ de Bomba* [1956], *Mission terminée* [1957]) jusqu'au dernier (*Trop de soleil tue l'amour* [1999]), il met en scène les situations tragiques qui résultent des abus de pouvoir, de la corruption, de l'oppression et de la misère, de la dégradation des traditions africaines, de la rencontre conflictuelle des cultures (notamment en ce qui a trait aux pratiques instaurées par les institutions religieuses), de la condition faite aux femmes, etc. Son écriture, souvent ironique et teintée d'humour, a d'abord été qualifiée de «classique», par référence au roman réaliste français; de multiples études effectuées plus récemment ont amplement démontré que Mongo Beti puise aussi abondamment dans les ressources de l'oralité, autant dans la création des personnages que dans la structuration du récit et par cette ironie caustique qui caractérise son œuvre romanesque.

Moins prolifique, Ferdinand Oyono signe trois romans également dévastateurs pour le régime colonial: *Une vie de boy* (1956), *Le vieux nègre et la médaille* (1956), *Chemin d'Europe* (1960). Cette démystification de l'univers du Blanc n'empêche toutefois pas qu'Oyono, comme Mongo Beti, puisse se montrer critique envers de nombreuses pratiques de la société africaine traditionnelle. Fortement satiriques, les romans d'Oyono créent des personnages types que l'on a souvent perçus comme des caricatures réductrices, dévalorisantes à la fois pour le Blanc et le Noir. Une lecture plus attentive révèle cependant que l'écriture d'Oyono aussi prend racine dans l'humour populaire, carnavalesque, qui rabaisse les figures d'autorité pour mettre l'accent sur les dimensions fondamentales (naissance et mort, fonctions naturelles du corps, interaction avec la nature) de la vie humaine.

Aké Loba (né en 1927), diplomate en Europe, puis député à l'Assemblée nationale de la Côte-d'Ivoire, se fait remarquer pour son premier roman, *Kocoumba, l'étudiant noir* (1960), où l'écrivain conjugue les conventions descriptives du roman français avec les techniques des contes populaires, sans doute avec moins de doigté qu'Oyono. La dimension didactique de son œuvre atteste également du fait que Loba puise dans l'héritage de l'oralité pour s'adresser résolument à un public africain. Deux autres romans suivront : *Les fils de Kouretcha* (1970) et *Les dépossédés* (1973). Également de la Côte-d'Ivoire, **Bernard Binlin Dadié** (né en 1916) deviendra rapidement l'un des écrivains les plus polyvalents et les plus prolifiques de l'Afrique subsaharienne. Son œuvre abondante comprend de nombreuses pièces de théâtre (dont la première date de 1933), des romans, chroniques, contes et recueils de poésie ; ministre de la Culture de 1977 jusqu'à sa retraite, Dadié poursuit parallèlement son œuvre de création jusqu'aux années 1980. Alors que la poésie de Dadié s'inscrit dans le courant de la négritude, son premier roman, *Climbié*, paru en 1956, est une œuvre d'autofiction ; les trois œuvres en prose qui suivront (qualifiées de « chroniques » par les éditeurs), *Un nègre à Paris* (1959), *Patron à New York* (1964) et *La ville où nul ne meurt* (1968), révèlent que ces récits traduisent non pas une expérience simplement personnelle mais le regard de ces premières générations d'Africains qui, lors des séjours en Europe, découvrent la surenchère du discours colonial sur la civilisation occidentale ; comme les romans de Mongo Beti et Oyono, les récits de Dadié, à travers ironie, humour subtil, fiction et autofiction, dévoileront toutes les fictions sur lesquelles se construisent ce que le système colonial présente comme des discours de vérité.

Parmi les plus remarqués des écrivains de l'après-guerre, il faut citer par ailleurs **Camara Laye** (1928-1980) de la Guinée, dont le premier roman, *L'enfant noir* (1953), se voit décerner le prix international du roman français en 1954. Écrit dans un style limpide, sans excès, ce roman fait le portrait idyllique de l'enfance d'un garçon du milieu des forgerons où le surnaturel s'intègre naturellement à le vie quotidienne. Reçu avec enthousiasme par le public occidental, *L'enfant noir* suscite pourtant une controverse quant à « l'engagement » de Laye : la critique africaine reproche à l'écrivain d'y représenter une Afrique idéalisée, faite de stéréotypes, qui occulte les maux de la colonisation. Camara Laye « corrigera » cette « lacune » dans *Dramouss* (1966) qui relate les déceptions de cet « enfant noir » lorsqu'il prend conscience de la réalité politique de son époque. L'auteur se retourne ensuite vers la culture traditionnelle avec une transcription de l'épopée de Soundjata publiée sous le titre *Le Maître de la parole*, en 1978. En 1954 paraît également un roman intitulé *Le regard du roi*, signé par Camara Laye, qui révélera par la suite cependant n'en avoir pas été l'auteur.

Médecin de formation et ministre au gouvernement malien de 1962 à 1968, **Seydou Badian** (nom de plume de Seydou Badian Kouyaté, né en 1928) est l'auteur d'un premier roman devenu également un classique de la littérature africaine : *Sous l'orage*, paru en 1957. Après sept ans de prison, Badian signera deux autres romans, *Le sang des masques* (1976) et *Noces sacrées* (1977). Ancrées dans l'actualité sociopolitique, ces romans mettent en scène les bouleversements que subit l'Afrique, tiraillée entre tradition et progrès à l'occidental, à l'heure des indépendances. Le questionnement identitaire que traduit l'œuvre de Badian est celui de toute une génération : comment s'ouvrir à la modernité sans renier les valeurs de l'Afrique traditionnelle ? Confrontant la philosophie occidentale à la pensée musulmane, *L'aventure ambiguë* (1961) du Sénégalais **Cheikh Hamidou Kane** (né en 1928), un autre des classiques de ce moment charnière de l'histoire de l'Afrique moderne, pousse ce questionnement à ses limites avec le drame de la mort du personnage principal, Samba Diallo. L'arme du savoir occidental que l'on cherche à s'approprier pour mieux se libérer s'avère être une arme fatale : comment réconcilier rationalisme scientifique et foi sans sombrer dans la folie ? Après plus de 30 ans de silence, Kane fait paraître un deuxième roman en 1995, beaucoup moins remarqué par la critique, *Les gardiens du temple*, qui semble suggérer que l'Africain, à l'heure des progrès scientifiques et technologiques, ne saura échapper à l'ambiguité qu'en remontant aux sources et en s'enracinant dans sa foi musulmane.

Deux autres Sénégalais feront une entrée remarquée sur la scène littéraire à l'époque de la contestation qui débouche sur les indépendances. L'œuvre d'**Abdoulaye Sadji** (1910-1961) souscrit au didactisme hérité de la tradition orale, mettant en garde le lecteur africain contre les dangers de l'acculturation et les mirages de la civilisation occidentale. Centrés sur des personnages féminins, *Nini, mulâtresse du Sénégal*, paru d'abord dans la revue *Présence africaine* en 1947-1948, ainsi que *Maïmouna* (1953) relatent le malheur «inéluctable» de ceux et celles qui se laissent séduire par les apparences trompeuses de la culture de l'Autre. La voix la plus retentissante, avec celle de Mongo Beti, sera néanmoins celle d'**Ousmane Sembène** (né en 1923), dont l'œuvre romanesque se double d'une importante production cinématographique. Syndicaliste et militant de la première heure, Sembène puise librement dans sa double formation culturelle pour créer des récits où, comme chez certains poètes, simplicité et profondeur se côtoient : l'on y reconnaît l'art du récit, les personnages types, le didactisme, et les techniques de dramatisation du griot, mais aussi les descriptions précises, les développements psychologiques et certaines techniques cinématographiques empruntées au roman et au cinéma occidentaux. Défenseur du peuple envers et contre tous, Sembène prendra pour cible toutes les formes d'oppression, toutes les injustices, qu'elles proviennent de l'esclavagisme, du régime colonial, de la société traditionnelle, des institutions religieuses, des nouvelles classes dirigeantes africaines ou du capitalisme «rampant», depuis son premier roman, *Le docker noir* (1956), jusqu'au dernier, *Guelwaar* (1996). Et alors que plusieurs de ses textes seront transposés à l'écran (*La noire de...* [1962], *Le mandat* [1965], *Xala* [1973]), son dernier roman est adapté de l'écran. À travers les dénonciations intransigeantes au centre de ces œuvres, l'on peut noter par ailleurs un déplacement subtil du questionnement identitaire qui ne se fera plus en termes de race, classe, nation ou continent, mais en termes humains ; en dernière analyse, la question posée n'est pas celle de la négritude, mais «quelle espèce d'êtres humains sommes-nous ?», des destructeurs ou des producteurs, des bêtes de proie ou des créateurs ? À noter aussi, l'espèce «créateur» est souvent incarnée, chez Sembène, par les plus démunis de la société : artistes, mendiants et autres dépossédés, et… femmes. Malgré certains aspects traditionalistes, l'œuvre de Sembène s'avère ainsi être en même temps démystificatrice et avant-gardiste.

Les romancières

Néanmoins, la critique s'accorde généralement pour faire commencer le «nouveau roman africain» en 1968 avec la publication du premier roman d'Amadou Kourouma, *Les soleils des indépendances* (nous reviendrons plus tard sur cet écrivain). Mais le renouveau ne commence-t-il pas tout autant avec la prise de parole (l'entrée en écriture, diraient certains) des écrivaines? Certes, la littérature des femmes peut être engagée politique-ment, se faire militante, revendicatrice, offrir un témoignage du vécu; elle n'en opère pas moins de multiples déplacements dans les formes et les contenus et sans doute dans la lecture, car il faut se demander si le public des écrits des femmes est le même que celui des hommes.

L'on devine les circonstances qui ont fait en sorte que les Africaines ont tardé à prendre la plume. La division des tâches dans la société afri-caine autant que les priorités de l'administration coloniale ont relégué l'instruction en français des jeunes filles au second plan. Alors qu'il existe quelques rares écoles primaires pour filles dès les années 1920 (réservées d'abord aux jeunes métisses) gérées par les missionnaires, elles cherchent surtout à former de bonnes croyantes et de bonnes ménagères et non pas des femmes de lettres. La première école normale qui ouvre ses portes aux jeunes filles est celle du Sénégal, fondée en 1939. Ce n'est qu'après la Deuxième Guerre mondiale, par conséquent, que les jeunes filles auront plus régulièrement accès à l'éducation secondaire et postsecondaire. Par ailleurs, les femmes, même instruites dans les écoles françaises, éprou-vent de la difficulté à s'aménager un espace et un temps «privés» pour l'écriture, au milieu des multiples tâches qui leur incombent toujours dans le foyer familial. En même temps, le problème de l'édition que doivent affronter les écrivains africains se pose de manière plus aiguë pour les femmes, dont les manuscrits ne trouvent souvent pas de créneaux chez les éditeurs. Il faut souligner également que cette quasi-absence des femmes dans le domaine de la littérature écrite relève manifestement des circonstances particulières de l'émergence de la littérature africaine de langue française et non pas des pratiques de la littérature orale traditionnelle. En effet, les femmes participent activement à la production et la transmission des genres oraux, et même s'il est vrai que la récitation des épopées dans les cérémonies officielles et de certaines poésies rituelles est généralement réservée aux hommes, il existe aussi des griotes et les femmes sont très présentes en tant que conteuses et poètes, certains types de poésie étant même réservés uniquement aux femmes[35]. Cette arrivée tardive des femmes sur la scène de l'écriture ne peut alors pas s'expliquer comme étant un héritage de la pratique des littératures traditionnelles.

Ce n'est donc qu'au cours des années 1970 que l'on assiste à la « naissance » de la littérature écrite des femmes africaines, bien qu'il y ait eu quelques précurseurs, dont la poétesse sénégalaise Annette Mbaye d'Erneville et deux romancières camerounaises. Le premier roman publié par une Africaine est celui de **Marie-Claire Matip**, *Ngondo*, paru en 1958 ; il sera suivi en 1969 de *Rencontres essentielles* de **Thérèse Kuoh-Moukouri**, également du Cameroun. C'est à partir de 1975, toutefois, que les publications des femmes se multiplient et qu'on voit naître de véritables carrières littéraires chez les Africaines[36]. En 1975 la Malienne **Aoua Keita** publie un récit autobiographique, *Femme d'Afrique : la vie d'Aoua Keita racontée par elle-même*, qui relate le parcours peu commun d'une femme professionnelle ayant eu accès à l'école française dès 1923, pour poursuivre ensuite une formation de sage-femme. La même année, **Nafissatou Diallo** (1941-1981), du Sénégal, signe son premier roman, *De Tilène au Plateau*, qui sera suivi de trois autres (*Le fort maudit* [1980], *Awa la petite marchande* [1981], *La princesse de Tiali* [1987]). Situés soit dans un contexte historique, soit dans le Sénégal actuel, ces romans mettent en scène des relations amoureuses à travers lesquelles sont posées des questions sur la foi, les conflits entre les religions, les inégalités sociales, l'éducation des femmes, et la rencontre des cultures. Également du Sénégal, **Aminata Sow Fall** (née en 1941) signe en 1976 *Le revenant* qui sera le coup d'envoi d'une œuvre majeure qui lui attire l'attention à la fois du public africain et occidental : *La grève des bàttu* (1979), *L'appel des arènes* (1982), *L'Ex-père de la nation* (1987), *Le jujubier du patriarche* (1993), *Douceurs du bercail* (1998). Active au sein du ministère de la

---

35. Voir, par exemple, les travaux de Lisa McNee.
36. L'œuvre des écrivaines sera présentée ici chronologiquement, selon la date des premières publications de chacune.

Culture, éditrice et écrivaine, Sow Fall met en pratique l'engagement culturel que traduisent aussi ses romans. Centrée sur diverses pratiques culturelles traditionnelles (le conte, l'épopée, la lutte, le devoir du croyant musulman de faire l'aumône, etc.), l'écriture de Sow Fall puise à la fois dans les conventions de l'oralité et celles de l'écrit, pour mettre en garde ses concitoyens contre l'acculturation, mais sans mettre en cause la nécessité de s'adapter aux exigences de la modernité. Didactique à la manière des contes, ses romans illustrent que l'éducation des générations futures doit intégrer le meilleur de deux mondes pour former des individus avertis chez qui l'amour, la solidarité et la dignité humaines prendront le pas sur les illusions de grandeur, la conscience de classe (ou de caste), l'obsession du pouvoir et les convoitises matérielles.

En 1979 paraît en outre un autre des classiques de la littérature féminine africaine, *Une si longue lettre* de **Mariama Bâ** (1929-1981) ; décédée prématurément, Bâ ne signera qu'un autre roman, *Un chant écarlate*, publié à titre posthume en 1981. S'interrogeant sur la polygamie et le rôle de l'amour dans le mariage, le premier roman de Bâ est accueilli comme la première œuvre véritablement féministe de l'Afrique, appelant à l'amélioration de la condition féminine, sinon à une libération entière. Cette lecture doit néanmoins être nuancée, car si l'œuvre de Bâ est féministe, elle l'est de façon tout africaine. En fait, dans *Une si longue lettre*, même si le récit est présenté sous forme de lettre, la romancière prend soin, dès la première page, de rattacher cette forme (ce « genre ») éminemment occidentale à la tradition africaine d'échange de messages et intègre dans le texte des techniques de l'oralité telles que le lyrisme épique hyperbolique pour faire l'éloge du personnage d'Aïssatou, ou encore l'opposition typique des contes entre le comportement vertueux et exemplaire (celui des épouses, en l'occurrence) et le comportement à bannir (celui des hommes et des belles-mères et jeunes filles opportunistes et matérialistes). Ainsi le roman adhère au discours moral traditionnel qui prône la dignité, l'intégrité et la « noblesse de cœur » et condamne la convoitise de richesses matérielles, d'un statut social supérieur et le plaisir des sens, ne se réclamant donc pas d'une idéologie féministe empruntée à l'Occident pour faire le procès des maris polygames qui délaissent leur première épouse pour une plus jeune. Ce même type de féminisme très nuancé caractérise l'œuvre de **Ken Bugul** (pseudonyme de Mariétou Mbaye, née en 1948 au Sénégal), dont le premier roman, *Le* *baobab fou*, paru en 1982, fait scandale, tandis que les suivants laissent bien des lecteurs et lectrices perplexes : *Cendres et braises* (1994), *Riwan ou le chemin de sable* (1999), *La folie et la mort* (2000), *De l'autre côté du regard* (2003). Alors que le premier roman relate la quête de bonheur d'une jeune femme, qui, enfant, a été délaissée par sa mère lorsqu'elle est entrée à l'école primaire, amenant ensuite l'héroïne de l'école française locale en Belgique où elle expérimentera toutes les voies (drogues, sexualité libre, suicide) pour noyer sa douleur, les romans suivants ramènent ce personnage féminin en quête d'épanouissement dans le cadre du village africain. Ainsi, la narratrice de *Riwan*, par exemple, deviendra la vingt-neuvième épouse d'un serigne de renom, cherchant la libération par la voie plus spirituelle du dépassement de soi. À travers ces romans, la prose de Ken Bugul prend de plus en plus une forme poétique, rappelant le langage mi-parlé, mi-chanté des récits épiques traditionnels, forme qui sert en même temps comme indice au lecteur que le « je » de la narration n'est pas celui de l'autobiographie « intégrale », malgré les multiples recoupements entre les romans et le vécu de l'écrivaine.

Régina Yaou (née en 1955) de la Côte-d'Ivoire fait son entrée sur la scène littéraire la même année que Ken Bugul avec *Lézou Marie ou les écueils de la vie* (1982). Situés dans le milieu urbain et empruntant le style réaliste des romans populaires, les récits de Yaou sont de véritables drames où de jeunes couples sont confrontés à des écueils de toutes sortes : prostitution, forces surnaturelles, mentalité patriarcale de la société traditionnelle, préjugés de classe, mort. Comme chez d'autres romancières, on voit se développer un véritable discours amoureux qui revendique le droit à l'amour et questionne les pratiques traditionnelles dans les relations de couple. L'œuvre de la Gabonaise **Angèle Rawiri** (née en 1954) s'inscrit dans le même registre où le style populaire fusionne avec un questionnement socioculturel et même philosophique, où la femme se cherche une voie entre modernité et tradition, amour et devoir, maternité et activités professionnelles, foi et matérialisme. Rawiri a signé plusieurs romans dont : *Elonga* (1986), *G'amèrakano ; au carrefour* (1988) et *Fureurs et cris de femmes* (1989).

L'année 1987 marque le début d'une carrière exceptionnelle, celle de **Calixthe Beyala** du Cameroun (née en 1958) avec *C'est le soleil qui m'a brûlée,* qui sera suivi d'une douzaine d'autres romans, dont *Les honneurs perdus* couronné du grand prix de l'Académie française en 1996. L'œuvre de Beyala ne connaît pas de tabous (*Femme nue femme noire* [2003] est qualifié de «roman érotique africain» par l'éditeur) et, par son style satirique proche du caricatural, ancré dans la tradition populaire irrévérencieuse, s'inscrit dans la foulée de l'écriture d'Oyono. Puisant librement dans tous les discours sociaux dont est fait l'environnement des jeunes générations d'Africains, les romans de Beyala (notamment *Assèze l'Africaine*, 1994) ramènent sans cesse le lecteur à une question sous-jacente incontournable: en quoi consiste l'africanité aujourd'hui, surtout celle des femmes?

Parmi les femmes qui mènent aujourd'hui une véritable carrière littéraire, il faut citer également **Michèle Rakotoson** (née en 1948) de Madagascar. Journaliste, romancière, nouvelliste et dramaturge, Rakotoson signe d'abord trois pièces publiées sous le titre *Sambany*, en 1980, avant de se faire remarquer par ses nouvelles et romans: *Dadabé* (1984), *Le bain des reliques* (1988), *Elle, au printemps* (1996), *Henoÿ – Fragments en écorce* (1998) et *Lalana* (2002). Parfois fragmentaire, parfois onirique, l'écriture de Rakotoson s'accorde aux interrogations douloureuses que véhicule son œuvre sur une société en dérive. Quel rôle doivent jouer la mémoire, la sagesse traditionnelle, les rituels et reliques à l'heure de la science, du cinéma et de la crise économique? Entre exil, amour et mort, où l'individu trouvera-t-il des points de repère et l'espoir que l'avenir sera malgré tout meilleur? Rakotoson compte par ailleurs parmi les rares écrivains de la francophonie subsaharienne à écrire aussi (pièces et nouvelles) en langue indigène (en malgache, en l'occurrence).

Mais quand, comment une carrière littéraire commence-t-elle? En effet, une autre question fondamentale que pose l'écriture des femmes est celle de savoir à partir de quel moment l'on devient écrivain ou écrivaine. Une publication? deux? de quel type? Une nouvelle? Un roman à l'eau de rose? Alors que tout écrivain est confronté à cette définition des institutions qui font et défont les renommées, le problème se pose de manière particulière chez les femmes dont un grand nombre sont moins productives que celles présentées ci-dessus et ont par conséquent moins de visibilité sur le plan international et au sein des institutions littéraires (édition, diffusion, enseignement) que les écrivains plus prolifiques. Pourtant, les écrits des auteurs qui ne signent qu'un texte ou deux peuvent avoir autant d'intérêt que ceux des auteurs consacrés. En guise d'illustration, nous citerons encore ici quelques noms de

celles qui œuvrent dans l'ombre des grandes dames de la littérature afri-
caine et dont les écrits méritent tout autant l'attention du public : Gisèle
Léonie Hountondji (Bénin), Lydie Dooh-Bunya (Cameroun), Delphine
Zanga-Tsogo (Cameroun), Cécile-Ivelyse Diamoneka (Congo), Amélia
Nene (Congo), Anne-Marie Adiaffi (Côte-d'Ivoire), Fatou Bolli (Côte-
d'Ivoire), Oklomin Kacou (Côte-d'Ivoire), Simone Kaya (Côte-d'Ivoire),
Mariama Bari (Mali), Sokhna Benga (Sénégal), Fama Diagne Sene
(Sénégal), Khadi Fall (Sénégal), Aminata Maiga-Ka (Sénégal), Adja
Ndeye N'Diaye (Sénégal), Amina Sow-Mbaye (Sénégal), Akoua Ekue
(Togo), Ami Gad (Togo), etc. Et que dire des écrivaines de double nationalité, telles que Marie Ndiaye, de père sénégalais et de mère française,
qui produit une œuvre importante à partir de la France (elle obtient le
prix Femina en 2002 pour *Rosie Carpe*), Bessora, de parents suisse et
gabonais, ou encore Myriam Warner-Vieyra, née en Guadeloupe mais
vivant au Sénégal et dont le roman *Juletane* (1982) connaît un vif succès
en Afrique ? Ces quelques exemples rappellent suffisamment, si besoin
est, qu'en dernière analyse, le choix du lecteur doit se faire en fonction
de l'intérêt du texte et non pas en fonction de l'origine ou de la produc-
tivité de l'auteur. Et si une œuvre peut s'inscrire dans l'imaginaire d'un
pays, d'un peuple ou d'un groupe social (la jeunesse, les femmes, les
adeptes de science-fiction, etc.), elle comporte également une dimension simplement humaine qui lui permet de dépasser ces spécificités
particulières pour traverser le temps et les espaces.

Le roman depuis 1968

Revenons à **Amadou Kourouma** (1927-2003) de la Côte-d'Ivoire qui,
jusqu'en 1990, restera l'auteur d'un seul roman, *Les soleils des indépendances*, roman qui fera pourtant sa renommée puisqu'il est accueilli par
la critique (après une certaine hésitation) comme marquant un tournant dans l'écriture romanesque en Afrique subsaharienne. Ce roman se
fait remarquer à la fois par le fait qu'il ne prend plus pour cible les
malheurs infligés à l'Afrique par le colonialisme mais plutôt les méfaits
des nouveaux régimes, et par son style savoureux qui donne au lecteur
l'impression qu'il se fait raconter « la vie du peuple dans la langue du
peuple ». En effet, Kourouma délaisse le réalisme « transparent » courant
chez ses prédécesseurs pour livrer au lecteur un récit où domine le

discours indirect libre, c'est-à-dire qui glisse dans le langage du personnage pour livrer la vision du monde de celui-ci et non pas celle d'un narrateur omniscient, soit qui présente, en fait, de multiples points de vue sur le monde qui ne concordent pas et obligent ainsi le lecteur à prendre acte d'une polysémie affichée. Ce roman s'écarte donc manifestement de la tradition du roman de témoignage où le sens paraît clair et univoque, pour s'engager dans la voie des significations multiples qui s'entrecroisent et où le lecteur rencontre plus de questions que de réponses dans ses interrogations existentielles ou sa quête de savoir sur l'Afrique. Par ailleurs, le style imagé de Kourouma fait dire à la critique qu'il réussit l'exploit « d'écrire le malinké en français ». Bref, avec Kourouma le roman s'africanise. Aujourd'hui il faut toutefois nuancer ces jugements et préciser qu'il s'agit d'une africanisation plus visible pour la critique occidentale que celle de l'œuvre des premières générations de romanciers qui intègrent plus subtilement l'art du récit africain dans le texte écrit, tel que le démontrent Amadou Koné et Mohamadou Kane, entre autres. Le roman « se libère » donc, en quelque sorte, à partir de cette œuvre magistrale de Kourouma, des tendances précédentes, plus uniformisantes, pour laisser la voie libre à chacun d'exprimer son « africanité » à sa façon. Kourouma lui-même, après 30 ans de silence, récidivera avec *Monné, outrages et défis* (1990), *En attendant le vote des bêtes sauvages* (1998) et *Allah n'est pas obligé*, qui lui vaudra le prix Renaudot en 2001.

Ainsi, comme en poésie, l'écriture romanesque s'est largement diversifiée depuis 1970, comme en témoignent les œuvres des écrivains de renom autant que celles des écrivains qui, comme chez les femmes, œuvrent dans l'ombre des « grands ». D'origine camerounaise, **Yodi Karone** (né en 1954) publie deux récits où philosophie, onirisme et critique sociale se rencontrent : *Le bal des caïmans* (1980) et *Nègre de paille* (1982). Son compatriote, diplômé en lettres et anthropologue, **Charly-Gabriel Mbock** (né en 1950), signe son premier roman, *Quand saigne le palmier* en 1978, roman qui sera suivi d'une nouvelle, *Le soupçon* (1980) et d'un deuxième roman, *La croix du cœur* (1984). Situé à l'époque coloniale, le premier roman évoque l'impuissance masculine alors que le deuxième questionne l'adéquation de la théologie chrétienne au contexte africain. **Bernard Nanga** (1934-1985), également du Cameroun, emboîte le pas à Mongo Beti et Oyono avec deux romans qui dénoncent la nouvelle élite africaine (ambition, corruption, abus de pouvoir) sur le mode satirique : *Les chauves-souris* (1980) et *La trahison de Marianne* (1985). **Gaston-Paul Effa** (né en 1965), quant à lui, opte pour une écriture plus poétique et philosophique dans *Tout ce bleu* (1996), *Mâ* (1998) et *Le cri que tu pousses ne réveillera personne* (2000). Auteur de plusieurs nouvelles et pièces de théâtre ainsi que de deux romans, **Étienne Goyémidé** (né en 1942) de la République centrafricaine s'inspire des conventions de la tradition orale, faisant réfléchir le lecteur sur des problèmes d'actualité à travers des récits situés en milieu pygmée et à l'époque de l'apogée de la traite des esclaves.

Comme de nombreux écrivains, **Emmanuel Dongala** (né en 1941) du Congo-Brazzaville pratique plusieurs genres, se faisant connaître à la fois par ses romans, ses nouvelles et ses essais. S'inscrivant dans le courant de la littérature militante, *Un fusil dans la main, un poème dans la poche* (1974), *Jazz et vin de palme* (nouvelles, 1982), *Le feu des origines* (1987) et *Les petits garçons naissent aussi des étoiles* (1998) évoquent le rôle des intellectuels dans la lutte pour la libération du peuple et l'importance d'un retour aux sources. Parmi les nouvelles voix qui se font entendre vers la fin du siècle, il faut citer par ailleurs **Daniel Biyaoula** (né en 1953 à Brazzaville) qui se fait remarquer dès son premier roman, *L'impasse* (1996), couronné du grand prix littéraire d'Afrique noire et suivi en 1998 d'*Agonies*. D'un style sobre, réaliste, les romans de Biyaoula évoquent les déboires et tragédies des immigrés africains en France, toujours fascinés par les mirages de l'Occident, rejoignant ainsi le propos d'autres écrivains de la diaspora récente qui continuent à déconstruire le mythe du paradis des métropoles du Nord et à dénoncer la condition faite aux immigrés, comme le faisait déjà la génération de Dadié. L'écriture peut bien évoluer, mais le monde change-t-il ?

Du Congo-Kinshasa provient par ailleurs l'une des œuvres les mieux connues de la littérature africaine, celle de **Henri Lopès** (né en 1937), politicien ayant occupé plusieurs postes dans des ministères dont celui de premier ministre (1977-1980), puis sous-directeur général du l'Unesco. Auteur de plusieurs poèmes, d'un recueil de nouvelles et de six romans, Lopès fait fusionner récit politique et récit intimiste à travers une narration hybride (dans *Le pleurer-rire* de 1982), un roman par lettres (*Sans tam-tam* [1977]) et d'autres récits qui pratiquent adroitement le mélange des genres (*Dossier classe* [2002]) pour appeler à la construction d'une société plus humaine. Moins connu et pourtant plus prolifique, **Jean-Pierre Makouta-Mboukou** (né en 1929), également du Congo-Kinshasa, compte parmi les écrivains les plus polyvalents du continent. Essayiste et romancier avant tout, Makouta-Mboukou a signé six essais majeurs et autant de romans et récits depuis 1970. Adepte du mélange des genres, lui aussi, et peu conventionnel sur le plan de la structuration de ses récits, le romancier met en scène des protagonistes contestataires de l'ordre établi et des idées reçues et dont le parcours connaîtra des rebondissements multiples.

Romancier et dramaturge, **Sony Labou Tansi** (nom de plume de Marcel Sony, 1947-1995) occupe une place à part parmi les écrivains congolais. Connu du public africain avant tout par son œuvre théâtrale, ce sont à la fois les six romans de Sony et les pièces publiées à partir de 1973 (ainsi que les représentations à l'étranger) qui ont fait sa renommée internationale. D'une imagination débridée, sans limites, l'œuvre de Sony s'inspire librement de la littérature mondiale : on y retrouve autant des échos des genres de l'oralité, de Shakespeare, des auteurs latino-américains, de la science-fiction que de la Bible. Cette créativité exceptionnelle est sous-tendue par un engagement social indéfectible que l'écrivain présente lui-même en ces termes : « J'estime que le monde dit moderne est un scandale et une honte, je ne dis que cette chose-là en plusieurs "maux". [...] *L'État honteux* c'est le résumé en quelques "maux" de la situation honteuse où l'humanité s'est engagé[37]. » Décédé prématurément, Sony a laissé une œuvre à la mesure de la mondialisation pourtant solidement ancrée dans la réalité africaine.

Deux autres œuvres majeures nous proviennent du Congo (Kinshasa) : celle de **Vumbi-Yoka (Valentin-Yves) Mudimbé** (né en 1941) et celle de **Pius Ngandu-Nkashama** (né en 1946), qui ont tous deux, comme Makouta-Mboukou, touché à plusieurs genres. L'œuvre de Mudimbé porte la marque de sa formation chez les pères bénédictins et ses études en philosophie : dans *Entre les eaux* (1973), *Le bel immonde* (1976) et *L'écart* (1979), les personnages sont avant tout des consciences malheureuses aux prises avec des questions existentielles et métaphysiques déchirantes, ne sachant pas réconcilier foi et militantisme, amour

---

37. Préface du roman *L'État honteux*, Paris, Seuil, 1981, p. 5.

et raison, le plaisir des sens et l'aspiration à l'absolu. Dans la structure des textes de Mudimbé autant que dans leur langage, se manifeste la quête persévérante d'un écrivain qui cherche à surmonter l'inadéquation entre les mots et les choses, les mots et la pensée, les mots et la passion (sacrée ou profane). Mudimbé est également l'auteur de trois recueils de poésie et plusieurs essais marquants. Ngandu-Nkashama se fait connaître avant tout comme essayiste, alors qu'il a signé aussi plusieurs récits, romans et pièces de théâtre. Plus proche de Sony Labou Tansi par leurs thèmes, mais beaucoup moins exubérants et d'une écriture plus classique, les romans de Ngandu-Nkashama se construisent autour de la fragilité d'un peuple victime des forces impitoyables d'un pouvoir aveugle où tout geste posé semble se solder par une tragédie.

En Côte-d'Ivoire, écrire à l'ombre de Kourouma est sans doute quelque peu ingrat, mais plusieurs romanciers ont relevé le défi. **Denis Oussou-Essui** (né en 1934) publie trois romans situés dans le milieu populaire urbain où les personnages tentent de se frayer une voie entre traditions et modernité : *Vers de nouveaux horizons* (1965), *La souche calcinée* (1973), *Les saisons sèches* (1979). **Maurice Bandaman** signe deux recueils de nouvelles, *Une femme pour une médaille* (1986) et *Le sang de la République* (1991), un « conte romanesque », *Le-fils-de-la-femme-mâle* (1993), couronné du grand prix littéraire d'Afrique noire, avant de passer à l'écriture de romans plus conventionnels avec *La Bible et le fusil* (1996) et *Même au paradis, on pleure quelquefois*. Se situant dans le courant de la littérature militante qui dénonce les dictatures et l'exploitation politique de l'Église, l'œuvre de Bandaman fait écho à celle de certains de ces prédécesseurs tels que Dongala et Mudimba, plus que celle de Kourouma qui s'élabore dans le contexte des traditions malinké et des croyances musulmanes.

La génération des écrivains contemporains nés depuis les années 1960 voit par ailleurs un nouveau pays s'inscrire sur la carte des littératures francophones avec l'œuvre d'**Abdourahman Waberi** (né en 1965), originaire de Djibouti. D'une facture tantôt satirique, tantôt poétique, tantôt tragique, les romans et nouvelles de Waberi questionnent, eux aussi, les dérives des sociétés africaines, lesquelles se manifestent soit par une sorte de paralysie généralisée, soit par un nouveau nomadisme, sinon par des tragédies humaines comme le génocide rwandais. Écrits souvent dans le style de la pensée à haute voix, les récits de Waberi font entendre de multiples voix qui, renvoyant à un espace mi-réel, mi rêvé, ont manifestement beaucoup à dire : *Le pays sans ombre* (1993), *Cahier nomade* (1996), *Balbala* (1997), *Moisson de crânes* (2000) et *Rift, Routes, Rails* (2001).

Les romanciers guinéens, depuis Camara Laye, se sont également montrés fort productifs. **Saïdou Bokoum** (né en 1945) se fait remarquer par *Chaîne*, son unique roman, paru en 1974, roman qui, comme ceux de Biyaoula, se lit comme un cri de révolte, par le langage et le propos, contre la condition faite aux immigrés africains en France. Auteur de cinq romans, **Alioum Fantouré** (né en 1938) se voit décerner le grand prix littéraire d'Afrique noire pour le premier, *Le Cercle des tropiques*, paru en 1972. Comme de nombreux écrivains des indépendances, Fantouré s'attaque aux méfaits des dictatures, mais la facture de ses romans diffère : tantôt d'un réalisme classique, tantôt plus proches du roman d'action populaire, tantôt théâtraux, ses textes dramatisent les traits de l'univers inhumain des nouveaux régimes pour mieux mettre en garde le public contre la résignation face aux monstruosités des temps nouveaux auxquelles renvoient la plupart de ses titres : *Le récit du cirque de la vallée des morts* (1976), *L'homme du troupeau du Sahel* (1979), *Le voile ténébreux* (1985) et *Le gouverneur du territoire* (1995). L'œuvre de **Tierno Monénembo** (nom de plume de Diallo Thierno Saïdou, né en 1947) s'inscrit également dans le courant militant de la littérature africaine des indépendances, mais il ne se contente pas de dénoncer les dictatures ; ses romans questionnent également d'autres « dysfonctionnements » de l'Afrique actuelle, tels que le sort fait aux exilés guinéens en Côte-d'Ivoire ou le génocide rwandais : *Les Crapauds-brousse* (1979), *Les écailles du ciel* (1986), *Un Attiéké pour Elgass* (1993), *Pelourinho* (1995), *Cinéma* (1997), *L'aîné des orphelins* (2000). Monénembo excelle dans le maniement des techniques de la narration, faisant entrer discrètement le lecteur dans l'optique des personnages, même celle des personnages répréhensibles, à la manière des auteurs de romans policiers qui confient la narration du récit au coupable. *Le jeune homme de sable* (1979), troisième roman de **Williams Sassine** (1944-1997) résume par son titre la problématique au centre de son œuvre ; se caractérisant par le mélange des genres, les romans de Sassine, à la manière d'Aminata Sow Fall, s'élèvent contre l'acculturation. Le jeune homme de sable est la figure d'une identité sans racines, sans noyau, qui s'effrite.

Une autre œuvre singulière qui se démarque par sa richesse nous provient du Mali, signée du nom de **Amadou Hampâté Bâ** (1901-1991).

Griot des temps modernes, savant en sciences traditionnelles et modernes, Hampâté Bâ s'adonne à la fois à une œuvre d'historien, à la transcription des récits de l'oralité, et à la création (poésie, prose). Il publie plusieurs contes initiatiques peuls, une anthologie de poésie peule, un important ouvrage historique sur *L'empire peul du Macina* (1955 et 1962), plusieurs essais sur les religions traditionnelles et un des ses maîtres spirituels, Tierno Bokar, ainsi qu'un roman, *L'étrange destin de Wangrin* (1974) et des mémoires (en deux tomes), *Amkoullel, l'enfant peul* (1991) et *Oui, mon Commandant!* (1994). Ces mémoires se lisent comme un cycle de contes retraçant les aventures extraordinaires et le parcours exemplaire d'un enfant peul qui traverse les étranges contrées investies par la colonisation pour en émerger en «vieil Africain» intact. L'œuvre très fournie de **Massan Makan Diabaté** (1938-1988) s'inscrit également dans ce courant à la fois traditionaliste et populaire. Dès 1967, Diabaté publie plusieurs volumes de contes, légendes et épopées transposés de la tradition orale, avant de débuter son œuvre de romancier avec *Le lieutenant de Kouta* (1979), le premier d'une trilogie qui connaît un vif succès populaire. D'autres romans suivront, où l'écrivain poursuit son «édification» morale du public, avec humour et ironie, tout l'art — très théâtral — du récit des conteurs traditionnels. Par ailleurs, l'une des voix majeures du Mali s'est tue avant l'heure, celle de **Yambo Ouologuem** (né en 1940), qui se voit décerner le prix Renaudot en 1968 pour son roman *Le devoir de violence*. Comme pour démentir l'idéalisation de l'Afrique précoloniale à laquelle procédaient les écrivains de la négritude, le roman d'Ouologuem remonte jusqu'au XIII⁵ siècle pour relater les déboires d'une société où le pouvoir politique et religieux sacrifie sans scrupules le peuple à ses intérêts... si bien que la colonisation n'apparaît que comme une autre des tribulations que le peuple africain a dû subir. Ouologuem fera paraître un deuxième ouvrage en 1969, *Les Mille et une Bibles du sexe*, signé du pseudonyme de Utto Rudolphe, mais en 1971, lors de la publication en anglais de son premier roman, des accusations de plagiat viennent l'accabler; il regagne son village natal et, depuis, se réfugie dans le silence[38]. Cependant, le roman malien continue à faire

---

38. Dans une lettre ouverte adressée à *Jeune Afrique*, la fille de l'écrivain, Ava Ouologuem, soutient que c'est l'éditeur qui a révisé le manuscrit de son père, enlevant les guillemets qui signalaient les passages du roman empruntés à d'autres textes. *Jeune Afrique/L'Intelligent*, n° 2175, 16-22 sept. 2002, p. 91.

preuve de dynamisme, avec plusieurs autres romanciers ayant déjà un ou deux romans à leur actif, dont **Mandé-Alpha Diarra** (né en 1954), **Abdoul Doukoure** (né en 1953), **Doumbi-Fakoly** (né en 1944), **Modibo Sounkalo Keita** (né en 1948), **Ibrahima Ly** (né en 1936) et **Ismaïla Traoré** (né en 1949).

Par contre, au Sénégal, les romanciers semblent se faire devancer par les poètes… et les romancières. Tenant le haut du pavé, **Boubacar Boris Diop** (né en 1946) se fait remarquer par l'imaginaire baroque qui caractérise ses quatre premiers romans, *Le temps de Tamango* (1981), *Les tambours de la mémoire* (1990), *Les traces de la meute* (1993), et *Le cavalier et son ombre* (1997) où, à la manière de Sony Labou Tansi, l'écrivain puise dans le patrimoine mondial pour produire un univers onirique où personnages et lecteurs perdent leurs repères. Son dernier roman en français, d'une écriture plus sobre où transparaît le métier de journaliste de Diop, *Murambi, le livre des ossements* (2000), plonge le lecteur dans l'insondable tragédie du génocide rwandais. En 2003, Diop se distingue à nouveau en faisant paraître *Doomi golo*, roman écrit en wolof, rejoignant ainsi le rang du petit nombre d'écrivains francophones écrivant également en langues africaines. D'autres Sénégalais, tout en produisant une œuvre fournie, touchent à tous les genres et semblent encore chercher leur public. **Mbaye Gana Kébé** (né en 1936) est l'auteur de plusieurs recueils de poésie et pièces de théâtre ainsi que de nouvelles dont plusieurs diffusées à la radio (*Les indemnités* [1977], *Le taureau* [1980], *Quand le président se tait* [1982]) et un roman, *Le Blanc du Nègre* (1979). Satirique, la prose de Kébé dissèque la société sénégalaise, sans complaisance, dans la foulée de Sembène. **Cheikh Aliou Ndao** (né en 1933) est également poète, dramaturge et romancier, fort apprécié du public sénégalais mais encore méconnu du public étranger. Ses romans, *Buur Tilleen, roi de la médina* (1972), *Excellence, vos épouses!* (1983), *Un bouquet d'épines pour elle* (1988), comme certaines de ses pièces, se construisent autour d'une réflexion sur le pouvoir, politique et domestique, et illustrent la nécessité, pour l'Afrique actuelle, de réconcilier tradition et progrès. Dans un contexte où le roman tient le haut du pavé, **Ibrahima Sall**, également polyvalent, compte aussi parmi les méconnus, malgré le nombre et la qualité incontestable de ses écrits: *La génération spontanée* (poèmes, 1975), *Crépuscules invraisemblables* (nouvelles, 1977), *Le choix de Madior* et *Le prophète sans confession* (théâtre, 1981) ou encore *Les routiers de chimères* (roman, 1982). Aux lecteurs de leur emprunter le pas pour s'assurer que la route de ces écrivains se soit pas faite de chimères.

Le Tchad et le Togo comptent également plusieurs écrivains qui se frayent un chemin dans la prose mais qui, auteurs de nouvelles, d'un roman ou deux, sont encore en quête d'un public : **Antoine Bangui** (né en 1933, Tchad), **Maoundoé Naïndouba** (né en 1948, Tchad), **Noël Ndjedery** (né en 1956, Tchad), **Julien Guenou** (né en 1950, Togo) et **Sami Tchak** (né en 1960, Togo). L'accueil fait à l'œuvre de Sami Tchak peut sans doute se lire comme un signe encourageant que, si le roman se renouvelle, le lectorat de la littérature africaine, produite sur le continent ou par des écrivains de la diaspora, en fait autant. Centrés sur les déceptions et difficultés que doivent affronter les immigrés et leurs enfants en banlieue parisienne, les romans de Tchak *(Place des Fêtes* [2000], *Désir d'Afrique* [2002], *Hermina* [2003]) s'adressent certainement tout autant aux immigrés potentiels qui entretiennent encore des illusions sur l'Eldorado des pays du Nord qu'au lecteur occidental qui ne connaît que très vaguement ce *no man's land* qui nourrit l'imaginaire des immigrés.

Il convient de souligner, par ailleurs, que le lectorat africain se développe en même temps autour de genres rarement répertoriés dans les anthologies, mais en popularité croissante : les romans policiers, romans d'espionnage, science-fiction et romans « roses » ont de plus en plus la faveur d'un lectorat engoué, comme en témoigne le tirage de ces livres abordables qui peut atteindre 15 000 exemplaires, comme c'est le cas, par exemple, des nouvelles d'Isaïe Biton Koulibaly, *Ah ! Les femmes...*, publiées en 1995 au Togo par les Éditions Haho. Plusieurs écrivains commencent ainsi à se faire un nom dans ces genres populaires et à se faire publier dans des grandes maisons d'édition africaines et françaises. Aux Nouvelles éditions africaines (Dakar) paraîtront les polars d'Abasse Ndione, *La vie en spirale* (1984), et d'Iba Dia, *Fureur noire à Kango* et *Les nuits rouges de Dakar*, par exemple, alors que la « Série noire » de Gallimard accueillera les romans du Congolais Achille N'Goye, *Agence Black Bafoussa* (1996), *Sorcellerie à bout portant* (1998) et *Ballet noir à Château rouge* (2001) et de la Malienne Aïda Mady Diallo, *Kouty, mémoire de sang* (2002). Serpent à Plumes lancera même une nouvelle collection, en 1998, pour tenir compte de ce genre en expansion dans le monde littéraire africain[39], «Serpent noir», où paraîtront, entre autres, les romans du Congolais Baenga Bolya, *La polyandre* (1998) et *Les cocus posthumes* (2000).

Traduisant la réalité urbaine des grandes métropoles africaines, cette littérature populaire témoigne aussi du fait que le public cherche un divertissement où il se reconnaît, qui n'exige pas une formation universitaire, bref une littérature qui ne soit pas créée uniquement pour et par l'élite lettrée. De ce point de vue, la littérature africaine «rattrape» en quelque sorte l'évolution des littératures d'autres continents et peut même leur insuffler un nouveau dynamisme, comme l'illustre le développement de «l'ethnopolar» en France[40].

LE THÉÂTRE

Si le théâtre, comme genre, tel qu'il est pratiqué en Occident depuis la Grèce antique n'existe pas en Afrique précoloniale, de nombreuses formes d'art dramatique y ont cours dans le cadre des rituels, cérémonies, fêtes et rencontres sociales diverses, qui peuvent constituer de véritables spectacles où des scènes mimées ou en paroles sont accompagnées de chants et de danses. Ainsi, comme la poésie et le roman de langue française, le théâtre africain moderne est le fruit d'un double héritage que chaque dramaturge et troupe théâtrale gère à sa manière : certains types de structure, de symbolisme, d'interaction avec le public ou de jeu scénique constituent manifestement une prolongation de l'art des conteurs et griots (qui, rappelons-le, peuvent être à la fois maître de la parole — poète —, chanteur, musicien et acteur), alors que d'autres techniques sont empruntées au théâtre classique ou contemporain occidental. Par ailleurs, bien qu'un grand nombre de pièces soient publiées par les éditeurs français et africains, la nature composite et immédiate du spectacle théâtral fait en sorte qu'il est plus accessible au public africain que le roman et s'oriente de plus en plus vers un théâtre populaire produit aussi en langues africaines.

---

39. Rappelons qu'il s'agit en fait d'un renouveau puisque Félix Couchoro avait déjà pratiqué abondamment cette littérature populaire dans ses romans feuilletons parus au cours des années 1950-1960.

40. Voir l'article de Françoise Naudillion, «Black Polar», *Présence francophone*, n° 60, 2003, p. 98-112.

Le théâtre écrit en langue française commence à voir le jour dans le contexte colonial à l'époque de la négritude, non pas à Paris lors de cet éveil des jeunes intellectuels noirs, mais dans les écoles implantées en Afrique même par les missions chrétiennes et l'administration coloniale. Ainsi, on attribue à Charles Béart, directeur d'une école primaire supérieure à Bingerville en Côte-d'Ivoire, l'initiative d'encourager ses élèves, dès 1931, à créer des pièces qui seront jouées à différentes occasions à l'école. Lorsque Béart rejoindra en 1935 l'école William Ponty au Sénégal, il y implantera cette même pratique du théâtre scolaire qui servira de formation aux premiers dramaturges africains. C'est aussi Béart qui fait construire la première scène à l'italienne, en Afrique, pour pouvoir représenter les pièces des élèves. Mais alors que les élèves sont incités à écrire des pièces portant sur la vie et les traditions africaines, les premières œuvres de cette dramaturgie émergente se caractérisent par la même ambiguïté qui marque les romans du début du siècle où l'on tente de passer de l'exotisme du roman colonial à un témoignage plus « authentique » sur l'Afrique. Ainsi les premières pièces du théâtre écrit donnent lieu à des controverses analogues à celle créée par *Batouala*, car la représentation de la « vraie vie » africaine peut s'accompagner de clichés qui confortent la notion de la suprématie de la civilisation occidentale. C'est néanmoins de ces efforts du théâtre scolaire qu'émergent les premiers grands noms du théâtre africain de langue française, dont, notamment, celui de **Bernard Dadié**. Ce seront d'ailleurs deux pièces de Dadié, présentées en 1937 à l'Exposition internationale de Paris, qui seront les premières à être connues du public étranger.

Pionnier de la littérature africaine écrite (tous genres confondus), **Bernard Binlin Dadié** (né en 1916) de la Côte-d'Ivoire est connu avant tout comme dramaturge. Auteur d'une douzaine de pièces dont les premières sont écrites dans les années 1930, Dadié publie plusieurs ouvrages de prose et de poésie au cours des années 1950 et 1960, pour se consacrer presque exclusivement au théâtre à partir de 1970. Que ce soit par le biais de la comédie (*Papassidi Maître-escroc, Mhoi-Ceul, Monsieur Thôgô-Gnini*), du drame historique (*Béatrice du Congo, Îles de tempête*) ou de la tragédie aux accents shakespeariens (*Les voix dans le vent*), le théâtre de Dadié est ancré dans l'histoire et la culture africaines, illustrant la grandeur passée et virtuelle de l'Afrique (dans le sillage de la négritude) et rappelant au public les travers néfastes de la nature humaine, à la manière des contes. Fort appréciée du public ivoirien, la dimension panafricaine et humaine de son œuvre lui assure également une audience internationale, depuis ses premières pièces.

Cependant, tandis que le roman connaît un essor marqué à partir de 1946, le théâtre de langue française est relativement peu pratiqué jusqu'à l'époque des indépendances. Ceci s'explique en bonne partie par les exigences matérielles des représentations professionnelles sur une scène de type occidental. Alors que les spectacles de l'art dramatique traditionnel avaient lieu sur la place du village ou dans une cour (du palais du chef, par exemple) et que les «acteurs» étaient des personnes de talent choisies par les «animateurs» (griots, initiés, chefs, maîtres chasseurs) des rituels, fêtes, cérémonies, confréries de chasseurs, etc., les représentations du théâtre moderne se font par une troupe professionnelle sur une scène dans un lieu fixe approprié. C'est ainsi que le théâtre d'après-guerre se développe surtout (ou du moins subsiste) autour des centres culturels français implantés dans quelques grandes villes comme Dakar et Abidjan. Plusieurs troupes sont formées mais tendent à se dissoudre rapidement du fait que les acteurs, face aux moyens limités des productions africaines, sont portés à tenter de faire carrière en Europe.

Ce n'est donc qu'à partir des indépendances que le théâtre prend sa place, véritablement, parmi les genres modernes de l'art verbal pratiqués couramment en Afrique. Des troupes nationales sont créées, financées par l'État, dans le souci d'affirmer l'identité culturelle des nouvelles nations et de nombreux artistes exilés rentrent pour mettre leur expérience au service de ces nouvelles troupes, nationales ou privées. Par ailleurs, avec les déceptions que provoque la corruption des nouveaux régimes, de nombreux artistes et dramaturges prennent leurs distances des troupes nationales pour s'établir par leurs propres moyens. Les difficultés matérielles continuent ainsi à talonner le théâtre africain, qui, aujourd'hui encore, manque cruellement de salles de représentation, si bien que la vie des troupes est souvent de courte durée. Plusieurs initiatives aboutissent néanmoins à des entreprises de plus longue durée qui se démarquent par une esthétique particulière développée par le fondateur, comme c'est le cas, notamment, du Rocado Zulu Théâtre de Sony Labou Tansi, du Congo (Brazzaville), de la troupe du dramaturge ivoirien Naingoran Porquet, La Griotique, qui se réclame de l'art du griot, et du Ki-Yi Mbock (Village Ki-Yi), troupe autonome avec un centre de formation et une salle de spectacle créée par la Camerounaise Werewere Liking et installée au cœur même d'Abidjan depuis 1985. La production théâtrale s'est donc largement développée depuis les années 1960, et alors que les troupes nationales tendent à produire des spectacles à caractère folklorique présentés dans des tournées internationales, les troupes autonomes font preuve aujourd'hui d'une créativité et d'un dynamisme qui assurent actuellement la survie et la spécificité du théâtre africain. Ainsi, comme le roman qui s'adresse, dans un premier temps, à une élite lettrée éduquée en français, le théâtre s'oriente graduellement vers un public plus large et souvent populaire, ce qui permet de diversifier les types de production. Dans cette évolution du théâtre moderne, quelques pays se démarquent, soit la Côte-d'Ivoire, le Sénégal, le Congo, le Togo et le Cameroun ; quelques dramaturges originaires d'autres pays ont pu se distinguer également, mais lorsque l'infrastructure manque, la production théâtrale prend une orientation plus populaire et fonctionne souvent sans texte écrit ou avec des textes inédits. Le théâtre professionnel tend ainsi à se concentrer dans quelques centres et autour de quelques dramaturges et directeurs qui se consacrent corps et âme à leur art.

Parmi les dramaturges les plus connus du Cameroun, il faut retenir **Guillaume Oyono-Mbia** (né en 1939) qui, depuis sa première pièce, *Trois prédendants… un mari*, publiée en 1964, crée des comédies inspirées de la vie des paysans du sud du pays. La filiation avec la tradition des contes est ici évidente : le théâtre d'Oyono-Mbia soulève les problèmes du quotidien (mariage, rôle des femmes, vie au village, scolarisation) sous forme d'un divertissement populaire qui véhicule une sagesse et des questions permettant à chacun de mieux gérer le défis lancés par la vie au jour le jour. Le théâtre d'**Alexandre Kum'a N'Dumbe III** (né en 1946) se rapproche davantage de l'œuvre de son compatriote Mongo Beti, par la critique sociale sans ambages qui le caractérise. Depuis sa première pièce, *Kafra-Biatanga,* de 1973, son œuvre dénonce les méfaits de la corruption politique, des médias, de l'action (sans égard pour les humains) des multinationales, etc. Ce propos d'une grande actualité n'empêche pas Kum'a N'Dumbe III d'emprunter certaines de ses techniques au patrimoine de l'oralité, notamment celle des personnages types désignés par leur fonction plutôt que par un nom propre (le Président, le Conseiller, le Sociologue, etc.) de façon à donner préséance à son rôle symbolique et didactique plutôt qu'à un développement psychologique, technique que l'on retrouve chez de nombreux dramaturges africains.

Cependant, la grande dame du théâtre africain est sans conteste **Werewere-Liking** (née Eddy-Njock, en 1950), originaire également du Cameroun, mais qui pratique ses multiples activités de création à Abidjan en Côte-d'Ivoire depuis 1979. Artiste polyvalente, Werewere-Liking est peintre, musicienne, chanteuse, actrice de cinéma et de théâtre, poétesse, essayiste et dramaturge. Son œuvre publiée (à partir de 1977) comprend des essais anthroplogiques, des poèmes, des contes, des « chants-romans » (*Orphée-Dafric* [1981] et *Elle sera de jaspe et de corail* [1983]) et de nombreuses pièces de théâtre rituel, genre créé par la dramaturge elle-même en collaboration avec l'anthropologue française, Marie-José Hourantier. Depuis 1983, Werewere-Liking dirige également sa troupe Ki-Yi Mbock et le village Ki-Yi où sont créés tous les costumes, les décors et les mises en scène des productions Ki-Yi par les acteurs eux-mêmes et les membres de leur famille. Le « village » est donc en réalité un centre culturel autonome qui comprend une salle de spectacle, une salle d'exposition d'art, un restaurant où le public peut rencontrer les artistes lors des « soupers-spectacles » et un centre de formation pour les jeunes et la relève où l'enseignement scientifique moderne se fait dans le cadre d'une discipline empruntée aux traditions initiatiques. Ainsi, l'écriture de Werewere-Liking amalgame tous les genres de l'écrit et de l'oral, ses productions théâtrales font fusionner de multiples approches esthétiques, traditionnelles et contemporaines, pour offrir au public des spectacles d'un dynamisme et d'une originalité exceptionnels. Visant une sorte d'initiation immédiate du public qui amènera chacun à retrouver sa propre créativité afin de mieux participer au renouveau social, les spectacles du théâtre rituel intègrent l'art verbal à une mise en scène qui se donne tous les moyens de l'art dramatique africain et occidental : chants, danse, musique d'instruments africains et modernes, masques, marionnettes géantes, costumes de tous genres et décors minimalistes d'une efficacité remarquable. Cette créativité sans limites de l'œuvre de Werewere-Liking ne lui a pas valu que des éloges, toutefois. Jugées trop ésotériques par les uns, trop exotiques ou occidentalisées par les autres, les productions de cette artiste, qui ne cesse d'innover et de mettre en cause l'ordre établi, continuent à dérouter la critique.

Si le théâtre Ki-Yi Mbock occupe aujourd'hui une place importante en Côte-d'Ivoire (et sur la scène internationale), l'activité théâtrale n'a cessé de se développer depuis les premières pièces de Dadié. Plusieurs autres dramaturgies originales y ont vu le jour, et de nombreux écrivains de renom ont touché au théâtre tout en pratiquant aussi d'autres genres, notamment Amadou Kourouma dont l'unique pièce, *Tougnantigui ou le diseur de vérité*, fut censurée en 1972 après quelques représentations. **Amadou Koné** (né en 1953), à la fois romancier, dramaturge et essayiste, est l'auteur de plusieurs pièces inédites créées alors qu'il était encore au lycée et trois pièces publiées, dont une primée : *De la chaire au trône* (1975), *Le respect des morts* (1980) et *Les canaris sont vides* (primé en 1984 lors du 8ᵉ Concours théâtral inter-africain). Centré sur des problèmes d'actualité (la sécheresse, la confrontation des croyances traditionnelles et des exigences du développement économique moderne, l'obsession du pouvoir des dirigeants), le théâtre de Koné a été jugé excessivement didactique, par certains, ce qui n'est guère une critique pour un écrivain qui, s'adressant d'abord à un public local, s'inscrit résolument dans la continuité de la tradition orale où le symbolisme affiché constitue une invitation au public à ne pas confondre fiction et réalité mais de chercher, à travers plusieurs niveaux de signification, des propos pertinents à la vie en société. Comme Werewere-Liking, mais sur un registre plus sobre, Koné œuvre à adapter au théâtre contemporain plusieurs des techniques de la tradition orale afin de participer à l'élaboration d'une philosophie de vie propre à soutenir l'Afrique dans son évolution vers une modernité technologique qui ne soit pas déshumanisante. Pour sa part, **Charles Nokan** (né en 1936) crée une œuvre d'inspiration marxiste, dont une dizaine de pièces et quatre romans publiés à partir de 1962, quoique ses catégories traditionnelles ne conviennent guère à l'œuvre de Nokan qui, comme Werewere-Liking, pratique allègrement le mélange des genres. L'art verbal et l'esthétique théâtrale de Nokan cherchent à amalgamer prose, poésie et musique, à l'instar de la pratique des maîtres de la parole traditionnels, et les héros de ses pièces ont la grandeur surhumaine des personnages des épopées qui doivent inspirer au public fierté du passé et foi en l'avenir. La dramaturgie de Nokan s'inscrit ainsi dans le courant de la littérature militante, comme en font foi les dernières lignes du roman *Les petites rivières* (1983) : « Il est bon que des artistes créent une esthétique pour les prolétaires africains dont le combat émancipateur continuera jusqu'à ce qu'ils aient atteint la liberté et le bonheur populaire[41]. »

L'œuvre de **Bernard Zadi Zaourou** (né en 1938) se démarque également par une originalité fondée dans l'art traditionnel. Professeur de poésie africaine, essayiste et poète, directeur du Groupe de recherche sur la tradition orale (GRTO), Zadi Zaourou est avant tout homme de théâtre, avec deux pièces publiées en 1975, *Les sofas* et *L'œil*, une troisième, *La tignasse*, en 1984, et plusieurs pièces montées par la troupe KFK qu'il fonde en 1980 et qui devient par la suite la Compagnie du Didiga, une esthétique créée par Zadi Zaourou à partir d'une tradition bété (ethnie du centre-ouest de la Côte-d'Ivoire).

> Originellement, le concept de didiga renvoie à un art de type particulier que pratiquaient les chasseurs bétés. À la base de cet art, un instrument de musique qui est aussi un instrument parleur : dôdô […] connu en français sous le nom d'arc musical. […] Le didiga n'est pas le conte, même si la parenté entre les deux arts est incontestable […]. Les héros du conte peuvent se retrouver dans une infinité de situations alors que le héros du didiga ne peut être confronté qu'à un seul type de situation. Une situation qui relève toujours et nécessairement de l'impensable, du mystère le plus total, du surréal[42].

Cependant, dans le théâtre didiga de Zadi Zaourou, ce héros « initié » qui vient au secours du peuple doit combattre des fléaux d'actualité, comme chez de nombreux dramaturges contemporains : la déchéance de l'élite politique, l'inconscience et la résignation du peuple brimé, l'acculturation et la course sans scrupules à l'accumulation des richesses. Ainsi, si la « parole » de l'arc musical et l'esthétique du didiga peuvent paraître quelque peu ésotériques, les sujets abordés dans les pièces de Zadi Zaourou sont à la portée de tous et tentent, comme c'est le cas du théâtre de Werewere-Liking, de susciter une prise de conscience, sinon une révolte contre certaines réalités sociopolitiques jugées inacceptables.

C'est le cas aussi du théâtre de **Sony Labou Tansi** du Congo-Brazzaville, théâtre qui est toutefois d'une facture très différente. Moins directement ancré dans l'art traditionnel, le théâtre de Sony, comme ses romans, s'ouvre à toutes les inspirations, y compris le « classicisme » shakespearien, la « tropicalité » latino-américaine et le théâtre de l'absurde européen.

---

41. Citées par Alain Rouch, *op. cit.*, p. 154.
42. Document de Zadi Zaourou cité par Alain Rouch, *ibid.*, p. 161.

Fondateur et directeur du Rocado Zulu Théâtre, de 1979 à sa mort, Sony se sert du théâtre, comme du roman, pour confronter son public aux conséquences désastreuses qui attendent l'humanité si elle continue à cheminer dans les voies où elle se complaît actuellement. Parodie, ironie, caricature, démesure, imagerie grotesque et apocalyptique : tous les moyens sont déployés pour évoquer (et prévenir) la déshumanisation qui guette les humains de la terre entière et que les dictatures « tropicales » ont déjà instaurée dans bon nombre de pays. Cependant, si le propos n'est guère réjouissant, la créativité de l'œuvre de Sony entretient l'espoir que cette voie autodestructrice mise en scène n'est pas irréversible.

Si Sony Labou Tansi occupe l'avant-scène du théâtre congolais, il n'en éclipse pas pour autant ses prédécesseurs, auxquels il n'a d'ailleurs cessé de reconnaître sa dette. Journaliste de radio de profession, **Guy Menga** (né en 1935) crée ses premières pièces, *La marmite de Kola-Mbala* en 1964, et *L'oracle* en 1969 ; d'autres seront montées à Brazzaville jusqu'en 1970 mais demeurent inédites. Exilé à Paris depuis 1971, Menga continue à publier pièces, contes, romans et nouvelles. S'inscrivant dans le courant réaliste de la dénonciation des maux de la colonisation et des injustices perpétrées par les nouveaux régimes, l'œuvre de Menga est parmi les plus fournies de la littérature congolaise. **Sylvain Bemba** (né en 1934), quant à lui, s'inspire davantage du réalisme merveilleux haïtien et latino-américain, pour ancrer son écriture dans l'imaginaire populaire, approche que son « disciple », Sony, développera de manière plus audacieuse et iconoclaste. C'est aussi dans le sillage de Bemba que Sony se fera fervent revendicateur non seulement de la liberté sociopolitique, mais aussi de la liberté de pensée et de création. Auteur d'une dizaine de pièces (la première, *Au pied du mur*, datant de 1969, les dernières des années 1990, *Noces posthumes de Santiago* [1995], et *Eroshima ou un amour si brûlant* [1997]), Bemba, comme de nombreux dramaturges, signe aussi quelques romans et nouvelles.

Il convient de noter également que, sans bénéficier de la renommée de dramaturges aussi prolifiques que Sony, Menga et Bemba, le Congo-Kinshasa connaît aussi une activité théâtrale continue qui est souvent le fait d'un théâtre scolaire ou amateur mais qui est soutenue aussi par l'Institut national des arts qui finance la Compagnie du théâtre national. Ce théâtre fait circuler localement de nombreuses pièces inconnues du public international, souvent inédites ou simplement polycopiées, pièces qui abordent autant les sujets de la vie quotidienne que politiques ou historiques. Citons, à titre d'exemple, *Procès à Makala*, *Le meneur* et *Monnaie d'échange* de Mobyem Mikanza, *Voyage au bout de la misère* de Mambambu, *La devineresse* de Makolo Musuasua, *La fille du forgeron* de Ngeuzi Lonta, *On crie à Soweto* de Musangi, *Le délégué général* de Buabua, ou encore *L'empire des ombres vivantes* de Ngandu-Nkashama[43].

Quant au Sénégal, s'il se distingue moins en dramaturgie que dans les domaines de la poésie et du roman, le pays de Senghor compte néanmoins plusieurs écrivains polyvalents qui œuvrent aussi en théâtre. **Cheikh Aliou Ndao** (né en 1933) se fait connaître par plusieurs pièces historiques dont la première, *L'exil d'Alboury* (1967), est primée au Festival panafricain d'Alger en 1969. Par la suite, il signera tour à tour romans, pièces et recueils de poésie. S'inspirant surtout de l'histoire et des traditions et croyances africaines mais aussi de certaines questions d'actualité, un autre dramaturge sénégalais, **Abdou Kâ** (né en 1931), crée à la fois des pièces de son crû, telles que *Pinthioum Fann* (1968), une tragi-comédie située dans un hôpital psychiatrique, et des adaptations, notamment *Les Amazoulous* (d'après le roman *Chaka* de Mofolo) et *Gouverneur de la rosée* (adaptée du roman de Jacques Roumain). Il est également l'auteur de plusieurs contes et nouvelles. **Mbaye Kébé** (né en 1936), quoique plus prolifique en prose et en poésie, se fait connaître comme dramaturge par ses pièces satiriques primées par le Concours théâtral interafricain, dont *L'Afrique a parlé (1970)* et *Notre futur enfant* (1984). Cependant, bien que cette production ne soit nullement négligeable, l'activité théâtrale sénégalaise, centrée autour du Théâtre national Daniel Sorano, est de tandance plus classique et moins dynamique que les productions ivoiriennes et congolaises.

De la même manière, le Bénin et le Togo voisin connaissent une activité théâtrale constante mais de moindre éclat. **Jean Pliya** (né en 1931, au Bénin) débute lui aussi par le théâtre avant de passer à l'écriture de nouvelles. S'inspirant de la tradition fon, les pièces et les nouvelles de Pliya (dont la première date de 1966) comportent cette dimension didactique visant à permettre au spectateur (lecteur) de mieux savoir comment vivre à l'heure de la modernité sans perdre ses racines. Parmi

---

43. Pour plus de précisions, voir l'article de Pius Ngandu Nkashama, « Le théâtre : vers une dramaturgie fonctionnelle », *Notre librairie*, n° 63, 1982.

les dramaturges togolais, l'on peut retenir les noms de **Kossi Efoui** (né en 1962), auteur de huit pièces publiées ou montées depuis 1990, et deux romans, *La polka* (1998) et *La fabrique de cérémonies* (2001), et celui d'**Agbota Sénouvo Zinsou** qui crée également huit pièces entre 1970 et 2002, pièces qui s'inscrivent dans la veine comique forgée dans la continuité des contes et du didactisme traditionnels. Et alors que **Massa Makan Diabaté** (né en 1938, au Mali) est plus connu comme romancier, il signe également deux pièces qui, comme l'ensemble de son œuvre, puisent abondamment dans l'héritage des contes et des épopées. C'est également le cas des quatre pièces de **Baba Mustapha** du Mali (1952-1982) qui récusent autant le modernisme aveugle que l'idéalisation romantique du passé. Notons par ailleurs que bon nombre des dramaturges africains, comme des romanciers, œuvrent aujourd'hui et parfois depuis de longues années à partir de l'étranger (Menga vit à Paris, Zinsou en Allemagne, Koné et Ngandu Nkashama aux États-Unis, etc.), ce qui n'empêche pas l'activité théâtrale de se développer sur le continent même, et cela, de plus en plus, en langue nationale. En témoigne, entre autres, la popularité du *concert-party*, genre comique produit en langues africaines, créé au Ghana au cours des années 1960 et qui a été adopté par la suite par des pays limitrophes comme le Togo. D'autre part, le téléthéâtre en langues africaines et en langue française connaît un succès croissant partout en Afrique et se présente comme une voie d'avenir prometteuse pour la dramaturgie dans un contexte où les salles de spectacle font souvent défaut.

Quoique méconnu du public international, le théâtre africain s'avère ainsi être un genre dynamique qui, dans bien des cas, s'adresse plus directement au public africain que le roman ou l'essai.

L'ESSAI

Les formes de l'essai littéraire africain contemporain découlent logiquement de celles de la littérature coloniale remontant au XIXe siècle et exprimant une sensibilité littéraire née des contacts entre l'Afrique et l'Occident. Cette littérature est plus connue sous l'appellation de littérature « exotique ». De fait, comme il a été signalé plus haut, à la fin du XIXe siècle, mais surtout à partir de 1920, les écrivains africains, tels

Amadou Mapate Diagne, Bakary Diallo, Félix Couchoro, Ousmane Socé, publient quelques œuvres dans le cadre d'une institution littéraire en cours de formation dans les colonies d'Afrique et dominée évidemment par les écrivains coloniaux. C'est à ce même public de la littérature coloniale que s'adressent les premiers écrivains africains, appelés à cette époque les « indigènes » pour les différencier des écrivains français installés dans les colonies qui, eux, sont des écrivains sans épithètes. La littérature est d'abord envisagée comme une source complémentaire d'informations sur la vie en Afrique. Elle a la même fonction que les textes des ethnologues qu'elle complète par l'imagination.

De la critique littéraire coloniale à la critique africaine

Au cours de cette période, la critique coloniale possède ses lieux de consécration et ses canons esthétiques diffusés par les critiques, soit par la préface ou par les journaux. En tant que discours argumentatif, la préface vise à préparer le public français à mieux recevoir les textes des auteurs « indigènes ». En cela, la préface remplit une fonction critique fondamentale dans la mesure où le préfacier agissant comme parrain d'un auteur accorde ses faveurs à des textes qu'il juge conformes à un certain canon littéraire en cours dans la métropole. Comme l'a montré Locha Mateso dans son livre intitulé *La littérature africaine et sa critique*, la majorité de ces préfaciers ne sont pas des littéraires. Ils « orientent le lecteur vers une interprétation qui, bien souvent, n'entretient qu'un rapport lointain avec la littérature[44] ». Du moment où il n'insiste que sur les faits de culture plutôt que sur l'œuvre proprement dite (intrigue, style, images), rappelle Mateso, le préfacier tient un discours d'anthropologue défendant certaines thèses en vogue en Europe sur l'Afrique, thèses fondées sur l'altérité d'une Afrique essentiellement connue en Europe sous forme de clichés et de stéréotypes.

---

44. Locha Mateso, *La littérature africaine et sa critique*, Paris, Karthala, 1986, p. 85. Cet ouvrage constitue une bonne synthèse de la critique africaine dans son double aspect diachronique et synchronique. On peut déplorer seulement que la critique africaine d'expression anglaise n'y apparaît pas, alors qu'elle est aussi abondante et de grande qualité que celle de langue française. Voir aussi Nouréimi Tidjani-Serpos, *Aspects de la critique africaine*, Paris, Silex/Haho, 1987 et Josias Semujanga, *La littérature africaine et ses discours critiques*, numéro spécial, *Études françaises*, vol. 37, n° 2, 2001.

Ainsi, les journaux et périodiques dans lesquels se fait la réception immédiate des œuvres africaines suivent la même ligne d'appréciation que le discours préfaciel qui vient d'être évoqué plus haut. Il s'agit davantage de la consécration de la race ou de l'écrivain plutôt que de l'analyse de l'œuvre pour en montrer les formes littéraires les plus caractéristiques. Entre autres périodiques, on peut noter *La Vie* (Paris, 1921), *L'Afrique française* (Paris, 1891) et la *Revue africaine artistique et littéraire* (Dakar, 1924). *La Vie* publie régulièrement un courrier littéraire appréciable en présentant, dans la rubrique intitulée «Vie des Colonies», la littérature coloniale par des articles, des comptes rendus et notes de lecture. Même si elle présente des pages de bibliographie et des notes de lecture, *L'Afrique française* est en réalité une revue de propagande dont le but est de susciter l'appui populaire à l'entreprise coloniale plutôt que de promouvoir la création littéraire en elle-même.

Parallèlement à la critique coloniale, une critique journalistique a vu le jour dans la communauté noire afro-antillaise installée à Paris. Durant les années 1930, la critique littéraire a été dominée par l'idéologie de libération du mouvement de la négritude. Les premiers essais d'auteurs africains apparaissent alors dans les revues fondées dans sa mouvance. À cause de la radicalité de ses thèses, la revue *Légitime défense* (1932)[45] inaugure officiellement le mouvement de la renaissance noire parmi les étudiants antillais et africains installés à Paris durant les années 1930. Sur le plan littéraire, la revue s'insurge contre la caducité des œuvres littéraires et revendique non seulement une littérature autonome de celle de la métropole, «mais un comportement social tout entier authentique[46]». Dans ses éditoriaux, la revue vise la réhabilitation à la fois de l'Homme noir et de sa littérature, car selon les auteurs, singeant les manières d'être des Blancs, l'écrivain colonisé transpose sa condition dans ses œuvres. À ce sujet, les essayistes de la revue proposent deux voies aux écrivains : «Pour prendre en charge le monde et ses problèmes, en une littérature qui chercherait à modifier l'existence et s'adresserait à ceux qui souffrent des mêmes passions, c'est la voie de l'efficacité ; ou bien s'approfondir

---

45. Sur l'histoire du mouvement de la négritude, ses rapports avec le mouvement de la négro-renaissance américain et les revues nées dans la mouvance de la négritude, voir le livre pionnier de Lylian Kesteloot, *Les écrivains noirs de langue française : naissance d'une littérature*, Bruxelles, Éditions de l'Université de Bruxelles, 1983.
46. Lylian Kesteloot, *ibid.*, p. 28.

soi-même, explorer son moi authentique riche des réserves troubles et dynamiques qui font son originalité, c'est la voie de la découverte du vieux fonds africain[47]. »

Les animateurs de la revue adoptent plusieurs principes du surréalisme pour des motifs littéraires et surtout son esprit révolutionnaire, pour « sa révolte permanente contre l'art, contre la morale, contre la société[48] ». Mais la revue cessa de paraître après le premier numéro. Son mérite fut d'avoir posé les jalons des canons propres aux productions culturelles de l'Afrique et de la Caraïbe. Son combat allait se poursuivre dans *L'Étudiant noir* qui paraît pour la première fois en 1934. Cette revue se propose de réunir les étudiants africains et antillais pour le même combat littéraire et politique contre la domination française et contre le racisme historique dont souffrait l'homme noir. La revue propose aux écrivains confrontés au problème de leur identité, de recourir à une technique d'écriture proche du réalisme socialiste et pose le refus de l'assimilation comme préalable à l'authenticité littéraire. En prenant une telle position prônant le dépassement du particularisme, la revue élabore une seule et même mystique pour la race noire et une poétique qui rejette l'imitation et appelle à la revalorisation du patrimoine culturel africain dont la connaissance fut alors facilitée par les travaux des anthropologues négrophiles[49]. La Deuxième Guerre mondiale sépare les membres de *L'Étudiant noir* et entraîne la disparition de la revue. Le combat allait se poursuivre ailleurs. En cela, le mouvement de la négritude a joué un rôle majeur dans la naissance de l'essai négro-africain autonome de la littérature coloniale dans la mesure où les revues ont proposé une réflexion sur la naissance et le devenir d'une littérature *noire*, même s'il s'agit plus d'éclairer l'arrière-plan culturel des textes que d'élaborer une vraie poétique.

---

47. *Ibid.*, p. 31.

48. *Ibid.*, p. 47.

49. Il s'agit principalement des travaux de Maurice Delafosse, *Les Noirs de l'Afrique*, Paris, Payot, 1922 et Leo Frobenius, *Histoire de la civilisation africaine*, Paris, Gallimard, 1936. Ces anthropologues et bien d'autres font état de la richesse des civilisations africaines précoloniales. Ils s'inscrivent dans un nouveau courant anthropologique du relativisme culturel et sapent les bases idéologiques sur lesquelles s'était fondée l'idéologie coloniale, c'est-à-dire l'idée selon laquelle l'Afrique était sans civilisation (le « continent noir » ou *dark continent*).

Certes, l'histoire littéraire montre que la négritude a été un grand mouvement dont la naissance et le rayonnement ont été facilités par les revues d'avant-garde littéraire et politique, cependant, mouvement corporatiste par principe, la négritude comportait en elle-même les germes de sa contradiction. En effet, fonder une poétique à partir du seul critère racial pour une littérature négro-africaine à l'échelle de la planète était un projet trop aléatoire pour être réalisable. Progressivement, la coupe régionale s'imposa et germa petit à petit l'idée d'une littérature africaine répondant aux besoins des élites du continent vibrant au rythme de l'idéologie panafricaniste en gestation depuis les années 1940 et une littérature de la Caraïbe faisant la promotion sociale des insulaires.

Ainsi, la revue *Présence africaine* assurera le relais après la Deuxième Guerre mondiale et le nationalisme nègre évolue progressivement vers le nationalisme africain[50]. Née en 1947, cette revue se situe dans le prolongement du mouvement de la négritude en tant que forum d'idées sur la révolution politique, sociale, culturelle et littéraire du monde noir en général et de l'Afrique en particulier. Au lendemain de la Deuxième Guerre mondiale, qui a interrompu la parution de la revue *Étudiant noir*, un groupe se reforme autour d'**Alioune Diop** et élabore le projet qui devait donner naissance à *Présence africaine*. Son titre est à lui seul un vaste programme. Il atteste la volonté de situer l'Afrique dans le concert des nations et des cultures et témoigne de la confiance des premiers collaborateurs en l'efficacité du dialogue. « Cette revue, disait Alioune Diop, ne se place sous l'obédience d'aucune idéologie philosophique ou politique. Elle veut avoir la collaboration de tous les hommes de bonne volonté (blancs, jaunes ou noirs), susceptibles de nous aider à définir l'originalité africaine et de hâter son insertion dans le monde[51]. » *Présence africaine* porte comme sous-titre : « Revue culturelle du monde noir ». Elle entend susciter une prise de conscience globale de la réalité du monde noir, quelle que soit la langue dans laquelle elle s'exprime. Au début, la revue accorde plus d'importance aux activités culturelles qu'à l'aspect politique. Elle publie des textes d'Africains et des essais portant

---

50. Sur le rôle de la revue *Présence africaine* dans la naissance de l'institution littéraire africaine, voir aussi Josias Semujanga, « Et *Présence africaine* inventa une littérature », *Présence africaine*, n° 156, 1997, p. 17-34.

51. Alioune Diop, « Niam n'goura ou les raisons d'être de *Présence africaine* », *Présence africaine*, n° 1, novembre-décembre 1947, p. 7-14 (p. 7).

sur les cultures et les civilisations négro-africaines dans le monde. C'est pourquoi son origine se situe dans le prolongement de l'élaboration du concept de négritude et de sa charge identitaire à cette époque. « L'idée (de créer la revue), précise Alioune Diop, remonte à 1942-1943. Nous étions à Paris un certain nombre d'étudiants d'Outre-mer qui, au sein des souffrances d'une Europe s'interrogeant sur son essence et sur l'authenticité de ses valeurs, nous nous sommes groupés pour étudier la situation et les caractères qui nous définissaient nous-mêmes[52]. » De 1947 à 1953, la revue a publié 16 numéros, parmi lesquels se trouvent quelques cahiers spéciaux sur l'art et la littérature « nègres ». Vers 1955, un changement s'opère sur l'objectif de la revue. Désormais, le consensus se dégage sur le fait que la promotion de l'art et de la littérature s'avère tributaire du projet de l'indépendance politique. À cette époque, en effet, la revue commence à paraître dans une série bilingue pour répondre aux sollicitations de tous les Africains, tant francophones qu'anglophones. Après la conférence de Bandoeng, la nécessité de l'indépendance politique s'affirme de plus en plus dans les essais de la revue. Et lors du premier Congrès des écrivains et artistes noirs de Paris, en 1956, se dégagent trois axiomes fondamentaux qui vont guider la politique éditoriale de la revue : (1) pas de peuple sans culture ; (2) pas de culture sans ancêtres et (3) pas de libération culturelle sans une libération politique préalable. De plus en plus le culturel et le politique s'imbriquent dans le même projet de créer une Afrique moderne. « La décolonisation, soulignait Alioune Diop, ce n'est pas seulement la fin des privilèges politiques et économiques ; ce n'est pas seulement l'abolition de l'arbitraire temporel, c'est aussi et fondamentalement la fin de la domination culturelle sans laquelle il ne peut y avoir d'humanité libre[53]. » Ce congrès a créé un organisme — la Société africaine de culture — chargé de traduire dans le concret ses décisions. Celle-ci recueille, sauvegarde et diffuse, notamment par la revue *Présence africaine*, le patrimoine culturel de l'Afrique. Son rôle est d'élever la culture négro-africaine à la pensée universelle et au respect mondial. La littérature africaine vue dans les essais de *Présence africaine* est à la fois un ensemble régional de corpus et un *faire-valoir* d'un discours identitaire qui le constitue. En cela, la

---

52. *Ibid.*, p. 91.
53. A. Diop, « Après le congrès », *Présence africaine*, nº 11, p. 5.

littérature africaine ne saurait se concevoir sans un corpus de textes africains, mais il n'y aurait pas non plus de textes littéraires africains sans l'intervention de la critique comme agent de la littérature et de la société africaine moderne à fonder.

Au cours des années, les essais de la critique littéraire africaine tendent vers la systématisation, en même temps qu'ils passent aux mains des spécialistes de la littérature convaincus de l'exigence théorique d'une méthode de lecture.

La critique afro-centriste

Ce courant se situe dans l'héritage de l'**abbé Grégoire** (1750-1831) qui, dans son essai, *De la littérature des Nègres* (1808), se situe dans le cadre des activités pour l'abolition de l'esclavage dont il était un partisan dévoué. L'abbé a longtemps peiné dans cet ouvrage colossal en voulant démontrer «l'humanité» des Noirs! Et partant, l'universalité de leurs valeurs culturelles. A-t-il été entendu par ceux qui sont ses destinataires? En tout cas, il a beaucoup influencé la critique africaine encore naissante dans les années 1930 et 1940. Nombre d'essais critiques sont constitués de résumés sur la vie et les ouvrages des «indigènes», et englobent des disciplines aussi variées que la philosophie, l'économie, les sciences, la littérature. Toutefois, chez les africanistes de cette époque, l'approche des œuvres est raciale, ce qui les écarte de la perspective de l'abbé Grégoire. Au lieu de l'universalité, ils cherchent dans les œuvres l'originalité, la différence, la spécificité nègre, le contenu africain. Ils sont influencés en cela par l'ethnologie classique qui est essentialiste dans ses fondements méthodologiques. Ils empruntent la voie de l'altérité. Ils ne tiennent pas compte de l'histoire et du dynamisme interne des sociétés. Les essais littéraires marquants de cette période sont sous-tendus par l'idéologie de la négritude qui fixe la spécificité raciale et culturelle comme paramètre de la critique. De fait, le discours critique afro-centriste[54] s'édifie selon une double stratégie. Elle démontre l'africanité des œuvres et réfute le discours colonialiste du déni des valeurs culturelles africaines. Celui-ci lui sert de contre-discours antagoniste avec lequel il entre en dialogue.

---

54. Sur la synthèse de ces courants critiques, voir Josias Semujanga, « Rhétorique de la critique littéraire africaine », *Tangence*, n° 51, 1996, p. 81-97.

Cette thèse de l'africanité, qui est une vision téléologique et essentialiste, et dont l'aspect pratique est la valorisation des cultures et civilisations du monde noir, est soutenue par de nombreux essayistes. Elle a donné lieu à des ouvrages si nombreux qu'on ne saurait les analyser de façon exhaustive. Représenté de façon magistrale par **Janheinz Jahn** (1918-1973) avec son essai, *Muntu : l'homme africain et la culture néo-africaine* (1958), ce courant utilise des méthodes variées allant de l'anthropologie à la philosophie en passant par la thématique et l'histoire, et prône l'originalité des textes africains. Vers la fin des années 1950, alors que la littérature africaine était encore à ses débuts, Jahn précisait déjà le *devoir-faire* du critique et le *devoir-être* d'une œuvre africaine : « La science littéraire doit découvrir en quoi consiste cette africanité [...]. Il faut chercher quels topoï, quelles idées et quelles caractéristiques de style ont ou n'ont pas leur origine dans les traditions et des civilisations strictement africaines [...][55]. » En magnifiant l'originalité africaine, l'auteur a ouvert la piste de la comparaison des œuvres africaines avec les récits de la tradition orale et il a fermé celle de la comparaison de ces œuvres avec les autres littératures. Il a même établi une nouvelle frontière entre la littérature orale et la littérature écrite : « Une littérature qui ne témoigne d'aucune influence européenne et qui n'est donc pas écrite n'appartient pas à la littérature néo-africaine mais à la littérature africaine traditionnelle. La frontière entre les deux est facile à tracer : c'est la frontière entre la littérature orale et la littérature écrite[56]. » De plus, sa méthode critique, qui est un mélange d'ethnologie, de philosophie et d'histoire, est un outil peu efficace dans l'analyse des textes littéraires. Enfin, constitué essentiellement de textes poétiques, son corpus permet difficilement d'extrapoler les résultats à d'autres genres littéraires comme le roman. Mohamadou Kane, dans son essai, *Roman africain et tradition* (1982), poursuit l'héritage de Jahn, tout en ouvrant une piste qui sera suivie par de nombreux critiques. Kane insiste sur une plus grande attention aux rapports, aux liens de continuité des littératures orales et écrites pour mieux comprendre les problèmes du roman africain.

Des essais de la critique afro-centriste, tirons quatre observations. D'abord, l'expérience de lecture des romans africains permet d'affirmer

---

55. Janheinz Jahn avec son ouvrage, *Muntu : l'homme africain et la culture néo-africaine*, Paris, [1958], 1975, p. 17-18.
56. *Ibid.*, p. 16.

que de tels essais ne sont pas nécessairement fondés sur l'analyse des œuvres, mais sur ce que *doit être* idéalement un roman africain. L'africanité ainsi dégagée par le critique est souvent davantage le produit de son propre discours que celui de l'analyse du texte. Le rêve du roman africain *pur* s'inscrit dans cette vision essentialiste de la littérature africaine. En insistant sur les seules références aux récits de la littérature orale et en minimisant celles du roman européen, Kane, Jahn et bien d'autres, définissent les règles qui permettent de définir un *bon* ou un *mauvais* roman africain. En second lieu, ces essayistes veulent voir tous les romans produits en Afrique — et Dieu sait s'ils sont très nombreux — en un seul schéma, avec ses motifs et ses *topoï* constants, qu'il suffirait de projeter sur chaque œuvre pour vérifier et toujours confirmer son africanité, même si, comme le disait si bien Roland Barthes à propos des formalistes, « le texte y perd sa différence ». Ce mythe essentialiste de l'originalité africaine, repris par la critique littéraire, accrédite une vision manichéenne qui voudrait que le roman de type européen dégrade les modèles traditionnels de la culture africaine. Ceux-ci seraient donc restés à l'abri de la *contamination* et pourraient ainsi régénérer l'art romanesque africain, comme le montre Bernard Mouralis, dans son livre *L'Afrique et la folie*, dans lequel l'auteur a fait une mise au point qui situe bien le propos :

> Parallèlement, la découverte, au début du xxᵉ siècle, des arts non européens — notamment arts africains et océaniens — qui ne relevaient pas jusqu'alors du champ de l'histoire de l'art allait élargir la réflexion développée à partir de la prise en compte des « primitifs » européens. On appréciait ainsi le vitalisme, voire la barbarie, de ces œuvres exotiques que l'on opposait volontiers à l'asthénie et à l'esprit de décadence qui paraissaient caractériser alors la production occidentale. [...] Les cubistes trouvaient d'abord dans l'Art nègre des formes qui les intéressaient parce qu'elles représentaient pour eux des solutions à un grand nombre de problèmes techniques qu'ils se posaient[57].

Sans entrer dans la complexité du discours anthropologique de l'élection du sauvage et ses multiples implications, retenons que l'exaltation et la volte-face des anthropologues réapparaissent presque trait par trait à la fin des années 1950, comme en témoigne Janheinz Jahn. De fait, dès le début du xxᵉ siècle, le mythe du *bon sauvage* du xviiiᵉ siècle, qui s'était

---

57. Bernard Mouralis, *L'Afrique et la folie*, Paris, Présence africaine, 1993, p. 70.

transformé en mythe du *barbare* à civiliser au XIXᵉ siècle, est remis à l'honneur avec les travaux des anthropologues négrophiles, notamment Frobenius et Delafosse. Mais alors qu'au XIXᵉ siècle, l'Africain était le *sauvage* à civiliser, au début du XXᵉ siècle, il devient l'homme des origines au contact duquel l'Europe est appelée à se régénérer, du moins en critique littéraire et artistique. Ici et là, on retrouve ce même slogan d'un art au plus haut degré de la *pureté* originelle. Une nouvelle téléologie travaille le propos des essayistes : le renouveau artistique passe par la rencontre et la reconnaissance de l'originalité africaine. Et l'africanité, sans que l'on sache exactement ce que signifie ce terme, acquiert la fraîcheur d'une virginité rétinienne. Exalter l'africanité, c'est la poser comme une contre-valeur exemplaire aux productions culturelles européennes. Il existerait un fossé qui sépare le royaume du salut — l'originalité africaine — du royaume du mal — la dégénérescence de l'art européen —, entre lesquels il ne peut y avoir d'autre choix que l'adhésion ou la répudiation. Ces essayistes ont non seulement choisi l'Afrique, ses littératures et ses cultures, mais surtout le bon côté de son histoire, de son écriture et de son art. C'est ce phénomène que **Frantz Fanon** (1925-1961) appelle, dans *Peau noire, masques blancs* (1952), un manichéisme délirant qui consiste à inverser simplement les égalités « Blanc-bon », « Noir-mauvais » du mythe du *barbare* à civiliser des anthropologues du XIXᵉ siècle.

Les épigones des auteurs des essais afro-centristes, qui s'emploient à chercher dans les œuvres littéraires les caractéristiques de négritude, de l'africanité et les particularités stylistiques et thématiques opposées aux *topoï* de la littérature occidentale, sont très nombreux. Et beaucoup d'entre eux mettent l'accent sur la réalité nègre, l'arrière-plan sociologique de l'œuvre et l'étude de la psychologie de l'écrivain. **Robert Cornevin** (1919-1988), dans son *Introduction à la littérature d'Afrique noire de langue française* (1976), propose une approche qui serait axée sur l'évocation de la personnalité de l'écrivain, témoin privilégié de son temps. Il postule au départ que tout texte produit par l'homme noir fait d'office partie de la littérature africaine. Une telle approche ne cible pas la valeur réelle des œuvres littéraires, leur originalité effective. Elle correspond à l'époque où les Africains voulaient affirmer leur présence dans le concert des nations par le biais d'une institution littéraire qu'ils entendaient fonder. Par son propos ethnocentriste, **Thomas Melone**, dans *De la négritude* *dans la littérature négro-africaine* (1962), va plus loin dans cette mystification identitaire de la littérature. Il s'inspire ici des théories de Tempels[58] sur la philosophie africaine sans les critiquer, notamment le vitalisme des forces. Il existe, d'après lui, une complicité de fait entre le triptyque écrivains-personnages littéraires-critiques africains, car ils jouissent des mêmes expériences sociales, métaphysiques et ancestrales. Ainsi, le critique du fait qu'il est issu du même terroir que les écrivains africains détiendrait *naturellement* les clefs des œuvres littéraires africaines. **Nouréimi Tidjani-Serpos**, dans son essai *Aspects de la critique africaine*, fait observer le danger de cette ghettoïsation de la critique littéraire africaine : « En effet puisqu'il faut avoir vécu sous le signe des mêmes ancêtres pour être un bon critique, il est évident que nous aboutissons rapidement au micro-nationalisme, mieux à une critique ethno-régionaliste, consacrant les micro-nationalismes politiques[59]. » Le rôle de l'écrivain paraît être de mettre en forme les éléments culturels de son peuple, comme s'il était pure extériorité. Une telle approche ressemble beaucoup plus à une liberté surveillée qu'à une liberté créatrice, car même les simples variations que Melone permet à l'écrivain proviendraient en fait du désir du peuple collectivement considéré et non par le pouvoir créateur de l'artiste individuel. Ce qui suppose que les peuples africains ne connaissent pas de contradictions sociales inhérentes à l'histoire. Ni castes, ni oligarchies, ni dynasties, ni classes sociales, ni violences, ni historicité donc. Hegel ne dirait pas plus, qui considérait que l'Afrique ignorait la dialectique de l'histoire. Les essais de la critique littéraire afro-centriste cherchent donc à démontrer l'existence de la continuité des formes de la littérature orale aux œuvres littéraires modernes et à examiner les survivances de la tradition dans la modernité. En définitive, comme l'art d'écrire découle de l'art de lire, l'œuvre de l'écrivain africain résulte, pour une bonne part, d'un mégatexte transgressant les frontières des genres et des œuvres littéraires ou autres que l'auteur connaît, car les écrivains africains ne lisent pas que les contes de Mamadou et Bineta[60].

---

58. Placide Tempels, *La philosophie bantoue*, Paris, Présence africaine, 1949.

59. Nouréimi Tidjani-Serpos, *Aspects de la critique africaine*, Paris, Nouvelles du Sud, 1987, p. 21.

60. Mamadou et Bineta est le titre générique de manuels scolaires de français à l'école primaire coloniale en Afrique française : Afrique-Occidentale française (A-OF) et Afrique-Équatoriale française (A-ÉF).

La critique euro-centriste

Certains essais de la littérature africaine s'intéressent à l'origine de la littérature africaine et posent les questions relatives aux sources, influences et courants littéraires ayant marqué les écrivains. Ils font plutôt partie de l'histoire immédiate. Il s'agit d'une méthode qui emprunte la perspective historique avec une critique externe qui privilégie le contenu explicite de l'œuvre et son incidence sur le plan social, politique, économique, au détriment des caractéristiques formelles. Cette voie a été frayée par **Lilyan Kesteloot** qui, dans son essai *Les écrivains noirs de langue française: naissance d'une littérature*, a adopté une démarche sociohistorique et a donné le ton à une série de travaux sur ce que la critique appelle la naissance du mouvement littéraire africain contemporain. Kesteloot soutient qu'il existe une « école littéraire », constituée par les Antillais et les Africains autour des années 1930. Elle fonde dans l'unicité raciale et linguistique l'existence de cette littérature à la fois différente de la littérature française et de la littérature africaine traditionnelle. Elle étaye son argumentation par des données de l'ethnopsychologie. Elle fait de l'engagement le critère de la valeur littéraire. Sur la même lancée, on peut signaler les essais de **Claude Wauthier** (né en 1923), *L'Afrique des Africains. Inventaire de la Négritude* et d'**Édouart Eliet**, *Panorama de la littérature négro-africaine* (1965). Le critère commun demeure la négritude et les conditions sociohistoriques de l'époque coloniale ainsi que le regard européo-centré sur l'altérité africaine littéraire. Tout en s'inscrivant dans l'approche d'histoire immédiate, les autres essais cherchent d'autres critères d'interprétation que ceux de la négritude qui se sont déjà avérés inopérants. **Jacques Chevrier** (né en 1947), dans *Littérature nègre* (1974), base sa typologie sur la chronologie en posant l'hypothèse de la réaction des écrivains à la situation politique, économique et sociale de leur peuple. Ce seul critère donne lieu à des classifications et à des périodisations. De son côté, dans son ouvrage *Littératures d'Afrique noire*, Robert Cornevin privilégie l'étude du milieu dans lequel s'exprime l'écrivain. Ce dernier est le témoin de son temps. Mais les études de Cornevin ne dépassent pas le caractère documentaire. Et de façon globale, en réalité, tous ces essais demeurent dans le sillage de la négritude, quoi qu'en disent les auteurs. En enquêtant sur l'altérité africaine dans les textes, ces essais manquent leur objectif: les formes littéraires des œuvres. Les constantes méthodologiques sont la classification et la périodisation sur le plan diachronique et l'analyse des *spécificités* africaines dans les thèmes et le style. L'analyse littéraire est souvent subordonnée à une vision idéologique qui la prend en charge. La quête de la différence axée sur le thème de l'engagement privilégie le thème du réalisme anecdotique faisant des œuvres de purs documents sociologiques ou anthropologiques. L'œuvre littéraire est envisagée comme une simple réplique de la réalité sans médiation de l'imaginaire de l'écrivain, de sorte que l'approche dominante est justement l'étude biographique faisant de l'auteur un simple témoin des événements.

Aussi, dans beaucoup d'essais, les auteurs établissent-ils des corrélations artificielles entre les œuvres et les réalités qui tiennent plus de l'anecdote que de l'analyse rigoureuse. Comme on le voit, ce courant euro-centriste, consistant à montrer que les écrivains africains, surtout les romanciers, utilisent le modèle réaliste sans réellement produire de chefs-d'œuvres littéraires, leur *altérité* posée comme fondamentale, les conduirait naturellement à écrire *différemment*. On voit que ce courant poursuit, *a contrario*, la thèse de l'africanité littéraire des œuvres élaborées par les essais afro-centristes, puisque le roman africain, par exemple, n'est *original* et *différent* que par rapport au canon occidental du roman. Dans la mesure où les deux courants tendent à réduire la liberté créatrice d'un auteur, effacer son originalité pour l'enfermer dans une africanité dont les formes sont répertoriées et fixées à l'avance, ces essais instaurent une contrainte, non seulement pour les romanciers, mais aussi pour toute critique soucieuse de situer les œuvres africaines dans le contexte culturel du xxe siècle. Ainsi, malgré les apparences, les deux tendances fonctionnent de la même façon. Elles ont, en effet, la même prétention classique des anthropologues du xixe siècle : la littérature occidentale reste le modèle de la littérature africaine. Elles disent aujourd'hui toujours la même chose, car si la critique afro-centriste se contente de renverser les prémisses de la thèse euro-centriste, celle-ci poursuit allègrement la ligne tracée depuis le xixe siècle. En répondant au présupposé des essais euro-centristes, les essais afro-centristes affirment, par exemple, que la littérature est *originale* parce qu'elle emprunte certains de ses motifs aux récits de la littérature orale. Même si tel était le cas, en quoi le fait de se référer à la parole artistique de la tradition orale constitue-t-il un effet valorisant de l'écriture littéraire ? Dès lors que ces essayistes établissent des critères africains ou européens de la littérature, aussi parfaits par leur originalité que par leur beauté, mais sans tenir compte des œuvres, ils dénient aux écrivains le droit d'écrire librement. Ce faisant, ils refusent l'héritage culturel complexe de l'écrivain africain alors que le thème de la différence — ici l'africanité et l'européanité — est, par excellence, un thème girouette. Celui-ci ne recèle, en effet, aucune vérité en lui-même en littérature puisqu'il tourne au gré des idéologies et témoigne de l'ambivalence de certaines valeurs susceptibles d'être invoquées à partir d'attitudes souvent opposées. De plus, ces essais proclament définitives des formes qui changent régulièrement et courtisent le pire aspect de l'africanité différentielle et de l'européanité niveleuse. Ces deux orientations enterrent tout autant la façon de penser l'histoire des formes littéraires en Afrique que les recherches esthétiques de l'art d'*écriture*. L'écriture littéraire n'est-elle pas un processus de transformation continuelle des formes existantes? Telle est l'interrogation que l'on trouve dans le courant scientifique de la critique africaine.

Le courant scientifique

Face à cette conception afro-centriste et euro-centriste, les essais de la critique scientifique visent davantage à montrer comment s'organise le *sens* d'un texte qu'à transmettre les valeurs littéraires d'une culture nationale ou à procéder à la défense et illustration d'une quelconque tradition littéraire africaine ou autre. C'est-à-dire que le transfert de normes littéraires et la formation de conventions littéraires nationales n'est plus le but poursuivi, car valeurs, normes et traditions nationales sont devenues elles-mêmes objet de recherche, donc mises à distance, analysées et interprétées plutôt que transmises. Ainsi, contrairement à la critique traditionnelle qui s'emploie à juger de la «vraie valeur» et à dévoiler la «vérité objective» des œuvres littéraires, les essayistes de la critique scientifique privilégient le texte qu'il faut analyser, décrire, explorer en tous sens sans prétendre décider de leur valeur. Les essais vont donc avoir recours aux grilles d'interprétation empruntées aux sciences humaines, comme la psychanalyse, la linguistique, la sociologie et la narratologie ou la sémiotique.

Ainsi, **Iyay Kimoni** (né en 1938), dans *Destin de la littérature negro-africaine ou problématique d'une culture* (1975), développe une approche culturaliste et éclectique recourant aussi bien à l'anthropologie qu'à l'histoire. **Jingiri J. Achiriga**, dans *La révolte des romanciers noirs de langue française* (1973), fait une lecture de type référentiel, usant de certaines catégories critiques de la sociologie. Mais les œuvres qui n'offrent aucune garantie de lisibilité sont écartées, alors que les textes peu littéraires sont intégrés au corpus. En sociologie de la littérature, **Sunday O. Anozié** (né en 1942), dans *Sociologie du roman africain* (1970), va plus loin que les autres auteurs en utilisant plus ou moins les mêmes concepts. Cette étude est une tentative d'application systématique des concepts sociologiques à la littérature africaine. De son côté, **M.a.Ngal** (né en 1933), dans *Tendances actuelles de la littérature africaine d'expression française* (1973), va dans le même sens; de même que **Bernard Mouralis** (né en 1941), dans *Individu et collectivité dans le roman négro-africain d'expression française* (1969), adopte une méthode thématique pour montrer le rapport entre l'individu et la société dans les œuvres africaines.

Par ailleurs, certains essais utilisent des méthodes textuelles et linguistiques, provoquant ainsi une coupure par rapport aux méthodes traditionnelles. Désormais, les critiques s'intéressent davantage aux formes plutôt qu'aux contenus des œuvres. Mais l'adhésion des essayistes africains aux méthodes du texte est prudente, sélective et éclectique. Les essais qui s'inscrivent dans cette veine deviennent de plus en plus nombreux à partir de la fin des années 1970. Dans son livre *Césaire entre deux cultures, problèmes théoriques de la littérature négro-africaine d'aujourd'hui* (1978), **Bernard Zadi Zaourou** (né en 1938) se propose de cerner les particularités stylistiques de la poésie africaine par lesquelles s'expriment les valeurs de la négritude. De son côté, **Jean-Pierre Makouta-M'Boukou** (né en 1929), dans *Introduction à l'étude du roman négro-africain de langue française* (1980), opte pour l'explication linguistique des textes. Et **Makhily Gassama**, dans *Kuma, Interrogation sur la littérature nègre de langue française* (1978), choisit également une analyse des aspects linguistiques des textes. Son champ d'application est beaucoup plus étendu que celui des deux premiers, car il analyse aussi bien la poésie que le roman et complète son étude par des morceaux choisis.

Les dernières décennies ont vu le phénomène s'accentuer, et de nombreux essais s'inscrivent dans ce courant de la recherche des méthodes textuelles. **Amadou Koné** (né en 1953), dans *Du texte oral au roman moderne* (1993), en s'inscrivant dans la perspective de Mikhaïl Bakhtine, de Lucien Goldmann et de György Lukács, montre dans quelles circonstances historiques le roman est né en Afrique et analyse les textes de façon rigoureuse. Sa méthode demeure un exemple intéressant pour la critique scientifique du roman africain. Sur la même lancée, **Pius Ngandu-Nkashama** (né en 1946), dans *Comprendre la littérature africaine écrite* (1979), avait déjà posé les critères d'analyse des œuvres africaines ; de même que **Séwanou Dabla** (né en 1956) dans *Nouvelles écritures africaines* (1986), essai qui analyse l'évolution du roman africain à travers les formes de narration empruntées par les auteurs. De son côté, **Papa Samba Diop** (né en 1949), dans *Archéologie littéraire du roman sénégalais* (1994), utilisant une méthode éclectique allant de l'anthropologie culturelle à la sociolinguistique, pose les bases d'une analyse rigoureuse de textes africains à partir des catégories de la sociocritique littéraire. **Josias Semujanga**, dans *Dynamique des genres dans le roman africain* (1999), pose les conditions d'une poétique transculturelle du roman africain à partir d'une analyse d'une quinzaine de romans dont le corpus est représentatif des grands courants. Tous ces essais, pour ne citer que ceux-là, ont montré l'intérêt d'étudier les textes africains avec des méthodes d'analyse textuelle. Ils interprètent les œuvres africaines avec des catégories utilisées en littérature en général sans poser, comme le font les essais de la critique afro-centriste, par exemple, la question de l'altérité du texte africain.

Et plus récemment, des essais dans le domaine de la sociologie de la littérature se multiplient. Citons, par exemple, un numéro spécial de la revue *Études littéraires* sous la direction de **Fernando Lambert**, *L'institution littéraire en Afrique subsaharienne francophone*, qui pose les jalons d'une réflexion sur les fondements d'une institution littéraire en Afrique, Pius Ngandu-Nkashama qui, dans *Les années littéraires en Afrique* (1993), souligne le rôle joué par les revues installées dans les colonies pour la diffusion de la littérature africaine naissante. Et **Romuald-Blaise Fonkoua** et **Pierre Halen**, dans *Les champs littéraires africains* (2001), appliquent la théorie des champs littéraires de Pierre Bourdieu au cas de l'Afrique, et posent des questions relatives à sa naissance et son évolution. L'originalité de ce travail réside dans la volonté d'aborder le phénomène littéraire africain du point de vue de la sociologie de la littérature sans relents coloniaux, posant cette littérature comme différente par essence d'autres institutions littéraires. La même démarche sociologique et historique est utilisée par **Hans-Jürgen Lüsebrink,** dans *La conquête de l'espace public colonial. Prise de parole et formes de participation d'écrivains et d'intellectuels africains dans la presse à l'époque coloniale (1900-1960)* (2003), où l'auteur montre comment l'espace littéraire s'est constitué en Afrique même alors que beaucoup d'autres essais ont insisté davantage sur les influences extérieures.

De ce panorama des essais de la critique littéraire africaine, nous pouvons retenir quelques éléments importants.

Tout d'abord, toute institution littéraire pour être autonome et reconnue doit être constituée par le discours critique qui trie les textes et procède à leur légitimation. Si l'institution littéraire africaine existe aujourd'hui, elle l'est grâce à ce pouvoir instituant des essais critiques qui, par ailleurs, sont assez hétérogènes par les diverses approches proposées et les visions idéologiques divergentes des uns et des autres, comme en témoigne le débat sur l'appellation même de ce corpus de littérature africaine. En effet, les querelles terminologiques sur la littérature « noire », « nègre », « négro-africaine », « africaine », « francophone » ou « postcoloniale » montrent que si le domaine est complexe et les enjeux idéologiques justifiant telle ou telle appellation manifestes, au moins la critique s'entend sur le corpus à analyser. Car il n'y aurait pas non plus de textes littéraires appelés « africains » sans l'intervention de la critique comme agent de la littérature et de la société africaine moderne à fonder. Cette variété terminologique prouve tout simplement le problème commun à toutes les littératures. Est-ce la langue et la nation qui constituent la littérature selon le postulat romantique ou d'autres aspects ?

Ensuite, l'évolution de la critique africaine montre que la rhétorique de la négritude a longtemps dominé la façon d'aborder les textes et l'institution littéraires. Cette rhétorique est explicitée notamment par de nombreux essais, qui soulignent sa liaison organique avec la parole traditionnelle de l'oralité. Car ce discours critique est essentiellement idéologique, nourri de panafricanisme militant et de marxisme. Durant ses heures de gloire, l'idéologie de la négritude ordonnait à chaque critique de s'écarter de l'orthodoxie afro-centriste. Il fallait apprécier les œuvres africaines selon les normes propres au continent et selon les impératifs de la lutte de libération et de l'unité, et encourager les créateurs africains dans leur « mission » de refléter les préoccupations du public africain.

D'où l'orientation sociohistorique à la fois de l'écriture et de la réception des œuvres africaines qui a longtemps dominé dans l'analyse des œuvres.

Cependant, le postulat de l'unité littéraire africaine s'est trouvé contesté vers le milieu des années 1980, quand s'est développée une problématique sur la question des littératures nationales. Cette idée de littérature nationale avait une visée propagandiste pour les États africains francophones qui voulaient consolider le sentiment de l'identité nationale dans des États aux frontières souvent culturellement arbitraires. Et si les systèmes d'enseignement africains dans certains pays ont eu tendance à mettre à leurs programmes l'étude des auteurs nationaux, de nombreuses mises en garde se sont fait entendre pour dénoncer le danger de balkanisation de la littérature africaine, car la plupart des essais de la critique littéraire présentent la littérature africaine comme une globalité et des grilles d'analyse visent également toutes les productions littéraires du continent. Si l'approche afro-centriste domine longtemps la critique jusqu'au milieu des années 1970, elle se veut unanimiste et globale.

Enfin, l'évolution majeure est venue de la multiplication des essais basés sur des travaux universitaires appliquant aux textes africains les méthodes de la critique moderne qui s'est imposée au milieu des années 1970; d'où la floraison d'essais et d'analyses thématique, narratologique ou sémiotique. Et le premier mérite de cette nouvelle inflexion critique a été de sortir l'étude des littératures africaines de l'ornière du sociologisme pour la ramener à une appréciation plus directement littéraire. Mais, en même temps, elle a ressuscité une méfiance surannée de savoir si des méthodes de lecture élaborées pour des textes occidentaux peuvent valablement rendre compte de la *spécificité* des textes africains. Toutes proportions gardées, les tendances critiques les plus récentes semblent privilégier cette direction de s'interroger sur les spécificités de la littérature africaine par l'analyse des textes et du phénomène institutionnel en adaptant les outils méthodologiques déjà en cours en Occident et ce, d'autant que la plupart des essais sont écrits par des professeurs et chercheurs établis en Europe ou en Amérique ou par des Africains eux-mêmes formés suivant ces méthodes. En tout cas, la question de l'altérité littéraire africaine, si elle persiste dans certains essais, elle est mise à distance, interrogée et discutée. Elle ne va plus de soi comme à la belle époque de l'unanimisme des penseurs de la négritude. De tous ces discours critiques

se dégage une ligne conductrice : la volonté de réévaluer les postulats
de l'Histoire littéraire par la contestation, notamment, de la vision euro-
centriste de l'Histoire, vision dont les relents évolutionnistes demeurent
présents. Contestation également de la thèse inverse représentée par la
vision afro-centriste des œuvres. Et si la nécessité d'écrire l'histoire de
la critique littéraire africaine se fait de plus en plus sentir, il faut dire
qu'elle sera plurielle comme les textes qu'elle prend pour objet sont
polyphoniques.

ANNEXE

58. — Ha ! Simbo, et les enfants qui ont eu la jambe cassée ? — N'en fais pas un drame, maman ; viens cueillir tes feuilles de baobab, car, après la fin des temps et des mondes, on m'appellera Sembay Karibaga Djata Konâté Alimakambala, "Djata Konâté, l'indomptable lion casseur de grosses jambes". — Ah ! N'Fa [10], que dire donc de ces enfants qui ont eu les yeux crevés ? — Viens, Maman, l'esprit en paix, cueillir tes feuilles de baobab, car, après la fin des temps et des mondes, on m'appellera Niabay Tébaga Djata Konâté Alimakambala, "Djata Konâté, l'indomptable lion perceur de grands yeux". — Ah ! N'Fa, que dire des enfants qui ont eu la tête brisée ? — Ne fais point de ce petit incident un drame ; viens cueillir tes feuilles de baobab, car, après la fin des temps et des mondes, on m'appellera Koumbay Tébaga Djata Konâté Alimakambala, "Djata Konâté, l'indomptable lion briseur de grosses têtes". Enlever le village à son chef, œuvre de Simbo ; enlever l'héritage aux ayants-droits, œuvre de Simbo. »

59. Après toutes ces péripéties, Sondjata se rendit auprès de son père et lui dit : « Mon père, j'ai marché ! — Tu as marché ! Que cela me fait plaisir ! Cet acte que tu viens d'accomplir, je l'ai souhaité et vécu en pensée avec toutes mes forces. Mais comme personne ne peut aller au-delà du temps qui lui est imparti... »

60. Les jours passèrent : le fils aîné de Tassouma Bérété, dénommé Massa Dankaran Toumani, vint à prendre un chiot et l'éleva. Magan Soundjata prit aussi un chiot et l'éleva. Le chien du fils de la femme Bérété était donc plus âgé que celui de Magan Soundjata. Un jour, le gros chien de Massa Dankaran Toumani et le petit chien de Magan Soundjata vinrent à se battre. Le petit chien de Magan Soundjata saisit le très gros chien de Massa Dankaran Toumani, le souleva, le terrassa avec brutalité, puis lacéra toutes les parties de son corps.

61. Tassouma Bérété examina la situation : « Ah ! Massa Dankaran Toumani, de même que le petit chien de ton demi-frère cadet a lacéré le corps de ton gros chien, de même Magan Soundjata finira par vous déchirer, toi et tes frères utérins, ici même au Manden. J'ai des craintes ! » Lorsqu'il eut la certitude que Tassouma Bérété poussait ses enfants contre Magan Soundjata, Fara-Koro Makan Kègni examina la situation : « Ha ! mon fils, tu dois partir, abandonner le Manden pendant dix-sept ans. Si pendant ces dix-sept ans tu n'abandonnais pas le Manden, les gens de ce pays s'opposeraient sans relâche à l'accomplissement du destin qui est le tien, et tu n'atteindrais point le devant de la scène politique. Va donc loin d'ici, abandonne le Manden, fuis les tourments ; car je vais quitter ce monde, mon délai étant arrivé à expiration [11]. »

(10) *N'Fa.* « mon père » : prénom affectif que les mères donnent souvent à leur fils préféré.
(11) *Walima : tinyè. kèè.*

58. — *Haa, a ko Sinbo, a ko minunw seen karilen do! — A ko o ka na k'i ma baasi ri sa, ma; n'i ka sira bulu kari: lon banni dyamana banni kò, a bè na fò ne ma ko Ne-seen-bay-karibaga-Dyata-Kònaatè-alimakanbala. — Aa, a ko n'fa, a ko minunw nya telen, do? — A ko ma, na i ka sira bulu kari sa, lon banni dyamana banni kò, a bè na fò ne ma ko Nenya-bay-tebaga-Dyata-Kònaatè-alimakanbala. — Aa, a ko n'fa, a ko minunw kuun tele do! — Aa, a k'o ka na k'i ma baasi ri sa, n'i ka sira bulu kari: lon banni dyamana banni kò, a bè na fò ne ma ko Ne-kun-bay-tebaga-Dyata-Kònaatè-alimakanbala. Dugu mina dugu tigi la, Sinbo bolo ko; kinyè* [11] *mina kinyè-tigi la, Sinbo bolo ko.* »

59. *Tuma min na n' o nana ka na kè, Sinbo, a nan' a yira a fa la; a ko n'fa, a ko ne taamana.* « *Faa ko a k' i taamana! A ko a diyara n'ye. I ye baara min kè sisan, a ko n' hakili bè fèn min ma, a k'o ye nin di; a ko mòkò daan ye i ka waati ri.* »

60. *Tuma min na n'o nana ka na kè, Tasuma Berete den wo, n'o ye Masa Dankaran Tumani di, o nana wuluden ni ta, k'o bila. Magan Sondyata fana nana wuluden nin ta, ka n'o bila. Nga Berete muso den, ale de ka wulu ka kòrò ka tanbe Magan Sondyata ta kan. Masa Dankaran Toumani ka wulu-kè bele-bele, ani Magan Sondyata ka wuluden nin nana ka na kèlè; Magan Sondyata ka wuluden nin nana Masa Dankaran Tumani ka wulu-kè bele-bele ni la i kun, k' a bunta* [12] *dugu kan, k' a kin, k' a yòrò kuuru* [13] *bè ròfara, k' a bè bila nyògòn ma.*

61. *Tasuma Berete nana ka na o mafilè:* « *Haa, a ko Masa Dankaran Tuman, a k' ee dògòkè nin ni, haa, nin ya wuluden nin nòò ee ya wulukè ba nin ròfara tyoko min nò nin ni, a yèrè bè na laban ka na ay yèrè ròfara Manden yan tan. A ko ne silanna dè! Tuma min na a nana ye Tasuma Berete ye kan k'a dennu kònòròsu Magan Sondyata ka ko la, Fara-Kòrò Maan Kènyi nana ka na a rògwè. — Haa, a ko n' den, a ko i bè na taa; i ka Manden bila, san tan-ani-wolonwula. San tan-niwolonwula o la, n'i ma Manden bila, mògò danni ko dò kama, hadamadennu b' a tinya, i tè nyè sòrò nya woo nya ma. I bè taa, i ka Manden bila, i ka nyani mabori; n' o tè, ne bè na dinya to; n' ka sarati fana dafara.* »

Youssou Tata Cissé et Wâ Kamissoko, *La grande geste du Mali*,
Paris, Karthala, 1988, p. 106-107.

(12) *Walima*: bunle.
(13) *Kuuru*: pour *kururu*.

La Caraïbe

Joubert Satyre

On ne saurait saisir les enjeux des littératures de la Caraïbe francophone sans tenir compte des faits historiques fondateurs qui ont marqué l'imaginaire social, culturel et politique de cette région, à savoir la découverte de 1492 par Christophe Colomb, l'esclavage et la colonisation[1]. Ces événements font de son histoire une des plus violentes du monde, car ils ont entraîné, d'une part, le génocide des Amérindiens, qui y vivaient avant l'arrivée des Européens, et de l'autre, la déportation de millions d'Africains arrachés de force à leur terre natale et vendus comme des biens meubles. Pour que l'Europe fût, il lui a fallu nier l'appartenance à l'humanité de ces millions d'hommes et de femmes qu'elle réduisait à l'état d'esclaves. L'entrée de l'Europe dans la modernité a donc eu comme conséquence la réification d'une bonne partie de l'humanité. Mais l'histoire de la Caraïbe n'est pas seulement celle de la découverte, de l'esclavage et de la colonisation. Elle est également une histoire de rébellion et de

---

1. Il n'est pas facile de trouver ici une désignation vraiment adéquate. Le terme « Antilles » étant le plus souvent interprété comme se rapportant aux Petites Antilles seulement, et non pas aux Grandes Antilles, il est ambigu et exclut souvent Haïti. La désignation « littérature de la Caraïbe » pourrait alors paraître préférable, mais il faudrait préciser qu'il ne s'agit que de la Caraïbe francophone, excluant les îles anglophones et hispanophones. Le terme « caribéen » ne paraît alors pas plus adéquat. Vu les différences entre l'histoire littéraire haïtienne et celle de la Martinique et de la Guadeloupe, nous avons décidé d'étudier ces littératures séparément ; d'un côté, la littérature haïtienne, de l'autre, la littérature antillaise (Guyane, Martinique et Guadeloupe). C'est d'ailleurs de cette manière que procèdent la plupart des ouvrages qui traitent de ces littératures. Cependant, nous employons quelquefois l'adjectif « antillais » dans un sens plus général et, dans ce cas, il englobe Haïti, la Martinique et la Guadeloupe. Rappelons que si Haïti a conquis son indépendance en 1804, la Martinique, la Guadeloupe et la Guyane sont des Départements d'outre-mer français (DOM).

résistance. Haïti, où la négritude se mit debout pour la première fois, selon le mot de Césaire, vit la seule révolte d'esclaves couronnée de succès. La Guadeloupe et, dans une moindre mesure, la Martinique ont tenté de suivre l'exemple haïtien, mais avec moins de bonheur. Cependant, en dépit de sa force symbolique et sa portée universelle, l'indépendance d'Haïti ne finit pas de se faire. À ce demi-échec haïtien, il faut peut-être ajouter la quasi-impossibilité de toute forme d'indépendance pour des départements français d'outre-mer que sont la Guyane, la Martinique et la Guadeloupe, du moins dans un proche avenir. C'est pourquoi les vieilles structures coloniales sont encore en place, d'une certaine manière, dans ces sociétés dont la littérature, par sa force démystificatrice, est une inlassable dénonciation. Qu'il s'agisse du roman, de la poésie, du théâtre ou de l'essai, la littérature caribéenne est ancrée dans le réel bien particulier de la Caraïbe. Cela ne veut pas dire que l'écrivain de la Caraïbe n'a pas de vocation universaliste, mais pour lui, il ne peut atteindre cet universel, somme toute abstrait, qu'en passant par le particulier.

LE ROMAN

Jusqu'à la fin du xixe siècle, la poésie reste le genre dominant, malgré les nombreux essais qui ont été publiés au cours de la deuxième moitié du siècle, une production théâtrale assez remarquable, ainsi que la parution de quelques textes romanesques. Le roman est, de ce fait, le dernier genre à faire son apparition dans l'histoire littéraire haïtienne. Très vite, il s'impose comme genre dominant. Par son caractère « impur », hétéroglossique et polyphonique, il est à même d'embrasser et d'exprimer, mieux que les autres genres, sauf le théâtre peut-être, le réel foisonnant et divers de la Caraïbe.

Le roman haïtien

Comme les autres genres en général, le roman caribéen d'expression française a pris naissance en Haïti au début du xxe siècle. Cette apparition est un peu tardive par rapport à celle de la poésie. Cela peut s'expliquer, dans le contexte de la Caraïbe, par la faiblesse d'un lectorat réel ou même son inexistence. Il faut rappeler que dans le cas d'Haïti, on vivait sous la menace d'un retour offensif des Français, de sorte que les énergies et les ressources étaient canalisées vers tout ce qui pouvait assurer la sauvegarde de l'indépendance, proclamée en 1804, après la victoire de Dessalines sur Rochambeau. Les écoles étaient donc rares pour ne pas dire inexistantes. Les personnes qui savaient lire et écrire étaient des anciens «libres», Noirs ou Mulâtres, qui avaient fait leurs études en France pendant la colonisation. D'ailleurs, ce sont eux qui écriront les premiers textes de la littérature haïtienne. Le champ littéraire était alors loin d'être institutionnalisé dans ce contexte d'après l'indépendance. Or, le roman exige au moins une masse critique de lecteurs capables d'en assurer la survie. De plus, par son esprit critique, il exige une mise à distance de la réalité. En ce sens, le roman est le genre du désenchantement, de la prise de conscience de l'opposition entre le moi et le monde, alors que la poésie serait un genre plus proche de la fusion dans l'identitaire. Le roman a fait son apparition après un siècle de stagnation économique et sociale, qui semblait remettre en cause l'indépendance. Tant que la communion entre l'écrivain et le corps social existait, la poésie dominait comme genre littéraire. Mais, ce n'est pas seulement le désenchantement de l'écrivain haïtien qui peut expliquer la naissance du roman, il y a également d'autres facteurs, comme l'autonomisation du champ littéraire haïtien vers la fin du XIXe siècle, au nom de laquelle on peut dès lors parler de littérature nationale, l'émergence d'un lectorat plus ou moins nombreux et ayant un certain pouvoir d'achat.

L'imaginaire du roman haïtien et antillais, comme des autres genres littéraires, est travaillé par l'esclavage et la colonisation. Deux figures reviennent souvent dans les œuvres romanesques de la Caraïbe comme des métaphores obsédantes: la figure du marron, figure positive s'il en est une, et la figure négative du zombie. Ces deux figures, l'une historique, l'autre plutôt légendaire, n'ont pas été traitées avec la même intensité par les écrivains haïtiens et les écrivains martiniquais ou guadeloupéens. Dans un geste polémique de valorisation du négatif, comme l'avait si bien pratiqué Aimé Césaire dans *Cahier d'un retour au pays natal*, les écrivains antillais, à partir des travaux d'Édouard Glissant, ont fait du marron un personnage de premier plan. En dépit des divergences de points de vue entre le marronnage vu par Glissant comme un fait historique exclusivement rural et une forme de refus et de rejet de l'esclavage, et celui des écrivains de la créolité qui y voient plutôt un phénomène des plantations, donc une manière pour l'esclave de composer avec le système, la figure du marron symbolise la résistance à l'assimilation. En Haïti, la persistance des structures archaïques explique l'omniprésence de la figure du zombie dans l'œuvre de Frankétienne (né en 1936), par exemple, ou de Gary Victor (né en 1958). Cette figure fait référence à l'état de passivité dans lequel vit le pays et qui permet à l'oligarchie de maintenir ses privilèges. D'un côté, une figure dynamique, positive, porteuse d'histoire, de l'autre, une figure passive, subissant l'histoire, figure qui semble être dans un non-temps. Cependant, l'imaginaire haïtien n'est pas tout à fait différent de celui de la Martinique ou de la Guadeloupe. Ce sont les mêmes traumatismes historiques qui ont forgé la mémoire de ces sociétés. L'objectif des écrivains est le même : épuiser le réel, le mettre en mots pour mieux le maîtriser. De part et d'autre, on est à la recherche d'une authenticité antillaise qu'un certain nominalisme dans les courants littéraires a tendance à occulter.

À côté des deux figures majeures susmentionnées, il y a celle de l'Amérindien, figure de la victimisation par excellence. Cette figure est celle du paradis perdu, où les hommes vivaient heureux. L'arrivée des Espagnols mettra fin brutalement à cet âge d'or. La reine Anacaona, qui fut également poétesse et danseuse, condense métaphoriquement la fragilité et la ténacité de cette race exterminée, dont la langue ne nous est parvenue que sous la forme de quelques vocables ; race réduite à l'état de fantôme mais qui hante la mémoire des vivants à travers des traces linguistiques.

Par sa tonalité allégorique, le premier roman haïtien manifeste un esprit de fusion poétique avec le réel. Il s'agit de *Stella* (1859 [roman posthume]) d'**Émeric Bergeaud** (1818-1857). L'action de *Stella* se situe au cours des guerres de l'Indépendance et évoque la nécessité de l'union des Noirs et des Mulâtres. Le roman allégorique haïtien n'aura pas de lendemain. La fin du XIXᵉ siècle verra la parution de quelques romans qualifiés d'exotiques, mais il s'agit d'un exotisme inversé : ces textes proposent un dépaysement complet par rapport aux réalités haïtiennes. Citons, entre autres, *Francesca* (1873) et *Le damné* (1877) de **Demesvar Delorme** (1831-1901), deux romans dont l'action se passe, pour le premier, en Italie et en Turquie, à l'époque de la Renaissance et pour le second, dans les Alpes, à l'époque de François Iᵉʳ. Le roman haïtien abandonnera bien vite cette deuxième voie pour s'intéresser à l'étude détaillée des différents aspects de la réalité haïtienne.

Diverses tendances, réalisme

Le roman national haïtien est né avec la publication à Paris, en 1901, de *Thémistocle-Épaminondas Labasterre*, de **Frédéric Marcelin** (1848-1917). Ce texte passablement bien accueilli en France a été violemment attaqué par les critiques haïtiens qui, entre autres choses, ont reproché à son auteur d'avoir avili l'âme haïtienne. On peut facilement expliquer cette réaction. Jusqu'à cette date, la littérature qui se résumait pour l'essentiel à la poésie était une apologie du pays, un hymne à ses pères fondateurs, une ode à ses paysages, un hommage à la race noire. Le roman réaliste va instaurer la distance critique qui donne d'autres objectifs à la littérature. Pour comprendre les détracteurs de Marcelin, il est nécessaire de rappeler également qu'à cette époque, Haïti était en butte aux attaques racistes tant du côté de l'Europe que des États-Unis[2]. Déjà étaient en place les mécanismes de cette nouvelle forme de dépendance appelée néocolonialisme. Cependant, les prémisses du réalisme haïtien ont été posées dès 1836 par le cénacle des frères Nau, qui conseillaient aux écrivains haïtiens de s'inspirer des réalités locales et de « brunir la langue française sous le soleil des tropiques », déclaration qui anticipait les réflexions contemporaines sur les « littératures mineures ». En ce sens, ils sont les précurseurs des indigénistes de 1927, moins révolutionnaires qu'eux sur le plan linguistique, mais qui ont donné de manière définitive un statut littéraire aux pratiques culturelles populaires, ouvrant ainsi la voie à la littérature d'expression créole. Somme toute, le roman de Marcelin marque une étape importante dans la littérature haïtienne. Son influence sur les générations futures tient au fait qu'il est le premier à exprimer un impératif catégorique pour les littératures de la Caraïbe.

Le réalisme critique était dans l'esprit du temps de Marcelin, puisque d'autres romanciers contemporains comme **Fernand Hibbert** (1873-1928), **Justin Lhérisson** (1873-1907) et **Antoine Innocent** (1874-1960) ont publié des œuvres dans cette même veine, chacun néanmoins selon sa sensibilité littéraire et idéologique. Il est difficile dans leur cas de parler d'influence de l'auteur de *Thémistocle-Épaminondas Labasterre*. Fernand Hibbert a mis en scène les préjugés de la bourgeoisie haïtienne, sa mainmise sur les richesses du pays, sa nostalgie d'une Europe blanche à

---

2. Voir la partie consacrée à l'essai.

laquelle elle veut ressembler à tout prix. Mais le romancier semble avoir intégré lui-même quelques-uns des préjugés qu'il dénonçait : seuls trouvent grâce à ses yeux des personnages qui ont les manières françaises ! Antoine Innocent a écrit le premier roman ethnographique haïtien : *Mimola* (1908) a pour thème central le vaudou. Parmi ces premiers romanciers, Justin Lhérisson mérite une attention spéciale. *La famille des Pitite-Caille* (1905) et *Zoune chez sa ninnaine* (1906) sont les premières tentatives — réussies d'ailleurs — de transposition littéraire du genre propre à l'oralité populaire, dénommé *audience*. Justin Lhérisson est un précurseur, car la voix populaire est plus ou moins présente dans tous les romans haïtiens[3]. De nos jours, les écrivains Gary Victor et Georges Anglade (né en 1944) se réclament de l'audience, mais seul le premier adopte le modèle narratif et les choix esthétiques de Lhérisson. L'audiencier est l'un des types de conteurs de la Caraïbe : l'un et l'autre sont les dépositaires de la mémoire populaire, faite d'oralité. Ils sont le vivant témoignage des pratiques du détour propres aux sociétés qui ont connu la colonisation, d'une culture souterraine qui a dû déjouer les pièges de l'assimilation pour survivre.

Les œuvres des romanciers nationaux tournent autour de l'éternelle question du mal social et politique haïtien. Qu'est-ce qui fait qu'après un siècle d'indépendance cette nation n'est pas arrivée à entrer dans la modernité ? En essayant de répondre à cette question, les romanciers nationaux se sont constitués sociologues du fait haïtien. Pour eux, les principales causes du problème haïtien sont les luttes intestines, la corruption, les préjugés qui instituent un apartheid de fait dans la société haïtienne. Ces préoccupations idéologiques expliquent les choix esthétiques des romanciers nationaux : intrigue très mince, inexistante même, récit linéaire, intrusions d'auteur très fréquentes qui amplifient le commentaire, emploi fréquent de créolismes, souvent suivis de leur traduction en français. En un sens, tous ces romans, par leur tendance à décrire les mœurs locales, ont un côté indigéniste.

Après cette première génération de romanciers nationaux, ce sera la vogue du roman dit paysan, sous l'influence du marxisme et grâce à la prise de conscience des intellectuels haïtiens de la part africaine de leur

---

3. C'est la thèse de Maximilien Laroche dans *L'avènement de la littérature haïtienne*, Sainte-Foy, Université Laval, 1987.

culture, ce qui a donné naissance à l'indigénisme. Les romanciers indigénistes déplacent leur regard de la ville à la campagne. Comme l'écrit Love O. Léger : « Le choc provoqué en nos âmes par l'Occupation américaine engendra une littérature nouvelle […] un personnage nouveau entra dans notre littérature. L'âme nationale, telle que l'avaient forgée quatre siècles d'histoire, se retrouve intacte dans le paysan haïtien. Une matière riche, inépuisable, parce que jusque-là inexploitée, s'offrit[4]. » La culture populaire, héritage de l'Afrique, devient ainsi le lieu de l'authenticité nationale. Ce mouvement n'était pas isolé : en témoigne la quasi-contemporanéité des revues, institutions et œuvres consacrées au travail de découverte de cette mémoire africaine refoulée un peu partout en Amérique. Parmi ces revues et institutions, on peut citer la *Revue indigène* (1927) et *Les Griots* (1938-1940) (Haïti), *L'Académie créole* (Martinique), *Lucioles* (Guadeloupe). Ce travail de défrichement de la culture populaire aura comme conséquence la naissance de la littérature créole à la fin des années 1970. Le principal artisan de cette prise de conscience est **Jean Price-Mars** (1876-1969) qui a vu dans l'occupation américaine (1915-1934) une conséquence du *bovarysme collectif* de l'Haïtien. L'ensemble de ses idées se trouve dans son livre *Ainsi parla l'oncle* (1928) qui a inspiré de nombreuses générations d'intellectuels et d'écrivains haïtiens.

Dans le cas du passage du roman national au roman indigéniste, on doit parler plutôt de continuité que de rupture. D'ailleurs, il en est de même pour l'ensemble des différentes périodes ou écoles littéraires haïtiennes. À part peut-être le cénacle de 1836, le réalisme merveilleux de Jacques Stephen Alexis et le spiralisme auquel ont adhéré Frankétienne et Jean-Claude Fignolé, peu de mouvements littéraires en Haïti ont su délimiter de manière claire leur territoire esthétique par rapport à ceux qui les précèdent. C'est pourquoi, au sein d'un même mouvement, des œuvres novatrices peuvent en côtoyer d'autres qui rappellent une esthétique dépassée.

Cependant, la ville reste présente dans les romans appelés romans de l'occupation, dont les principaux sont *Le choc* (1932) de **Léon Laleau** (1892-1979) et *Le Nègre masqué* (1933) de **Stephen Alexis** (1889-1962),

---

4. « Préface » à Franck Legendre, *Contretemps*, Port-au-Prince, Édition Collège Vertières, 1941, p. 1-2.

père du célèbre romancier Jacques Stephen Alexis. Ces œuvres sont une dénonciation des humiliations et des vexations que les Haïtiens, toutes classes sociales confondues, ont subies de la part de l'occupant yankee. Ils tiennent les élites pour responsables de la catastrophe nationale. Selon Léon-François Hoffmann :

> Les romans de l'occupation sont l'examen de conscience de l'élite haïtienne : c'est en effet à la haute société qu'appartiennent presque tous leurs protagonistes. Et l'on pourrait dire, en simplifiant quelque peu, qu'idéologiquement parlant deux thèmes se répondent : d'une part, le remords d'avoir mené le pays au protectorat, de l'autre, le ressentiment contre l'occupant[5].

En écrivant des romans paysans, les romanciers essayaient de retrouver le lieu d'authenticité haïtienne. Le monde paysan, isolé de la vie urbaine, paraissait comme ce lieu d'authenticité. Il y a là un certain sentimentalisme identitaire et également un paternalisme inconscient. Somme toute, les idées de Jean Price-Mars, qui, par certains côtés, rappellent la négritude, auront permis de renouveler le roman haïtien. Les romans paysans peuvent être classés dans le courant du régionalisme littéraire, qui consiste à évoquer un coin de la terre natale avec ses particularités culturelles. Ce n'est pas une tendance propre à Haïti. Vers cette même période, on la retrouve sous la forme du roman de la terre dans d'autres littératures dites émergentes.

Contrairement aux premiers romans haïtiens, essentiellement urbains, qui dans leurs excursions à la campagne présentaient une image édénique de la vie rurale, les romans paysans décrivent les dures réalités et le drame quotidien de l'habitant aux prises avec des forces hostiles, soit de la nature — la sécheresse, par exemple —, soit de l'ordre social — par exemple, l'exploitation des paysans par les intermédiaires de l'import-export. *La montagne ensorcelée* (1931), sous-titré « récit paysan », de **Jacques Roumain** (1907-1944), doit être considéré comme le premier en date de ce sous-genre romanesque. Le romancier renvoie aux violences avec lesquelles le monde paysan est aux prises, violences liées aux structures archaïques et à la pensée magique, laquelle est l'expression de l'angoisse du paysan face à un monde qu'il ne maîtrise pas. Dans cette même veine, on trouve *Le drame de la terre* (1933) de **Jean-Baptiste Cinéas**

---

5. Léon-François Hoffman, *Le roman haïtien : idéologie et structure*, Sherbrooke, Naaman, 1982, p. 110.

(1895-1958), *Les arbres musiciens* (1957) de Jacques Stephen Alexis, *Fonds des Nègres* (1961) de **Marie Chauvet** (1916-1973), auteur du très célèbre *Amour, colère et folie*, qui est un des premiers textes à dénoncer la dictature duvaliérienne.

L'autre conséquence des idées de Price-Mars est la découverte de l'Afrique, ou mieux son *invention* par les écrivains haïtiens dits africanistes de la première moitié du XXe siècle. La création d'une revue au nom emblématique, *Les Griots*, traduit leur volonté de puiser aux sources mêmes de l'oralité. Les romans de Roger Dorsinville (1911-1992), écrits au cours de son exil au Libéria et au Sénégal, sont la meilleure illustration de cette tendance.

De tous les romans paysans, il faut faire une place à part au très célèbre *Gouverneurs de la rosée* (1944) de Jacques Roumain. Après des années passées comme *bracero*[6] dans les champs de canne à Cuba, où il a fait l'apprentissage des luttes et de la solidarité ouvrières, Manuel, le personnage principal, revient dans son village natal, Fonds-Rouge, en proie à la sécheresse et à une rivalité entre deux clans ennemis. Le héros découvre une source qui permettra de rétablir la paix et la joie de vivre à Fonds-Rouge, mais il est assassiné avant de voir son projet se concrétiser. Toutefois, l'eau ne sera pas perdue et Délira, la mère de Manuel, respecte les dernières volontés de son fils réalisant la réconciliation des familles en brouille, ce qui amènera au rassemblement du grand *coumbite*[7] de l'arrosage. De nombreuses études et traductions n'ont cessé de faire de ce roman une œuvre paradigmatique, expression de l'époque d'avant la fin des idéologies fortes, où l'histoire et les projets humains qu'elle présuppose avaient un certain sens. L'interprétation de ce roman à la lumière de la Bible ou du marxisme n'en épuise pas les significations qui, comme celles de tout grand texte, susciteront à chaque génération de nouvelles exégèses.

Jacques Stephen Alexis (1922-1961), contemporain de Jacques Roumain, s'inspire du marxisme, mais pour le dépasser. Ainsi, il propose, dès 1956, une théorie du réalisme merveilleux des Haïtiens, dont les thèses se trouvaient, déjà, pour l'essentiel chez l'écrivain cubain Alejo Carpentier. Le réalisme merveilleux est une plongée dans la culture populaire afin

---

6. Coupeur de canne, en espagnol.
7. Travail collectif et d'entraide chez les paysans haïtiens.

d'en exprimer esthétiquement les particularités. Pour Alexis, il ne saurait exister d'art national coupé du peuple. Le romancier reprend en quelque sorte les idées sur le nationalisme littéraire en Haïti, mais il leur donne une formulation nouvelle, notamment avec la notion de merveilleux qui permet d'intégrer en un tout les différentes facettes de la vie haïtienne. Le réalisme merveilleux trouvera son expression surtout dans le recueil de contes intitulé *Romancero aux étoiles* (1960), dont un des protagonistes est le Vieux Vent Caraïbes.

L'idéologie marxiste a enfin influencé le roman prolétarien, qui évoque la vie de ces milliers de paysans fuyant la misère du monde rural pour un illusoire bien-être en milieu urbain. En fait, il s'agit moins de roman prolétarien que d'une variante du roman urbain, car la faible industrialisation permet guère de parler d'un prolétariat en Haïti. Outre *Compère Général Soleil* (1955) d'Alexis, roman sur l'éveil à la conscience politique d'Hilarius Hilarion grâce aux enseignements d'un communiste rencontré en prison, il faut mentionner *Les fantoches* (1931) de Jacques Roumain.

La dictature duvaliérienne qui commença en 1957 avec l'arrivée au pouvoir de François Duvalier aura pour principal effet, sur le plan littéraire, de dessiner de manière nette les contours de ce que le critique Maximilien Laroche appelle *La double scène de la représentation*, avec l'exil volontaire ou forcé de nombreux écrivains haïtiens. L'instrumentalisation de la barbarie a poussé le roman à rompre plus ou moins avec le réalisme merveilleux et à chercher de nouvelles voies. Le chaos, l'anarchie à l'intérieur du pays empêchent même, par l'absurde, de créer dans la sphère romanesque un univers onirique qui rende possibles les projets humains, collectifs ou individuels. La construction du récit tentera de mimer ce désordre, cette anomie qui, une fois de plus, est le signe de l'échec des élites, de la faillite des intellectuels. Les textes de cette période tant en Haïti que dans la diaspora ont été des textes de la catastrophe et de la tragédie[8]. Ainsi, le zombie, figure jusque-là marginale dans la littérature haïtienne, deviendra centrale dans l'œuvre d'un Frankétienne, par exemple.

---

8. Voir Jean Jonassaint, *Des romans de tradition haïtienne. Sur un récit tragique*, Montréal/Paris, CIDIHCA/L'Harmattan, 2002.

Le spiralisme qui fait son apparition au cours des années 1960 avec **Frankétienne** (né en 1936), **Jean-Claude Fignolé** (né en 1941), **René Philoctète** (1932-1995), semble marquer, par ses présupposés, la fin du réalisme merveilleux. Alors que ce dernier suppose un *télos* sur le plan formel et à l'intérieur de l'univers représenté — la clôture de l'œuvre suppose un certain ordre du monde —, le spiralisme, en proclamant l'ouverture infinie de l'œuvre, veut par là signifier que le monde est désormais chaotique, n'offrant à l'écrivain que le vertige de ses abîmes. Cependant, pour Régis Antoine, le réalisme merveilleux se serait tout simplement transformé : le roman haïtien des années 1970-1990 s'inscrirait dans l'esthétique du réalisme merveilleux mais en inversant les motifs et l'écriture de cette esthétique[9]. L'auteur appuie sa thèse sur l'analyse de certaines images récurrentes dans des romans de Jean-Claude Fignolé, Émile Ollivier, Frankétienne, Gary Victor. Par exemple, l'image de la flaque, présente dans les œuvres des romanciers susmentionnés, est la figure d'un réel en décomposition.

L'invention verbale de Frankétienne, les emboîtements narratifs d'Émile Ollivier, lesquels créent des effets spéculaires, l'omniprésence du thème de la folie chez ce dernier écrivain, renvoient métaphoriquement à un univers décentré, éclaté. Encore une fois, le roman paraît comme une tentative de saisir le monde. Quelques-uns de ces traits et thèmes susmentionnés rappellent également le baroque. D'ailleurs, le réalisme merveilleux est assez proche du baroque, comme l'a démontré Aura Marina Boadas[10] par une étude approfondie de l'œuvre de Jacques Stephen Alexis. Il serait plus juste de dire que réalisme merveilleux, spiralisme et baroque ont des points communs, ne serait-ce que par leur *effet d'irréel*.

Les romans de Frankétienne, d'Émile Ollivier, de René Depestre, de Gérard Étienne et de Lyonel Trouillot, pour ne citer que ceux-là, peuvent être rattachés, d'une manière ou de l'autre, à l'une des trois esthétiques. Toutefois, le baroque semble prédominer depuis quelques années dans le roman haïtien, non seulement parce qu'il y a un « retour du baroque » mais aussi parce que les romanciers de cette *génération perdue* trouvent

---

9. Régis Antoine, *Rayonnants écrivains de la Caraïbe*, Paris, Maisonneuve et Larose, 1998, p. 53.

10. Aura Marina Boadas, *Lo barroco en la obra de Jacques Stephen Alexis*, Caracas, Celarg, 1990.

dans cette esthétique la tonalité qui leur permet d'exprimer leur désenchantement après l'échec de leurs idéaux. Le baroque contemporain est l'expression du désarroi et de la crise d'un pays qui n'a jamais connu de stabilité. En un mot, les œuvres des romanciers tant de l'intérieur que de l'extérieur disent chacune à sa manière «l'horreur de la nuit duvaliérienne [...] et la pulsion de mort qui travaille le champ sociopolitique[11]».

Les romanciers de l'exil

Nous avons dit plus haut que l'avènement de François Duvalier au pouvoir, qui a contraint de nombreux écrivains à l'exil, a créé une double scène dans la production romanesque haïtienne : une scène intérieure et une scène extérieure. Il y a trois pôles dans la scène extérieure : l'Afrique, l'Europe et l'Amérique. En effet, des pays africains comme le Sénégal et le Congo ont accueilli des intellectuels haïtiens fuyant la dictature, parmi lesquels le romancier Roger Dorsinville et le poète Jean F. Brierre (1909-1992). Dans le pôle européen, c'est à Paris que vivent la plupart des écrivains haïtiens en exil. Citons René Depestre, Jean Métellus, Jean-Claude Charles et Louis-Philippe Dalembert. Au pôle américain, Montréal est peut-être le lieu le plus fécond de toute la production littéraire haïtienne avec des noms comme Émile Ollivier, Gérard Étienne, **Franck Fouché** (1915-1978), **Anthony Phelps** (né en 1928), **Gary Klang** (né en 1941), Dany Laferrière, Joël Des Rosiers, Marie-Célie Agnant, **Stanley Péan** (né en 1966). Cependant, il ne faut pas oublier que Marie Chauvet, Félix Morisseau-Leroy, les frères Marcelin (Philippe et Thoby) et Paul Laraque ont vécu soit à Miami soit à New York.

Les romans de Roger Dorsinville comme *Kimby* (1973), *L'Afrique des rois* (1975), *Renaître à Dendé* (1980) sont les rares textes de la littérature de la diaspora à ne pas avoir Haïti pour cadre. Cette thématique africaine s'explique par le retour aux sources que d'autres écrivains antillais ont fait dans les années de la négritude. **René Depestre** (né en 1926) a poursuivi son œuvre romanesque imprégnée de la sensualité caraïbe, avec pour toile de fond les réalités haïtiennes. *Le mât de cocagne* (1979) décrit un univers fabuleux autour du personnage de Henri Postel.

---

11. Max Dominique, *Esquisses critiques*, Port-au-Prince/Montréal, Mémoire/CIDIHCA, 1999, p. 14.

Hadriana dans tous mes rêves (1988) est un clin d'œil au réalisme magique. Ce roman raconte la zombification échouée du personnage éponyme. Un érotisme affranchi de tous les tabous, et qui, par là, déclare sa pureté, traverse également les nouvelles *Éros dans un train chinois* (1990). Le vaudou et ses mystères sont au cœur de l'univers romanesque de René Depestre. Par son pouvoir d'inventer à chaque fois une langue neuve et son refus de sacrifier à la mode, René Depestre a créé une des œuvres romanesques les plus originales.

Jean Métellus (né en 1937) entreprend des sagas familiales : *La famille Vortex* (1982), *Louis Vortex* (1992) ayant pour cadre Haïti. Dans son premier roman *Jacmel au crépuscule* (1981), il se fait chroniqueur du passé dans la tradition réaliste. Ses derniers titres, *L'Archevêque* (1999) et *La vie en partage* (2000), sont dans la même tonalité réaliste que les romans précédents. À côté de ces romans d'inspiration haïtienne, il y en a d'autres qui n'ont pas de rapport avec le pays natal et sont plutôt inspirés du métier de neurologue qu'exerce l'auteur (*Une eau forte* [1983], *La parole prisonnière* [1986]). Alors que Jean Métellus semble peu préoccupé par le problème de l'exil, l'errance est présente dans les romans de **Jean-Claude Charles** (né en 1949) dont le travail sur la langue est pour le moins remarquable. Quant à **Louis-Philippe Dalembert** (né en 1962) — *Le crayon du Bon Dieu n'a pas de gomme* (1996), *L'autre face de la mer* (1998), *L'île du bout des rêves* (2003) —, son œuvre romanesque se situe entre dérision et tragédie.

Émile Ollivier (1940-2002) a écrit une des œuvres romanesques les plus exigeantes de ces 20 dernières années. Tous ces romans sont travaillés par le thème de la mémoire, qui nous restitue les choses mortes tout en nous rappelant les effets destructeurs du temps. L'exil, douloureux parce qu'il est perte irrémédiable donne à cette œuvre une saveur autobiographique, teintée de nostalgie. À part peut-être la formidable farce de *La discorde aux cent voix* (1986), les romans d'Ollivier disent la difficulté d'être, l'impossibilité du bonheur. Ils décrivent un univers marqué par la faute et la malédiction. En ce sens, l'œuvre d'Émile Ollivier figure le désarroi d'Haïti et même de toute l'humanité souffrante, puisque la douleur n'a pas de nationalité. Son premier roman, *Paysage de l'aveugle* (1977) est une histoire en miroir qui décrit les deux mondes sans issue de la terre natale et du pays d'accueil. *Mère-Solitude* (1983), son texte le plus célèbre, plonge le lecteur dans l'univers glauque de Trou-Bordet, ville où sévit une dictature sanguinaire, tandis que *Les urnes scellées* (1995) dit la désillusion de l'exilé retourné dans son pays natal.

Gérard Étienne (né en 1936) décrit un monde concentrationnaire, ubuesque où aucun espoir n'est possible. La violence de cet univers porte le romancier à employer un langage lui-même violent, qui n'est pas seulement l'expression de l'impuissance mais aussi celui de la révolte. *Le Nègre crucifié* (1974), *Un ambassadeur macoute à Montréal* (1979) expriment les hantises d'un écrivain qui lui-même a été torturé. La thématique de l'exil présente dans le dernier roman susmentionné se retrouve également dans d'autres titres comme *La pacotille* (1991) ou *La romance en do mineur de Maître Clo* (2000), lequel met en scène une déesse du panthéon vaudou, Erzulie Fréda. Le romancier semble avoir laissé quelque peu les thèmes haïtiens dans son dernier livre *Au cœur de l'anorexie* (2002) dont l'héroïne est une Acadienne.

Dany Laferrière (né en 1953) reste l'écrivain haïtien le plus médiatisé. Le texte qui l'a fait connaître et qui d'ailleurs est sa première publication est *Comment faire l'amour avec un nègre sans se fatiguer* (1985), titre provocateur pour un roman aux allures postmodernes. Un autre titre suivra dans le même ton : *Éroshima* (1987). Par la suite, il entreprend d'écrire ce qu'il appelle une « autobiographie américaine » dans laquelle il veut dresser la carte des lieux qui l'ont marqué (Haïti, Montréal, Miami). Cette entreprise a modifié l'approche romanesque de l'écrivain avec des ouvrages comme *L'odeur du café* (1991), *Chronique de la dérive douce* (1994) ou *Le cri des oiseaux fous* (2000). Dans cette autofiction à l'écriture dépouillée, le narrateur vient d'apprendre l'assassinat de son meilleur ami et doit laisser son pays, car sa vie est menacée. Tout se passe en moins de 24 heures comme dans la tragédie classique, ce qui donne une intensité dramatique particulière à ce roman.

Parmi les écrivaines d'Haïti, relativement peu nombreuses à vivre en diaspora, **Marie-Célie Agnant** se signale par sa production variée (poésie, nouvelles, romans), soit huit œuvres publiées depuis 1995. Deux romans ont particulièrement retenu l'attention de la critique : *La dot de Sara* (1995) *et le livre d'Emma* (2001). Cette romancière aborde divers thèmes : le vécu des femmes de la diaspora, la méconnaissance du pays natal, la folie, l'impossibilité de communication entre hommes et femmes.

La chute de la dictature en 1986 semblait mettre fin à cette double scène de la production littéraire et romanesque, à cette extraterritorialité littéraire, car de nombreux écrivains ont tenté le retour au pays natal. Mais, comme Adrien Gorfoux, personnage d'Ollivier dans *Les urnes scellées*, la plupart d'entre eux ont dû retourner en exil une deuxième fois. Il y a un nouveau phénomène à signaler en ce qui concerne ces lieux de production à l'extérieur du pays : l'émergence d'une nouvelle génération d'écrivains qui n'ont connu l'exil qu'indirectement parce qu'ils sont arrivés enfants en terre étrangère. Parmi cette génération postexilique, deux noms retiennent particulièrement l'attention : **Edwige Danticat** (née en 1969), vivant aux États-Unis et qui écrit ses romans directement en anglais, et Stanley Péan qui vit au Québec.

Sur le plan thématique, il faut remarquer que l'expérience exilique de ces romanciers est au centre de leurs textes, d'où parfois la tonalité autobiographique de ces derniers. Ainsi, la plupart des protagonistes sont des exilés qui parlent de leurs désillusions, de leur vie d'errance. Il s'ensuit paradoxalement que le pays natal devient un lieu mythique, une sorte de paradis perdu où l'on voudrait bien retourner mais, par un autre paradoxe, tout retour s'avère impossible, car le pays réel est très différent de celui de la mémoire. *L'effet d'exil* peut en effet concourir à faire d'Haïti un « faux paradis des hommes », pour reprendre une expression de Jacques Stephen Alexis. C'est peut-être là l'expression d'une coupure entre Haïti et sa diaspora intellectuelle. On est loin de l'enthousiasme de Manuel dans *Gouverneurs de la rosée*.

L'exil et la mémoire sont donc les principaux thèmes de ces romans ; les autres thèmes viennent de la tradition du réalisme critique. Le plan formel est caractérisé par des constructions en gigogne, la polyphonie et le plurilinguisme, la dislocation de la syntaxe. À part le thème de l'exil et peut-être la polyphonie, le roman de la diaspora n'a pas vraiment de trait propre, de sorte qu'il est difficile de le considérer comme en rupture radicale, d'une part avec la tradition romanesque haïtienne, d'autre part avec les œuvres des romanciers haïtiens restés dans le pays. Cependant, d'une manière ou d'une autre, Haïti est restée au centre des préoccupations de ces romanciers de l'exil, qui dénoncent la barbarie duvaliérienne. Pourtant, ils n'habitent pas tous l'exil avec le même confort ou le même inconfort. Il y a un monde de différence entre l'acceptation résignée, joyeuse d'un Dany Laferrière et la nostalgie toute mélancolique d'un Émile Ollivier. Somme toute, force est de constater que, à part quelques textes exceptionnels publiés en Haïti même, le meilleur du roman haïtien des années 1970-1990 se fait en diaspora. Il s'agit d'une assez longue tradition de production exilique que la dictature accentuera. Frédéric Marcelin, Jacques Stephen Alexis et d'autres romanciers ont écrit leurs chefs-d'œuvre à l'étranger. L'un des effets de cette scène de production excentrée, c'est qu'elle a déconstruit le mythe du nationalisme littéraire haïtien et l'on voit des écrivains, comme Joël Des Rosiers, qui ne reconnaissent comme patrie que l'écriture.

Les nouveaux romanciers de l'intérieur

D'autres écrivains sont restés dans le pays, malgré la dictature. Frankétienne est sans conteste le plus grand d'entre eux. Ce polygraphe qui s'est essayé avec succès dans presque tous les genres, produit une œuvre profondément ancrée dans l'imaginaire haïtien. La création verbale, la disparition des frontières génériques qui vient du spiralisme tout autant que de la postmodernité, l'ouverture du sens et sa disponibilité à une interprétation plurielle, la réactivation des mythes vaudou, l'allusion qui rappelle les pratiques du détour, sont les principaux traits de sa poétique qui informe une œuvre romanesque monumentale (*Les affres d'un défi* [1979], *L'oiseau schizophone* [1993], *L'Amérique saigne* [1995], *Miraculeuse. Miraculeuse* [2003]). En ce qui concerne la nouvelle génération, elle compte trois voix majeures : **Lyonel Trouillot** (né en 1956) (*Les fous de Saint-Antoine* [1989], *Rue des pas perdus* [1998], *Thérèse en mille morceaux* [2000], *Les enfants des héros* [2002]), **Gary Victor** (né en 1958) (*Clair de Mambo* [1990], *Un octobre d'Elyaniz* [1996], *À l'angle des rues parallèles* [1996], *Le cercle des époux fidèles* [2002]) et Yanick Lahens. L'univers de Lionel Trouillot est imprégné d'un onirisme qui n'exclut pas une vision très réaliste dans sa peinture des marginaux et des turpitudes de la dictature ; Gary Victor peint un monde dominé par des forces irrationnelles. L'utilisation massive du créole et sa technique narrative font de lui le continuateur de Justin Lhérisson. Quant à **Yanick Lahens**, ses romans et nouvelles (*Tante Résia et les dieux* [1994], *La petite corruption* [1999], *Dans la maison du père* [2000]), d'une facture sobre plus classique, rappellent par certains thèmes et personnages l'œuvre de Marie Chauvet et, à un certain degré, l'ironie de Fernand Hibbert.

Le roman en Martinique et en Guadeloupe

Tout autre est l'évolution du roman en Martinique et en Guadeloupe, malgré son imaginaire qui ressemble à celui d'Haïti et qui explique la présence de certains thèmes d'une littérature à l'autre. Les raisons de cette différence dans l'évolution du roman viennent des circonstances historiques qui ont retardé l'émergence d'une conscience nationale en Martinique et en Guadeloupe. Il n'y a pas eu dans ces pays d'événement fondateur comme l'indépendance d'Haïti, qui a marqué une rupture radicale et violente avec le passé colonial. Non parce qu'il n'y a pas eu de tentative en ce sens — rappelons la geste héroïque du colonel Delgrès en 1802 —, mais parce que ces tentatives ont échoué dans le cas de la Guadeloupe ou qu'il n'y a eu aucune velléité de combattre le système colonial à cause de la toute-puissance des *békés*, dans le cas de la Martinique[12]. Tout cela fait que les premiers textes — tous genres littéraires confondus — ont été écrits par des Blancs créoles ou *békés* qui n'ont pas manqué de justifier l'ordre inique dont ils étaient les bénéficiaires, illustrant ainsi ce que Glissant appelle le « fantasme de légitimité ». Sous leur plume, le roman s'engage, mais à l'inverse de ce qu'on entend ordinairement par engagement, et l'on devrait même parler d'une perversion de l'engagement chez ces écrivains, puisqu'il ne s'agissait pas pour eux de défendre des valeurs humanistes universelles. Ces premiers romanciers décrivent dans leurs textes ce qui était à leurs yeux le meilleur des mondes possibles, un univers régi par l'apartheid colonial où chacun remplit le rôle qu'un ordre divin lui a assigné de toute éternité. Ils justifiaient l'ordre sociopolitique en place en lui donnant une base théologique au nom

12. Napoléon Bonaparte rétablit en 1802 l'esclavage que la Convention avait aboli en 1794. C'est dans ce contexte qu'il envoya à Saint-Domingue le général Leclerc à la tête de 22 000 hommes, tandis qu'en Guadeloupe, c'est le général Richepanse qui était chargé de mater la révolte des esclaves. Plutôt que de se rendre, le colonel Delgrès a préféré s'immoler avec 300 de ses hommes. La Martinique, livrée aux Anglais par les propriétaires d'esclaves, restera esclavagiste jusqu'à l'abolition de 1848. Dans les années 1960, dans la foulée des indépendances des pays africains, l'OJAM (Organisation de la jeunesse anticolonialiste de la Martinique) et le GONG (Groupement de l'organisation nationaliste guadeloupéenne) ont lutté pour l'indépendance de leur pays, mais la machine répressive coloniale française eut raison de ces velléités autonomistes. La départementalisation qui semble s'inscrire dans une certaine logique de l'histoire de ces îles (la Martinique, en particulier) est peut-être la fin de ce rêve d'indépendance.

d'une lecture littérale de la Bible[13]. On comprend que, dans ce contexte, toute la violence de l'ordre esclavagiste se trouve occultée ou au mieux présentée comme une nécessité de l'histoire. Dans la logique de la prétendue mission civilisatrice que se donnait l'Europe pour justifier l'esclavage et la colonisation, l'aristocratie *béké* se considérait comme le garant de la «civilisation» en face des «sauvages». Xavier Garnier a résumé en ces termes l'esthétique et l'idéologie du roman *béké*:

> Sous couvert de romantisme, de réalisme ou de fantastique, le roman béké est en fait un roman à thèse dont les armes sont l'exotisme, la nostalgie, la rêverie passéiste sur le peuple Caraïbes, le mythe des «îles heureuses». Même le réalisme documentaire est au service de cette stratégie du «lointain». Dans aucun cas ne se pose la question des Noirs. Ceux-ci n'apparaissent dans les romans qu'insérés dans un système esclavagiste dont la fiabilité garantit l'efficacité romanesque de l'intrigue développée[14].

Parmi les principaux romanciers *békés*, on retiendra les noms de Prévost de Traversay, qui publia en 1806 *Les amours de Zémédare et Carina*, œuvre rappelant le roman élégiaque du xviiie siècle, et de J. Levilloux qui fit paraître en 1835 *Les Créoles ou la vie aux Antilles*, roman racial et raciste qui prend la défense des Mulâtres contre les Noirs. Cependant, tous les romans *békés* ne sont pas marqués par ce militantisme colonial: des auteurs comme Joseph Coussin et Octave Giraud n'hésitent pas à faire des brèches dans l'édifice idéologique de la classe dominante en montrant les contradictions du système en place. Du fait de ses visées pragmatiques, cette littérature était avant tout destinée au public de la Métropole dont elle cherchait à gagner la sympathie et l'on comprend son mimétisme par rapport au modèle français. Si, dans le cas des écrivains d'Haïti, l'imitation des écrivains français a pu paraître comme une certaine aberration dans la mesure où ils avaient à exprimer une réalité nouvelle, on ne peut en dire autant des écrivains *békés*, qui, par leur statut social et leur appartenance raciale, doivent être considérés comme des Français expatriés ou en exil. Le mimétisme est «naturel», pourrait-on dire chez eux, du moins, il est fondé sur les plans idéologique, linguistique et culturel. Ce n'est pas sous la plume de ces romanciers que

---

13. Selon cette vulgate, les Noirs seraient les descendants de Cham, maudit par son père Noé.

14. Charles Bonn et Xavier Garnier, *Littérature francophone*, vol. I, *Le roman*, Paris, Hatier, 1997, p. 109.

pouvait naître une littérature désireuse de rendre compte de toute la complexité du réel antillais, tout le divers de la culture créole. Ainsi, en ce qui concerne les Noirs qui n'accéderont véritablement à un statut littéraire qu'à partir des années 1930, on peut paraphraser le mot des écrivains de la créolité en disant : « Au commencement était le cri[15]. » Un cri qui sera de temps en temps étouffé sous la parole de l'Autre mais qui, par des stratégies de toutes sortes, a survécu dans la mémoire collective et que le conteur et le marqueur de paroles transforment aujourd'hui en langage articulé.

L'abolition de l'esclavage de 1848 sonnera le glas de cette littérature. Cependant, des romanciers nostalgiques du passé, tels Xavier Eyma ou Rosemond de Beauvallon, continueront de sévir jusqu'à la fin du XIXe siècle dans une forme d'exotisme littéraire de mauvais goût, de sorte qu'il a fallu attendre la première moitié du XXe siècle pour assister véritablement à la fin du roman *béké*.

L'émergence de la nouvelle littérature antillaise date de la parution en 1932 à Paris de *Légitime Défense*, revue d'inspiration marxiste et freudienne fondée par une dizaine d'étudiants martiniquais[16]. Ils réclamaient l'avènement d'une littérature antillaise digne de ce nom, la fin de l'exil de soi des écrivains antillais qui ne doivent plus avoir honte de ne pas exprimer dans leurs écrits les mêmes passions et les mêmes pensées que les Européens. Qu'on en juge par ces réflexions de René Ménil :

> Sentiment du coupeur de cannes devant l'usine implacable, sentiment de solitude du noir à travers le monde, révolte contre les injustices dont il souffre souvent dans son pays surtout, l'amour de l'amour, l'amour des rêves d'alcool, l'amour des danses inspirées, l'amour de la vie et de la joie, le refus de puissance et l'acceptation de la vie[17].

---

15. Patrick Chamoiseau, Raphaël Confiant, *op. cit.*

16. *Légitime Défense* a été créée entre autres par des membres dissidents de la *Revue du Monde noir*, elle-même fondée en 1931. Cette dernière avait, selon Régis Antoine, oublié « deux composantes essentielles : le souci anthropologique du nègre quotidien (Césaire) et un certain dynamisme déstabilisateur de l'ordre colonial, qui allait marquer les plus grands textes antillo-guyanais de langue française » (*La littérature franco-antillaise*, Paris, Karthala, 1992, p. 170). Dans cette émergence de la littérature antillaise, il faut également mentionner *La Voix des Nègres* (1927), *La Race nègre*, *L'Étudiant martiniquais* (1934), *L'Étudiant noir*, revue fondée en 1935 et à laquelle collaboraient Césaire et Senghor.

17. Cité par Jacques Corzani, « Antilles-Guyane », *Littératures francophones*, vol. II, *Les Amériques, Haïti, Antilles-Guyane, Québec*, Paris, Belin, 1998, p. 117.

Cette revendication littéraire était accompagnée d'une revendication politique et culturelle qui va culminer avec la réclamation pure et simple de l'indépendance à la fin des années 1960. Par son orientation esthétique et idéologique, sa volonté de créer une littérature autonome ancrée dans la quête identitaire, *Légitime Défense* posait déjà les prémisses du mouvement de la négritude, mouvement cardinal dans l'émergence et l'autonomisation de la littérature antillaise. Il est intéressant de noter que presque au même moment, Jean Price-Mars dénonçait le *bovarysme culturel* des Haïtiens, c'est-à-dire leur imitation servile des manières, des schèmes de pensées de l'ancien colonisateur. Comme lui, les rédacteurs de *Légitime Défense* réclamaient la fin de cette aliénation culturelle.

Joseph Zobel (né en 1915) est l'un des tout premiers romanciers à être influencés par les idées de *Légitime Défense*. Son œuvre marque la fin du roman exotico-régionaliste qui, parallèlement à la poésie doudouiste[18], a dominé la littérature antillaise pendant près de deux siècles. Son premier roman, *Diab'la* (1942), satire de la société antillaise, est mis à l'index par l'amiral Robert, représentant du régime vichyste. Ce roman paysan pose, comme ceux d'Haïti, la question agraire en Martinique où une poignée de *békés* possédaient la plus grande partie des terres. Mais son texte le plus connu est *La rue Cases-Nègres* (1950), roman d'apprentissage avec quelques clins d'œil autobiographiques. Dans ce roman, il raconte le destin exceptionnel d'un fils d'ouvrier agricole, qui, à force de travail et d'intelligence, échappe à la condition sociale de ses parents. Dans les romans de Zobel, l'élément humain (noir) l'emporte sur le décor, ce qui constitue un réaménagement romanesque majeur par rapport aux œuvres des écrivains exotico-régionalistes.

Zobel n'a pas été le seul de son temps à faire la critique de la discrimination de la société antillaise. Des écrivains comme Léonard Sainville (*Dominique nègre esclave*, 1951), Raphaël Tardon (*La Caldeira*, 1948), Marie-Magdeleine Carbet (*Au péril de la vie*, 1972) ont également dénoncé le racisme, l'exclusion qui marginalise les Noirs. Néanmoins, ces écrivains restent, dans l'ensemble, attachés à la France, dont ils se considéraient volontiers comme les citoyens. Ce désir d'assimilation se concrétisera avec la départementalisation. Cependant, le roman antillais était appelé

---

18. Poésie doucereuse ayant pour thème la femme antillaise. Le mot vient du créole « doudou » qui veut dire « chérie ».

à connaître d'autres étapes, d'autres dépassements, ce qui est dans la dynamique même de toute histoire littéraire. Trois courants ont été les moteurs de ces dépassements : la négritude, l'antillanité et la créolité, qui sont des moments-clés de la quête identitaire des écrivains antillais.

En dépit des controverses et des polémiques qu'il a suscitées[19], le mouvement de la négritude a joué un rôle fondamental dans l'avènement d'une littérature antillaise, habitée désormais par le désir d'ancrer leur écriture dans le réel et surtout de prendre en compte l'être-là du Nègre, composante essentielle de cette société, souvent réduite à des rôles de figurant dans les œuvres précédentes[20]. Si la négritude a trouvé sa voie privilégiée dans la poésie, quelques romanciers ont inscrit leurs œuvres dans la philosophie de ce mouvement, mais en en inversant les valeurs. La grande romancière qui a su dégonfler le mythe d'une Afrique paradisiaque imaginée par une certaine négritude est **Maryse Condé** (née en 1937)[21].

Les romans de cette auteure guadeloupéenne mettent à mal la vision enchantée que des théoriciens de la négritude ont donnée de l'Afrique, en particulier, celle d'un âge d'or où les Noirs vivaient heureux. Maryse Condé a pourtant elle-même suivi la vague du retour à l'Afrique en vivant successivement en Guinée, au Ghana, au Nigéria et au Sénégal. Que ce soit dans *Heremakhonon* (1976), *Une saison à Rihata* (1981), dans la vaste fresque épique *Ségou* (1984-1985), qui se situe au moment de l'apogée de l'empire bambara, la romancière montre les cruelles réalités de l'Afrique, les constructions mystificatrices qui enferment les personnages dans toutes sortes d'illusions. Pour elle, il n'y a pas de civilisation

---

19. Parmi ceux qui ont montré les limites des thèses de la négritude, on retiendra les noms de Gabriel d'Arboussier, Cheikh Anta Diop, René Depestre, Wole Soyinka, Stanislas Adotévi, Marcien Towa, René Ménil, Frantz Fanon qui l'avait qualifiée de « mirage noir » et enfin les écrivains de la créolité.

20. C'est ce que fait remarquer Jack Corzani : « Éminemment contestable sur le plan intellectuel, la négritude n'en a pas moins favorisé, en tant que construction mythique, "irrationnelle", la création littéraire et singulièrement poétique dans l'ensemble du monde négro-africain, Antilles-Guyane comprises. En libérant le Noir antillo-guyanais de ses complexes, en l'encourageant à crier sa négritude et sa révolte face à la condition qui lui était faite, elle allait révolutionner la littérature antillaise dans ses thèmes et dans ses formes » (*op. cit.*, p. 125).

21. De la même manière, *Zombi Blues* du romancier haïtien Stanley Péan met en question le porstulat de la « condition du Noir », éternel opprimé du Blanc, illustrant que le Noir vit de multiples « conditions » et qu'il peut tout aussi bien être bourreau que victime.

nègre «pure» et la quête d'une Afrique des origines ne peut mener qu'aux pires désillusions. Le désenchantement africain devait conduire la romancière à s'intéresser au réel immédiat des Antilles et des Amériques, sans arrière-pensée de mythification. *Moi, Tituba, sorcière noire de Salem* (1986), *Traversée de la mangrove* (1989), *Les derniers des rois mages* (1992) sont parmi les romans les plus marquants de ce changement de perspective : ils expriment la pensée de l'errance qui travaille désormais l'œuvre de la romancière. Cette errance est une métaphore de l'identité-mangrove antillaise, dont l'opacité met à mal toute tentative de définition essentialiste et toute saisie esthétique qui irait dans ce même sens. Les héros de Maryse Condé sont le plus souvent des marginaux, ceux qui ont raté leur vie, et c'est sur ceux-là que la romancière jette une lumière valorisante.

À cette vision désenchantée de l'Afrique, la romancière **Myriam Warner-Vieyra** (née en 1939) ajoute une dimension féministe, présente également chez Maryse Condé, mais souvent relayée au second plan : *Juletane* (1982), *Femmes échouées* (1988) montrent l'impossibilité du retour à l'Afrique et les différences radicales qui existent entre la culture antillaise et celle du continent. Le roman *Signare Anna ou le voyage aux escales* (1991) de **Tita Mandelau** illustre également ce rapport problématique des Antilles à l'Afrique.

Bien que Maryse Condé refuse toute forme d'enfermement esthétique, ses derniers romans susmentionnés et d'autres publiés récemment — *La Belle Créole* (2001), *Histoire de la femme cannibale* (2003) — ainsi que ceux des romancières Warner-Vieyra et Mandeleau se situent dans le courant de l'antillanité, terme créé dans les années 1960 par Édouard Glissant mais dont les prémisses se retrouvent dans l'œuvre de Frantz Fanon. L'antillanité serait antérieure en quelque sorte à la négritude, puisque la quête identitaire originelle des écrivains de la Caraïbe ne se faisait pas en référence à l'Afrique, mais à leur condition d'existence objectives *hic et nunc*, dans l'ici et le maintenant de ces îles, avec leurs particularités historiques, sociales et culturelles. À l'encontre de la vision partielle de la négritude — nécessaire, il est vrai, au moment de sa théorisation —, l'antillanité propose un espace de réflexion dans lequel toutes les composantes ethniques — Blancs, Indiens, Noirs — peuvent se reconnaître. Il ne s'agit plus d'exalter une hypothétique essence nègre mais de résoudre les problèmes des Antilles par leur émancipation et par la mise en place d'un système fédératif qui les regrouperait toutes, donc de passer d'une vision ethnique à une vision géographique de la réalité antillaise. Cette réflexion autour de l'identité antillaise, «ouverte et plurielle», avait été déjà amorcée par Césaire lui-même et René Ménil dans la revue *Tropiques* qui a paru entre 1941 et 1945.

Édouard Glissant (né en 1928), inventeur et théoricien du concept d'antillanité, en est également le principal romancier. La départementalisation, euphémisme pour «colonisation réussie», qui semble vouer à l'échec tout mouvement indépendantiste dans les Antilles, pousse Édouard Glissant à faire un travail mémoriel: écrire la vraie histoire de ces îles pour démonter les mensonges de l'histoire officielle. En ce sens, l'«Antillanité est une volonté [...] de remplir les trous de la mémoire collective et d'établir des relations hors du modèle métropolitain[22]». La figure centrale historique de l'antillanité est le marron, esclave qui s'est enfui des plantations pour se réfugier dans les mornes, contestant ainsi et menaçant l'ordre colonial. Richard D. E. Burton parle même d'un «mythe marronniste» et d'une «illusion marronne» chez Édouard Glissant, comme si le romancier avait gonflé la portée historique et subversive du marronnage dans ses romans; une telle lecture semble oublier les libertés que tout romancier a le droit de prendre avec l'histoire. Le roman de Glissant *La lézarde* (1958), lauréat du prix Renaudot, ouvre cette nouvelle esthétique. Ce titre est le nom d'une rivière martiniquaise qui suit un parcours en zigzag avant de se jeter dans la mer. Le roman raconte la fin de Garin, traître traqué par un groupe d'étudiants. *La lézarde* est une métaphore de l'histoire martiniquaise, faite «de tours et de détours». Tout comme ce premier roman, l'œuvre d'Édouard Glissant sera marquée par l'intrication de la géographie et de l'histoire, une sorte d'alliance structurale entre l'espace et le temps. Les lieux sont chez lui chargés d'une force symbolique, ce sont des lieux de mémoire qui dessinent la carte d'une géographie sentimentale. *Le Quatrième siècle* (1964), *Malemort* (1975), *La case du commandeur* (1981), *Mahagony* (1987) explorent le temps antillais dont l'origine remonte à la violence de la traite, de l'esclavage et de la colonisation. Ces trois faits fondateurs annihilent toute possibilité d'évoquer un âge heureux antillais sans tomber dans une falsification de l'histoire comme l'esthétique *béké*. L'œuvre romanesque

---

22. Laurent Sabbah, *Écrivains français d'outre-mer*, Paris, Louis-Jean, 1997, p. 48.

de Glissant est l'histoire des stratégies de résistance — ces fameuses pratiques de détour — que les nègres marrons et les esclaves ont utilisées pour survivre dans l'enfer colonial. Ces stratégies sont la matrice même de l'imaginaire antillais. Il ne s'agit pas d'une convocation gratuite du passé, car celui-ci sert à éclairer le présent chez Glissant. Cependant, le temps perd de plus en plus sa consistance au fil des romans de Glissant pour devenir un véritable tourbillon dans *Tout-Monde* (1993) qui, comme son nom l'indique, déborde le cadre des Antilles pour déboucher sur le *chaos-monde*.

À côté d'Édouard Glissant, nombreux sont les romanciers à illustrer l'antillanité. **Daniel Maximin** (né en 1947) évoque dans une écriture poétique la réalité guadeloupéenne dans trois romans *L'isolé Soleil* (1981), *Soufrières* (1987) et *L'île et une nuit* (1995). Ses principaux personnages sont des étudiants, qui explorent le passé héroïque de leur pays à travers les figures des marrons, ces combattants de la liberté. Cette œuvre témoigne du même ancrage dans une mémoire et un imaginaire propres aux Antilles. Comme celle d'Édouard Glissant, la géographie sert de matrice à la narration, mais il s'agit d'une géographie marquée par la violence des catastrophes naturelles. **Xavier Orville** (né en 1932) (*Délice et le fromager* [1977], *Le marchand de larmes* [1985], *L'homme aux sept noms de poussière* [1981], *Laissez brûler Laventurcia* [1991], *Moi, Trésilien-Théodore Auguste* [1996]) et **Vincent Placoly** (né en 1946) (*La vie et la mort de Marcel Gonstran* [1971], *L'eau-de-mort Guildive* [1973], *Frères volcan* [1983]) situent également leurs œuvres dans les « tracées » de l'esthétique de l'antillanité tout en s'ouvrant à une certaine américanité par le biais du réalisme merveilleux ou magique. Par sa violence et sa lucidité à saisir « l'humanité nègre », à rendre compte des traumatismes que la colonisation a laissés dans la mémoire collective antillaise, l'écriture de Vincent Placoly est assez proche de celle de Gérard Étienne ou de Marie Chauvet. Xavier Orville, de son côté, crée un monde instable, fluide dans lequel les frontières entre le réel et la fable sont abolies.

Ce glissement vers la féerie, qui rappelle l'univers du conte, est magistralement illustré dans les romans de **Simone Schwarz-Bart** (née en 1938). Dans *Un plat de porc aux bananes vertes* (1967), écrit en collaboration avec son mari André Schwarz-Bart, elle campe une vieille femme, Maïotte, qui de son lit dans un hôpital de Paris, convoque sa propre histoire et celle de la Guadeloupe pour en souligner les misères mais également les grandeurs ; *Pluie et vent sur Télumée Miracle* (1972) présente une figure féminine exceptionnelle qui, à force d'abnégation et de courage, arrive à surmonter les obstacles que le sort dresse sur son chemin. Le roman est un hymne à la vie. *Ti-Jean l'Horizon* (1979) s'inspire directement de l'oralité créole pour raconter de manière allégorique le parcours de la romancière elle-même. L'itinéraire du personnage prend une forme initiatique et le retour à la Guadeloupe natale, après ses voyages successifs en Afrique et en Europe, boucle la quête de soi et veut dire que c'est ici même dans les Antilles qu'on peut se retrouver et non ailleurs.

Cette quête de soi, omniprésente dans la plupart des romans susmentionnés, connaîtra dans les années 1990 une nouvelle formulation théorique avec la créolité. Au départ de ce mouvement, un manifeste qui semble vouloir faire table rase du passé et qui, de ce fait, proclame une fois pour toutes la naissance d'une véritable littérature antillaise[23]. Il n'est pas ici question de faire le procès de cette esthétique dans laquelle certains ont vu une forme de dictature littéraire[24], ce qui n'est pas étonnant, puisque dans les Antilles, du fait de l'engagement de l'écrivain, toute esthétique a des visées idéologiques plus ou moins avouées. Après des années fastes, il semble que la créolité se soit essoufflée. Cependant, il faut faire remarquer que bien avant la parution dudit manifeste, les deux principaux romanciers de ce mouvement, **Patrick Chamoiseau** (né en 1953) et **Raphaël Confiant** (né en 1951), avaient publié des textes qui illustraient par anticipation l'esthétique de la créolité.

Fort-de-France est le lieu où se déroule l'action de trois romans de Chamoiseau : *Chronique des sept misères* (1986), *Solibo Magnifique* (1988), *Texaco* (1992). Le premier est une vue panoramique de la vie du petit peuple au quotidien, en particulier des *djobeurs*, dont le travail informel est stratégie de survie. Le second met en scène un maître de la parole, Solibo, dans une intrigue foisonnante remplie d'épisodes merveilleux, lesquels sont un clin d'œil au réalisme magique latino-américain. Quant au troisième, couronné par le prix Goncourt, il est une fresque épique

---

23. Voir Jean Bernabé, Patrick Chamoiseau et Raphaël Confiant, *Éloge de la créolité*, Paris, Gallimard, 1989.

24. Pour une critique de la créolité, voir, entre autres, Richard D. E. Burton, *Le roman marron : études sur la littérature martiniquaise contemporaine*, Paris, L'Harmattan, 1997, p. 259-265 ; Jack Corzani, *op. cit.* p. 151-155.

de l'histoire martiniquaise de l'esclavage à l'entrée brutale de l'île dans la modernité. La notion d'oralité, centrale dans l'esthétique de la créolité, travaille les romans de Chamoiseau, véritable inventeur de formes. Le romancier poursuit sa quête d'une langue constamment renouvelée dans *L'esclave vieil homme et le molosse* (1997) et *Biblique des derniers gestes* (2002).

Raphaël Confiant a d'abord publié des romans dans un créole proche de ce qu'il appelle le basilecte, c'est-à-dire une langue non contaminée par le français. Il passera à l'écriture en français avec la publication de son roman *Le Nègre et l'Amiral* (1988) qui retrace les temps de l'amiral Robert, proconsul vichyste (1939-1945). *L'allée des soupirs* (1994) évoque les émeutes qui ont eu lieu à Fort-de-France sous le gouvernement du général de Gaulle. Les opinions indépendantistes du romancier ont donc trouvé dans l'histoire un lieu propice à leur expression. *Commandeur du sucre* (1994) remonte plus loin dans la convocation de l'Histoire martiniquaise et fait revivre la vie dans une plantation des débuts du xxᵉ siècle. Toute différente est la tonalité de *Ravines du devant jour* (1993) dont la dimension autobiographique est évidente. Les derniers romans de Confiant (*Morne-Pichevin* [2002], *Le barbare enchanté* [2003]) poursuivent l'exploration de la mémoire vraie des Antilles.

D'autres romanciers antillais, contemporains de Chamoiseau et de Confiant, se placent volontiers en dehors de la créolité. C'est le cas d'Ernest Pépin (né en 1950, *L'homme au bâton*, 1992 ; *Coulée d'or*, 1995 ; *Tambour-Babel*, 1996) et de Gisèle Pineau (née en 1956), deux romanciers à la voix singulière. Abondamment primée, l'œuvre de Pineau compte déjà une dizaine de romans et récits dont *Un papillon dans la cité* (1992), *La grande drive des esprits* (1993), *L'espérance-macadam* (1995) et *Chair piment* (2002). Son univers romanesque est fait des drives (dérives) et des errances des esprit et des humains qui, dans leur quête du bonheur, sont sans cesse dévoyés par des démons intérieurs, des voix et des discours obsédants qui ne leur laissent guère de répit. Inventivité et touches d'humour caractérisent cette écriture qui fait de la « créolité au féminin », selon certains, et qui met constamment le lecteur dans la position inconfortable de lire avec bonheur des histoires de malheur (evil meurtres sordides, séparations cruelles, amours ratés, folies, incestes et autres cyclones causés par les hommes) où l'espérance, tenace, tient malgré tout la route, contre vents et marées.

LA POÉSIE

L'avènement d'Haïti et des Antilles à la littérature s'est fait par la poésie. C'est ce genre qui a été à la base de la construction de l'identité culturelle de ces îles. En ce sens, on peut dire que la poésie a eu une fonction épique et généalogique, c'est-à-dire qu'elle a voulu retrouver une origine fondatrice, par delà la catastrophe de la traite et de l'esclavage.

Haïti

La poésie a été longtemps le genre littéraire dominant en Haïti et dans les Antilles francophones. En ce qui concerne Haïti, ce qui reste de toute la production littéraire coloniale, c'est un texte poétique écrit d'ailleurs en créole : *Lisette quitté la plaine* (1749) de Duvivier de la Mahotière. La prédominance de la poésie au début de l'histoire littéraire de ces pays illustre une fois de plus la thèse selon laquelle toute littérature commence par la poésie, à la fois comme genre spécifique et comme intention et effet esthétiques. La poésie haïtienne est née avec la proclamation de l'Indépendance en 1804. Pendant tout le XIXᵉ siècle, malgré la succession de différents courants littéraires qui, dans leurs déclarations de principe, chercheront à renouveler la poésie, la production poétique reste fortement marquée par l'inspiration patriotique et la couleur locale. Jamais poésie n'a été plus engagée, plus au service d'une cause. Il faut rappeler qu'en ces temps régnait encore la vision de l'écrivain comme chantre, comme héraut et comme conscience nationale. Cependant, il y a une certaine contradiction dans la visée pragmatique de cette poésie qui voulait rallier les Haïtiens autour de l'idée d'une patrie à défendre. Vu l'analphabétisme régnant et la faible diffusion de cette poésie, on peut se demander si elle ne s'était pas trompée de public. En fait, cette contradiction n'est qu'apparente, puisque la poésie d'alors avait des fins apologétiques : il fallait également contrer le racisme européen en montrant que les Nègres étaient capables de produire des œuvres d'esprit et que par conséquent n'appartenaient pas à une race inférieure. Elle était donc destinée également au public étranger. Dès les débuts de la littérature haïtienne se pose donc la question de sa réception qui se présente à la fois comme interne et excentrée.

La plupart des critiques littéraires divisent ce premier siècle poétique en quatre périodes. C'est en fait une tentative de périodisation basée sur le modèle français. Mais, il n'y a pas de cloison étanche entre les générations d'écrivains en Haïti et la notion de courant ou d'école littéraire reste très floue dans la plupart des cas. Etzer Vilaire, poète haïtien de la génération de la Ronde, a bien résumé cette interpénétration entre les périodes littéraires et cette illusion de renouvellement de la littérature à coups de slogans en voyant dans toute nouveauté littéraire une renaissance. Voici les principales délimitations historiques de ce siècle de littérature : 1804-1836, période des Pionniers ou pseudo-classique ; 1836-1860, débuts du romantisme haïtien ; 1860-1890, École patriotique ; 1890-1915, génération de la Ronde.

De la première période, il n'y a pas grand-chose à retenir sur le plan poétique. À cause des allusions mythologiques et un langage faussement poétique, qui sont les signes d'une imitation maladroite du classicisme français, les poèmes de cette période méritent d'être retenus moins pour leurs qualités intrinsèques que pour leur valeur de témoignage sur la mentalité obsidionale de l'époque qui vivait dans la crainte d'un retour offensif des Français. Aucun recueil n'a été publié au cours de cette période sinon des poèmes de circonstances éparpillés dans des revues comme *L'Abeille Haytienne.*

La période suivante est plus intéressante parce qu'elle marque les débuts du nationalisme littéraire haïtien. Sa thèse fondamentale, qui reste encore valable pour toutes les littératures des pays qui ont connu la colonisation, est la nécessité d'inventer une langue à soi dans la langue de l'autre afin de mieux rendre les réalités nationales. En un mot, l'écrivain haïtien ne saurait prétendre à une langue française pure, sans aucune contamination par le créole. C'est ce qui découle de l'idée d'Émile Nau qui demandait aux écrivains haïtiens de « brunir le français sous le soleil des Tropiques ». Le seul poète véritable de cette période, mort trop jeune pour donner toute la mesure de son talent, est **Coriolan Ardouin**, qui a laissé quelques poèmes, d'ailleurs marqués par le dolorisme et le vague-à-l'âme romantiques.

L'École patriotique est une tentative de mettre en pratique les idées de 1836, mais dans une optique patriotarde. Cependant, le contexte explique l'omniprésence du thème de la patrie chez les poètes de cette période. Après plus d'un demi-siècle d'indépendance, les luttes pour le pouvoir avaient affaibli l'État et accentué la mise sous tutelle du pays par les puissances néocolonialistes. L'obsession de la perte de l'indépendance était encore vive dans les esprits. Alors, comme aux premiers temps de l'indépendance, la poésie s'est voulue lieu de ralliement national et exorcisme contre le malheur commun. **Oswald Durand** (1840-1906) est le poète le plus célèbre de cette époque avec son *Choucoune*, qui marque les débuts d'une poésie véritablement créole. Il a été surnommé le barde national pour sa facilité à faire vibrer la corde patriotique et à chanter la terre natale. Quoique d'envergure moins grande que son contemporain Durand, **Massillon Coicou** (1867-1908) a écrit des poèmes imprégnés de patriotisme. *Ses Poésies nationales* (1901), qui s'inspirent de l'histoire d'Haïti, sont animées d'un certain souffle épique. Sa fin tragique — il fut fusillé par les sbires du président Nord Alexis — a fait de lui la figure même du poète martyr. Avec l'École patriotique, exaltation de la patrie et exaltation de la race se fondent dans un seul élan. La femme noire est l'autre thème de cette école. Chez certains poètes, elle prend une dimension symbolique en devenant la figure de l'Afrique mère, terre d'origine. Dans certains poèmes d'Oswald Durand ou d'Alcibiade Fleury-Battier, cela ne va pas sans un certain *doudouisme* qui rappelle les poètes martiniquais d'avant la négritude.

La génération de la Ronde est celle du questionnement. Poètes et critiques se demandaient même s'il existait une littérature haïtienne. C'était la première brèche dans l'édifice du nationalisme littéraire haïtien. De ce fait, on a assisté à l'émergence d'une forme de poésie coupée de toute référence aux réalités haïtiennes. **Etzer Vilaire** (1872-1951), pour qui Haïti est une sentinelle avancée de la France dans les Amériques, est le principal représentant de cette tendance avec des recueils poétiques marqués par le symbolisme comme les *Poèmes de la mort* ou de longs textes de poésie narrative comme *Le Flibustier*. La conception poétique de Vilaire a pour base l'éclectisme qui débouche sur un certain universalisme, donc un certain relativisme esthétique : le poète ne doit se réclamer d'aucune école, d'aucun courant littéraire. Pour la première fois, la poésie est sortie de son carcan patriotique pour se faire méditation sur l'existence. Des contemporains de Vilaire ont critiqué son esthétique au nom du devoir de l'écrivain envers sa patrie. **Georges Sylvain, Seymour Pradel, Edmond Laforest** ont également écrit des textes éloignés des préoccupations nationales. C'est pourquoi on les appelle des poètes français égarés sur la terre d'Haïti, ce qui est entre louange et injure, car d'un côté, l'écrivain haïtien a toujours eu le désir d'être reconnu par l'institution littéraire française, de l'autre, celui de produire une œuvre originale dans laquelle le public haïtien se reconnaît.

Le premier quart du xxᵉ siècle est marqué par une catastrophe nationale : l'occupation américaine de 1915 à 1934. Les intellectuels d'alors ont reconnu comme principale cause de la perte de l'indépendance ce que Jean Price-Mars appelle le *bovarysme culturel* de l'Haïtien, une des formes que prend le complexe du colonisé, si bien analysé par Frantz Fanon. Pour recouvrer l'indépendance perdue, les Haïtiens doivent se débarrasser de la vieille défroque occidentale. C'était encore une fois un appel en faveur du retour aux sources d'inspiration locales. Ces considérations esthétiques dans un contexte d'occupation étrangère illustrent une fois de plus l'articulation du politique et du littéraire en Haïti. La recommandation n'était pas nouvelle, mais elle a donné un nouveau souffle à la poésie haïtienne, car la culture populaire qui, jusque-là, n'était représentée que sous forme de figures folkloriques, accédera définitivement à un véritable statut littéraire. Comme il a été signalé plus haut, le mouvement littéraire issu des idées de Price-Mars prendra le nom d'« indigénisme ». Pour les poètes indigénistes, le renouvellement de la poésie haïtienne doit se faire par un retour aux sources de la culture populaire, imprégnée de la mémoire africaine. Ainsi seront explorées des thématiques jusque-là refoulées, entre autres celle du vaudou, symbole de la résistance à l'assimilation ou mieux des stratégies de ruse et de survie face à la culture dominante. Ainsi, selon Carl Brouard (1902-1965), changer de religion pour les Haïtiens, c'est s'aventurer dans un désert inconnu et s'exposer à perdre le génie de leur race. Il faut également noter que le retour à l'Afrique inspirera aux poètes des textes sur la solidarité raciale, comme *Bois d'ébène* (1945) de Jacques Roumain, *Nègre !* (1945) de Regnor C. Bernard, *Black Soul* (1947) de Jean-François Brierre, *Minerai noir* (1957) de René Depestre.

Le mouvement indigéniste aura pour effet de rendre autonome de manière définitive la poésie haïtienne. Outre les poètes susmentionnés, Léon Laleau, Roussan Camille, Émile Roumer, Félix Morisseau-Leroy se situent à des degrés divers dans le courant indigéniste. Comme on pouvait s'y attendre, cette poésie a quelquefois une tonalité folklorique qui n'est pas toujours du meilleur goût.

La période indigéniste prend fin en 1946, mais la plupart des poètes indigénistes continueront à écrire au-delà de cette période. Certains poètes sont restés en dehors de ce courant. Le plus célèbre d'entre eux est sans doute **Magloire Saint-Aude** (1912-1971), salué par André Breton comme un surréaliste. **René Bélance** (né en 1915) (*Rythme de mon cœur*, 1940) de même que **Davertige** (pseudonyme de Villard Denis, né en 1940) avec son recueil *Idem* (1962) sont eux aussi loin des préoccupations indigénistes.

Le mouvement indigéniste constitue une petite révolution poétique, car jusqu'à cette période, la facture des vers est restée classique. Les poètes utilisaient toute la gamme des formes prosodiques, rythmiques et génériques de la poésie française. Sur le plan lexical, ils employaient très peu de termes créoles, tandis que les romanciers avaient compris, dès le départ, qu'ils devaient *haïtianiser, créoliser* en quelque sorte le français pour le rendre apte à exprimer leurs expériences particulières.

Avec la *Revue des Griots*, fondée en 1948, le mouvement indigéniste prendra une orientation noiriste qui débouchera sur la dictature des Duvalier père et fils, dont l'une des conséquences sur le plan littéraire aura été l'exil de nombreux écrivains et même leur assassinat (Jacques Stephen Alexis, par exemple). Bon nombre de ces exilés iront dans des pays africains, qui venaient d'acquérir l'indépendance. Parmi eux, on peut mentionner Roger Dorsinville et Jean-François Brierre. D'autres, comme Anthony Phelps et Serge Legagneur, ont gagné le Québec. D'ailleurs, c'est au Québec que vit l'un des meilleurs poètes haïtiens, **Joël Des Rosiers** (né en 1951). Son œuvre poétique (*Métropolis Opéra* [1987], *Tribu* [1990], *Savanes* [1993], *Vétiver* [1999]) se signale par sa densité et un travail sur le langage qui rappelle Saint-John Perse.

Désormais, c'est sous le signe de l'exil, de la nostalgie et de la dépossession de soi que s'écrira la poésie haïtienne. Cependant, ce n'est jamais une poésie de désespoir. Les poètes croient encore à l'avenir du pays. Les grandes idéologies sont là qui nourrissent le rêve d'un pays meilleur.

Le groupe Haïti littéraire, fondé au début des années 1960 par Davertige Anthony Phelps, René Philoctète, Serge Legagneur, Roland Morisseau et Marie Chauvet, semble avoir voulu rompre avec l'esthétique indigéniste. Ces poètes qui se réclament plus ou moins du marxisme et du surréalisme rejettent le carcan de l'esthétique indigéniste, laquelle avait conduit à une poésie plus soucieuse de politique que de recherches formelles. Ils se considèrent citoyens de la Caraïbe et de toute l'Amérique. Hors de l'enfermement identitaire, ils appellent à la rencontre de l'autre proche, un peu comme le proclamera l'antillanité glissantienne. D'Anthony Phelps on doit retenir *Éclats de silence* (1962) et surtout *Mon pays que voici* (1968), sorte de traversée spatiale et temporelle d'un pays réduit à l'état de souvenirs.

L'ouverture sur la Caraïbe est bien présente dans *Ces îles qui marchent* (1976) de René Philoctète tandis que *Margha* (1961) poursuit avec la tradition de poésie intimiste et personnelle. Davertige, en qui Alain Bosquet a salué « un génie à l'état sauvage », n'a laissé qu'un recueil, *Idem* (1962), dans lequel la dénonciation de la violence ne nuit en rien la beauté d'un langage imprégné d'onirisme et souvent teinté de poésie pure.

Les poètes n'ont pas tous pris le chemin de l'exil pendant la dictature. C'est notamment le cas de René Philoctète qui, après un court séjour à Montréal, a décidé de retourner au pays natal, et de Frankétienne dont l'œuvre théâtrale, romanesque et poétique, en revisitant les mythes et l'imaginaire haïtiens, a su renouer par une parole détournée, allusive avec les stratégies de ruse qui permettent de déjouer les dispositifs oppressifs du pouvoir sous toutes ses formes. Aucune œuvre poétique haïtienne n'a joué autant sur l'allusion pour dénoncer le pouvoir en place. Frankétienne est avant tout poète par l'initiative qu'il donne toujours au mot sans pour autant céder à la tentation d'un pur formalisme. De plus, se réclamant du spiralisme, Frankétienne a, dans une perspective postmoderne, proclamé l'abolition des frontières génériques. Ce qui existe pour lui, c'est d'abord la littérature. Cette recherche de la fusion des formes génériques traverse l'ensemble de son œuvre, d'*Ultravocal* (1972) à *L'oiseau schizophone* (1992) et *Miraculeuse. Miraculeuse* (2003).

La chute de Jean-Claude Duvalier (1986) avait permis tous les espoirs. Mais, une fois de plus, le pays est vite tombé dans les erreurs du passé. Un coup d'état (1991) met fin à la présidence de Jean-Bertrand Aristide démocratiquement élu l'année précédente. Malgré le retour au pouvoir du président en 1994, la démocratie peine encore à démarrer. C'est dans ce contexte qu'il faut situer la poésie des années 1990, dans laquelle Lyonel Trouillot place sous le signe d'une esthétique du délabrement. Cette poésie est le constat de l'échec de la société haïtienne à mettre en place des institutions qui lui auraient permis d'entrer dans la modernité.

À côté de la poésie haïtienne d'expression française, il faut noter l'existence d'une forte production poétique en créole haïtien qui contraste avec la faiblesse de la production romanesque dans cette même langue.

L'émergence de la poésie créole date des années 1950 et doit être considérée comme l'aboutissement logique des théories indigénistes. Même si avant cette date, certains poètes haïtiens, comme Georges Sylvain (*Cric? Crac!* [1901] qui est une adaptation des fables de La Fontaine à la réalité haïtienne) ou Oswald Durand et son célèbre *Choucoune*[25] (1883), ont choisi le créole comme langue d'expression, le vrai fondateur de la poésie créole est **Félix Morisseau-Leroy** (1912-1998) avec, entre autres, *Diacoute* (1951), titre qui est un clin d'œil à la paysannerie.

Georges Castera (né en 1936), qui, depuis quelque 10 ans, écrit en français et en créole, a publié dans les années 1970 des recueils en créole dont le plus connu est *Konbèlann* (1970). Il faut noter également la tentative d'**Émile Roumer** (né en 1903) d'écrire des sonnets dans un créole très proche du français par l'orthographe à l'inspiration biblique : *Rosaire Couronne Sonnets* (1964). Si le roman d'expression créole semble dans une impasse, il n'en est pas de même pour la poésie, voix privilégiée de l'oralité populaire, notamment à travers les chansons, qui sont la manifestation de l'esprit créateur du peuple, et des sambas, lesquels sont à la fois conteurs et chanteurs. En fait, à part le théâtre, la poésie d'expression créole reste le seul genre qui peut atteindre le peuple et lui parler directement, qui permet le dialogue entre l'écrivain et son public. Compte tenu du fort pourcentage d'analphabètes dans le pays, il devrait exister deux genres littéraires : la poésie et le théâtre d'expression créole.

De 1950 aux années 2000, la poésie créole a évolué considérablement, suivant en cela les recherches sur la langue créole. L'orthographe francisée a été remplacée à partir des années 1980 par une orthographe phonétique, et parallèlement, on constate une autonomie de plus en plus affirmée de cette poésie par rapport à son aînée d'expression française.

La poésie des Antilles : exotisme, doudouisme

Tous les spécialistes s'accordent pour reconnaître que la poésie antillaise est née avec la négritude, plus précisément avec le *grand cri nègre* proféré dans le *Cahier d'un retour au pays natal* (1939) d'**Aimé Césaire** (né en

---

25. *Choucoune* est le texte le plus connu de toute la littérature haïtienne tant par les Haïtiens que par d'autres peuples de la Caraïbe, grâce à sa mise en musique l'année même de sa publication par Moléart Monton. Cette notoriété caribéenne de l'œuvre prouve que la musique peut jouer un rôle fondamental dans la diffusion des œuvres poétiques.

1913). Non pas qu'avant Césaire il n'y ait pas eu de poètes en Martinique ou en Guadeloupe, mais parce que sa poésie, dans la mouvance de la négritude, va faire table rase du passé et proposer une voie enfin originale aux poètes antillais.

Les premiers poètes antillais semblaient chercher à tout prix la reconnaissance parisienne. Mais ils ont l'excuse de la race, si l'on peut employer cette image, car étant des *Békés* ou des Blancs créoles pour la plupart, ils n'ont pas eu ce sentiment d'appartenance à la terre antillaise qui les porterait à écrire une littérature originale. De toute façon, ils ne pouvaient percevoir la réalité antillaise qu'à travers leurs intérêts. La poésie du XIXᵉ siècle et de la première moitié du XXᵉ siècle est à l'image du roman de ces mêmes époques : elle est exotique et veut conforter dans l'opinion française le mythe des îles bienheureuses. On peut de cette manière la considérer comme une poésie de mauvaise foi, une poésie qui ne veut pas prendre la réalité pour ce qu'elle est, ou du moins, qui n'en prend qu'une partie, celle qui est construite par l'idéologie colonialiste.

C'est une poésie sensuelle, qui fait une place de choix au thème de l'amour sous les tropiques. De cette manière, la femme antillaise, la *doudou*, est souvent associée à la nature. De toute façon, dans l'esprit des poètes de ce temps, les deux font partie de ce décor enchanteur que sont les îles à sucre : l'exotisme ne va pas sans un certain *doudouisme*. La description de la flore et de la faune rapproche cette poésie de celle d'Haïti vers la même époque. Mais si, dans le cas d'Haïti, il s'agit d'un acte d'appropriation d'un pays conquis de haute lutte — nommer les choses, c'est les rendre siennes —, il n'en est pas de même pour les poètes *doudouistes* et régionalistes des Antilles : leur regard est celui de la distanciation exotique. On comprend la violente sortie d'Étienne Léro dans *Légitime Défense* contre cette littérature, vue comme un décalque de la littérature française. L'ensemble de ces remarques vaut également pour des poètes comme **Victor Duquesnay** (1872-1920), **Daniel Thaly** (1879-1950), surnommé « prince des poètes ». **Gilbert Gratiant** (1895-1985) semble le seul poète d'avant la négritude à échapper aux poncifs de l'exotisme, comme en témoigne son recueil créole *Fab' Compè Zicaque* (1950).

La véritable poésie antillaise date donc de la négritude, mouvement dont les fondements théoriques se trouvent principalement dans deux revues, *Légitime Défense* (1932), qui n'a eu qu'un seul numéro, et *L'étudiant noir*, fondé en 1935 et dans lequel on trouve le premier emploi du mot négritude sous la plume d'Aimé Césaire. Il est difficile, en quelques lignes, de parler de l'œuvre poétique de Césaire ou même du seul *Cahier d'un retour au pays natal* (1939), texte paradigmatique, s'il en est, de la poésie antillaise et qui a suscité une infinité de commentaires. Le *Cahier* postule une double quête : géographique et anthropologique. Dans sa dimension symbolique, le retour au pays natal est, pour le sujet lyrique, un retour vers sa propre authenticité, occultée par des siècles de mensonges et d'aliénation, et cette authenticité se trouve être celle de toute une race, puisque, comme dans les sagas épiques, l'individuel n'est qu'une figure du collectif dans le *Cahier*. La plupart des commentateurs ont montré le côté dramatique de ce poème qui se présente comme un drame lyrique en trois actes : l'analyse de la misère matérielle et morale de la Martinique natale qui vit dans l'aliénation ; l'arrivée du sujet-narrateur au pays natal dont il assume les laideurs par solidarité raciale ; la révolte et la rébellion pour la libération universelle. Le *Cahier* s'impose par son ouverture générique : on y retrouve toutes les tonalités : lyrique, dramatique, argumentative. Sa posture polémique lui donne parfois la violence performative du Verbe, mais c'est grâce à ce ton polémique que Césaire a pu assumer toute la négativité attachée à sa race pour la transformer en valeur positive. On n'est pas loin du retournement opéré dans sa relecture de *La tempête* de Shakespeare à travers sa pièce intitulée *Une tempête* (1970). Le Caliban de Césaire n'est plus l'esclave résigné mais un homme révolté. La nouveauté du langage (de nombreux néologismes et hapax) souligne la rupture du *Cahier* avec la poésie d'imitation, les « vieilleries poétiques » des époques précédentes, bien que des critiques aient rapproché ce texte de l'œuvre de Rimbaud et de celle de Lautréamont par l'intermédiaire du surréalisme dont d'ailleurs Césaire lui-même se réclamait.

Les autres recueils de Césaire n'auront pas la force révélatrice du *Cahier* et pour cause, mais le poète a su renouveler constamment ou du moins approfondir son langage et son inspiration. Le retour quasi obsessionnel de certains thèmes et de certaines images d'un recueil à l'autre, l'art de la composition, toujours dramatique et dialectique sont les éléments qui fondent l'œuvre poétique de Césaire, c'est-à-dire, qui lui donnent son unité, comme le sont les divers cours d'une source matricielle. *Les armes miraculeuses* (1946), ici celles de la ruse poétique contre la censure, *Ferrements* (1960), *Cadastre* (1961) et *Moi, laminaire* (1982) sont les prolongements d'une quête poétique traversée par une exigence, à la fois éthique et esthétique. Selon Jean-Louis Joubert et ses collaborateurs : « Chaque poème annonce, organise, magnifie un désastre souhaité, naufrage où, dans l'éclaboussement des mots, s'engloutit l'ordre (colonial) détesté, cataclysme libérant les promesses de l'avenir[26]. »

L'œuvre de Césaire a souvent rejeté dans l'ombre d'autres poètes de la négritude qui méritent d'être mentionnés. **Paul Niger** (1915-1962) et **Guy Tirolien** (1917-1988) ne se sont pas contentés d'un retour symbolique à l'Afrique : ils ont entrepris le pèlerinage aux sources pour vivre dans leur chair l'expérience africaine, comme le feront par la suite d'autres écrivains antillais. *Initiation* (1954) de Paul Niger et *Balles d'or* (1961) de Guy Tirolien sont le compte rendu poétique de ce retour à l'Afrique maternelle. Il y a chez eux la dénonciation du colonialisme et le désir d'avènement d'un Nègre nouveau, libéré des séquelles du passé. Ce sont les préoccupations mêmes de la négritude. Il faut aussi mentionner le nom de **Georges Desportes** (né en 1921) dont la poésie a semblé peu à peu renoncer aux claironnements de la négritude.

Dans la génération de l'antillanité, Édouard Glissant est plutôt célébré comme théoricien et romancier, pourtant il a écrit une abondante œuvre poétique qui compte plus d'une demi-douzaine de recueils et qui se signale par ses trouvailles formelles. Les mêmes préoccupations reviennent dans tous les genres qu'aborde Glissant, comme si pour lui l'essai, la poésie et le roman étaient autant de prismes qui réfracteraient la même réalité, un même imaginaire, en donnant chaque fois une image différente de cette réalité. On peut percevoir cette continuité en lisant *Un champ d'îles* (1953), *Les Indes* (1955), *Le sel noir* (1960) ou *Fastes* (1992), recueils de la célébration des paysages antillais et de l'évocation du passé, composantes d'une œuvre dont le but est d'écrire une contre-histoire, pour dénoncer les mensonges de l'histoire officielle et coloniale. Le parti pris paysagiste présent dans quelques textes poétiques, la présence d'une parole mythique, la tentation épique ont souvent fait rapprocher cette poésie de celle de Saint-John Perse, mais cette communauté d'inspiration ne doit pas occulter l'originalité de l'œuvre poétique de Glissant, ouverte aux diverses voix de l'hétérogène.

---

26. *Les littératures francophones depuis 1945*, Paris, Bordas, 1986, p. 97.

La quête identitaire de l'antillanité est également présente dans des œuvres d'autres poètes comme **Sonny Rupaire** (1941-1991) ou **Daniel Boukman** (né en 1939), qui prend d'ailleurs ses distances avec la négritude dans son recueil, *Chants pour hâter la mort du temps des Orphée* (1967). C'est cette voie tracée dans l'espace antillais qu'a empruntée le poète **Alfred Melon-Degas** (1932-1990). Quant à la créolité, elle est présente dans la poésie de Raphaël Confiant, de **Monchoachi** (né en 1946) et de **Joby Bernabé**. La poésie écrite d'expression française ne doit pas faire oublier, comme dans le cas d'Haïti, l'immense production poétique orale sous forme de chansons, qui reste, en fin de compte, l'une des rares pratiques culturelles à laquelle le peuple a accès.

LE THÉÂTRE

Le théâtre semble le genre le plus proche de l'imaginaire haïtien et antillais. De nombreuses pratiques culturelles populaires, comme le carnaval ou les veillées, rappellent le théâtre. À cela, on peut ajouter la théâtralisation de ces sociétés, survivance du marronnage et d'autres « pratiques de détour », grâce auxquels on peut jouer sur l'être et le paraître, pour sauver sa peau. Pourtant, le théâtre a longtemps hésité entre la dramaturgie française et une dramaturgie autochtone. Aussi, la naissance d'un théâtre authentique antillais est-elle assez récente : elle se situe dans le prolongement de l'indigénisme et de la négritude.

Le théâtre haïtien

L'histoire du théâtre remonte, en Haïti, à l'époque coloniale. Plusieurs chercheurs, parmi lesquels Jean Fouchard, ont évoqué la vie culturelle de cette période dont le théâtre était la pratique la plus importante[27]. On comprend bien la fascination qu'un tel genre peut exercer sur la classe des colons dont les membres vivaient, pour la plupart, dans un très grand luxe. Comme il faut le penser, on ne représentait pas des pièces indigènes, mais on faisait venir des troupes de comédiens directement de France, ce qui donnait à ces Français en exil l'illusion de participer à

---

27. Jean Fouchard, *Le théâtre à Saint-Domingue*, Port-au-Prince, Imprimerie de l'État, 1955.

la vie culturelle de la mère-patrie. En effet, les colons n'avaient aucune nécessité d'encourager la création d'une dramaturgie autochtone ; ils consommaient du théâtre comme de nos jours certaines personnes consomment de la peinture : par pure mondanité. Cette pratique s'est poursuivie en Haïti jusque dans les années 1980 : on faisait venir en Haïti des troupes de comédiens par le biais de l'Institut français pour jouer les grands classiques du théâtre français, comme si c'était seulement ceux-là qui pouvaient rendre l'esprit de ces textes.

Pourtant, de tous les genres, seul le théâtre peut en Haïti exploiter les richesses inépuisables qu'on trouve dans les mythes et l'histoire, dans l'oralité que véhicule le créole. On ne peut que s'étonner devant l'entrée tardive sur la scène de ce formidable réservoir dramatique qu'est la culture populaire. Encore qu'il ait fallu passer par les mythes grecs pour ce déblocage de la mémoire nationale, car la naissance d'une dramaturgie créole ne date que d'un demi-siècle, après les adaptations d'*Antigone* par Félix Morisseau-Leroy. Il faut également rappeler l'oubli du créole pendant près de deux siècles de théâtre par les dramaturges haïtiens, alors que l'emploi de cette langue aurait élargi leur public potentiel. C'est là un des nombreux paradoxes de la littérature haïtienne : d'une part, il y a la volonté d'affirmer l'identité haïtienne, d'autre part, il y a occultation de la mémoire et de la culture nationales, véhiculées par le créole. Par ailleurs, le pouvoir politique n'a pas toujours été tolérant envers les dramaturges. À cause de sa force persuasive et éducative qui peut agir directement sur le spectateur, le théâtre est souvent l'objet de censure en Haïti, plus que la poésie ou même le roman. On a pour preuve l'interdiction de représentation dont *Pèlentèt* (1978) de Frankétienne a été l'objet, ou *Le forçat* (1929) de Dominique Hyppolite.

Fait assez remarquable, la mise en scène des grands personnages historiques, pratiquée par presque toutes les générations de dramaturges, n'a pas donné de véritables chefs-d'œuvre, alors que des dramaturges français, comme Lamartine, ou antillais, comme Aimé Césaire, Édouard Glissant ou Derek Walcott, ont exploité la puissance dramatique de quelques figures fondatrices haïtiennes pour faire des pièces assez réussies. À côté des problèmes susmentionnés, nous ne devons pas non plus oublier toutes les exigences propres à l'art dramatique, car il ne suffit pas d'écrire une pièce, il faut des comédiens pour l'interpréter, des salles pour les représentations et finalement, un public qui a les moyens de se payer un spectacle. Or, toute cette machine nécessaire à la survie du théâtre n'a pratiquement jamais existé en Haïti. On comprend pourquoi ce genre, qui devrait être le plus populaire en Haïti, a été longtemps réservé à une petite élite. C'est ce qui explique aussi que de nombreux textes qui portent en paratexte la mention théâtre ou drame n'ont jamais été joués : ils restent à l'état de virtualité et peut-être resteront des pièces mortes, puisqu'ils ne seront jamais actualisés sur une scène, véritable lieu où le texte figé sur le papier s'anime et devient performance théâtrale.

L'apparition du cinéma et de la télévision semble avoir porté le coup de grâce à une pratique culturelle déjà moribonde, en dépit du talent de certains dramaturges contemporains comme Frankétienne. Le Rex Théâtre de Port-au-Prince, haut lieu de la performance dramatique en Haïti, a dû changer de vocation. Cependant, la télévision et le cinéma peuvent être aussi des alliés du théâtre. Par exemple, **Théodore Beaubrun** (né en 1931), alias Languichatte, a présenté pendant des années une série théâtrale télévisée très appréciée par le public. D'autres tentatives pour atteindre le grand public sont faites par le biais du théâtre radiophonique ; mais dans ces conditions, le théâtre est réduit à la seule performance orale. En dépit de ce handicap, la radio a joué un rôle important dans la carrière d'une dramaturge comme **Mona Guérin** (née en 1934) qui a animé une émission à succès de théâtre radiophonique intitulée *Roye! Les voilà!* de 1982 à 1994.

Le théâtre haïtien est né au lendemain de l'indépendance. Les poètes d'alors qui s'improvisent polygraphes sont également dramaturges. Rares sont les écrivains à se consacrer exclusivement à l'art dramatique. Les premières pièces sentent l'imitation et comme on est en plein romantisme, la fameuse opposition classique entre tragédie et comédie n'a pas eu cours ou, mieux, la comédie de mœurs se charge des sujets de la vie courante, tandis que le drame exploite les sujets historiques. Par exemple, *Nehri* (1817) est une pièce dans laquelle **Juste Chanlatte** (1766-1828) raconte la victoire des Haïtiens sur l'expédition de Napoléon Bonaparte, alors que dans *Le philosophe-physicien* (1820), **Jules Solime Milscent** (1778-1842) dénonce les superstitions haïtiennes. Ainsi, dès l'origine, le théâtre haïtien se caractérise par deux grands sous-genres : le drame historique et la comédie de mœurs.

De par leurs sources historiques, les drames imposent d'eux-mêmes une certaine originalité sur le plan thématique tandis que les comédies tirent leur originalité de la réalité sociopolitique dont elles s'inspirent même si les noms des personnages (Léandre, Constance) sont assez conventionnels et rappellent le théâtre français. Cependant, il faut apporter quelques nuances à la notion d'originalité en parlant du théâtre haïtien à ses débuts : les sujets sont certes originaux, mais ils servent le plus souvent de prétexte au dramaturge pour faire preuve de sa virtuosité en alexandrins sonores. De la deuxième période (1836-1860) et de la troisième période (1860-1890) de la littérature haïtienne, il faut retenir un drame historique assez bien écrit, *La fille du Kacik* (1894) de **Henri Chauvet** (1863-1928), lequel parle de l'impossible cohabitation entre les conquérants espagnols et les Amérindiens d'Haïti sur fond de passion amoureuse. Robert Cornevin voit dans ce drame « l'une des grandes pièces du théâtre haïtien. Les vers sont bien venus et s'il est actuellement difficile de la présenter en spectacle, du moins pourrait-elle bénéficier d'émissions radiophoniques[28]. » **Massillon Coicou**, déjà étudié comme poète, a tenté de faire du théâtre une école d'éducation populaire avec des pièces intitulées *Liberté* (1894) et *L'alphabet* (1905). Cependant, il faut se demander comment le dramaturge pouvait prétendre parler au peuple en écrivant des drames en français. La génération de la Ronde poursuivra la tradition du drame historique et de la comédie de mœurs. *La Crête-à-Pierrot* (1908) et *L'amiral Killick* (1923) de **Charles Moravia** (1875-1938) s'inspirent respectivement des guerres de l'Indépendance et de l'histoire immédiate.

Le premier écrivain haïtien à se consacrer uniquement à l'écriture dramatique est **Dominique Hyppolite** (1889-1967) qui a joué comme acteur dans les pièces de Massillon Coicou et dont il a subi l'influence. Ses deux pièces les plus connues sont *Le forçat*, satire des magouilles électorales sous l'occupation américaine, et *Le torrent* (1940), dont le sujet est la révolte des Noirs et des Mulâtres contre Leclerc, envoyé à la tête d'un corps expéditionnaire par Napoléon à Saint-Domingue pour y rétablir l'esclavage. La première fut un véritable succès. Dans le cadre des drames historiques de l'époque, on doit retenir *Mackendal* (1925) d'**Isnardin Vieux** (1865-1941), *Anacaona* (1927), pièce sur le massacre des Amérindiens, écrite par **Frédéric Burr-Reynaud** (1884-1946) en colla-

---

28. Robert Cornevin, *Le théâtre haïtien, des origines à nos jours*, Ottawa, Leméac, 1973, p. 109.

boration avec Dominique Hyppolite, et *Le roi Christophe* (1901) de **Vergniaud Leconte** (1866-1932). Le nombre assez important des pièces qui revisitent l'histoire vers cette époque s'explique par la mise sous tutelle du pays. Il était nécessaire pour le nationalisme haïtien de convoquer quelques figures fondatrices de la rébellion des esclaves afin de contrer l'impérialisme américain. C'est ce même esprit qui anime les pièces *Le drapeau de demain*, *Adieu à la Marseillaise* de Jean-François Brierre, ou *Pierre Sully* de **Marcel Dauphin** (né en 1910).

En dépit de son contenu national, le théâtre haïtien, même en plein indigénisme, est avant tout d'expression française. Mais c'est grâce à ce mouvement que le formidable potentiel théâtral que véhicule la culture populaire à travers le créole a été libéré. Tout un imaginaire déjà travaillé par le théâtre va donc être exploité. À cet effet, on peut dire que presque tous les aspects de la vie haïtienne sont plus ou moins vécus sous le mode théâtral : de la politique aux cérémonies vaudou, en passant par le carnaval, qui est mise en scène du présent et du passé, lieu où le refoulé s'exprime sans crainte ni contrainte, à la manière d'une vraie scène de théâtre, sorte de cercle magique qui protège les acteurs de la sanction du réel. À partir de l'indigénisme, on assiste plus à la fin du drame historique, comme si le présent était lui-même assez tragique pour servir de sujet. À côté de ce réel qui devient de plus en plus angoissant à partir de l'ère des Duvalier, les dramaturges ont puisé dans les mythes et l'imaginaire haïtiens des situations qui renvoient au contexte sociopolitique. En même temps, un autre acteur fait une fracassante entrée en scène : la langue créole. La première pièce en créole est *Antigon* (1953) suivi de *Roua Kréon* (1953) de Félix Morisseau-Leroy, adaptations de Sophocle. Félix Morisseau-Leroy a aussi été un théoricien du théâtre. Dans « Plaidoyer pour un théâtre créole[29] », il définit l'esthétique du théâtre populaire qui, à ses yeux, peut être vecteur de progrès. Pour lui, le théâtre doit viser avant tout la vérité s'il veut vraiment parler au peuple. Morisseau-Leroy a illustré ses prises de position théoriques en écrivant des pièces inspirées du folklore haïtien, telles que *Anatole*, *Rara*, *Ti Sonson*, dont la première a fait l'objet d'une adaptation en wolof par le dramaturge lui-même, lors de son séjour au Ghana. Il a également écrit des pièces

---

29. *Panorama*, 12 juin 1955.

d'inspiration africaine, dans lesquelles il développe sa conception d'un théâtre comme véhicule du progrès et facteur de cohésion nationale. L'ensemble de son œuvre théâtrale illustre ce qu'on peut appeler avec Agusto Boal le théâtre de l'opprimé[30].

Le théâtre à vocation pédagogique a eu un digne représentant en **Franck Fouché**. Il a commencé également par l'adaptation en créole d'un classique grec, *Œdipe roi* de Sophocle. Son théâtre souligne toutes les nuances de la situation linguistique en Haïti avec des pièces en français, bilingues ou uniquement en créole. Comme on doit s'y attendre, c'est dans ces dernières qu'on trouve une exploration des mythes haïtiens, particulièrement dans *Général Baron-la-Croix* (1974) ou *Bouqui nan paradis* (1933), qui a été traduite en français sous le titre de *Bouqui au paradis*. Pradel Pompilus et Raphaël Berrou soulignent en ces termes l'art du dramaturge : « Fertile en innovations sur le chapitre de la technique théâtrale, il n'est pas moins remarquable par l'architecture scénique, le don de la multiplication de la vie, l'art du dialogue, la langue et le style[31]. » Vu le parcours de Félix Morisseau-Leroy et de Franck Fouché, pionniers du théâtre créole, on ne peut s'empêcher de remarquer que leur projet a pour point de départ une lecture haïtienne de quelques textes fondateurs de la dramaturgie occidentale, relecture qui s'est faite dans le sens de l'innutrition des poètes de la Pléiade ou, mieux, de l'anthropophagie culturelle du brésilien Oswald de Andrade[32].

Comme pour les autres genres littéraires, la plupart des pièces de théâtre écrites à partir des années 1960 l'ont été en exil. C'est le cas de la majeure partie de l'œuvre dramatique de Franck Fouché et, à un degré moindre, de Félix Morisseau-Leroy. Parmi les autres dramaturges à poursuivre leur œuvre en exil, on doit retenir le nom de **Gérard Chenet** (né en 1927) avec *Zombis nègres* (1933) ou *El Hadj Omar*, écrits à Dakar. Le déracinement n'a pas eu d'effet que sur les lieux de production de la dramaturgie haïtienne : le phénomène des *boat people* apparu dans les années 1970 est exploité comme sujet de théâtre par **Jean Mapou**, lui-

---

30. Agusto Boal, *Le théâtre de l'opprimé*, Paris, La Découverte, (1977) 1996.

31. Pradel Pompilus et Raphaël Berrou, *Histoire de la littérature haïtienne illustrée par les textes*, Port-au-Prince/Paris, Éditions Caraïbes/Éditions de l'École, t. 3, 1977, p. 485.

32. D'autres dramaturges ont pratiqué la traduction/adaptation des classiques du théâtre mondial : Saint Arnaud Numa avec *Le Cid* et *Andromaque* et plus tard dans les années 1980, Lionel Desmarattes avec *Tartuffe*.

même exilé, dans une pièce intitulée *DPM Kanntè* (1995)[33]. Par contre, **Jean Métellus**, exilé à Paris, a renoué avec la tradition du drame historique en mettant en scène des figures telles que *Anacaona* dans la pièce éponyme en 1986, Dessalines, dans *Le Pont Rouge* (1991). C'est également la tragédie de l'exil qui sert de trame dramatique à *Pèlentèt* (1978) de Frankétienne, l'une des pièces les plus connues du théâtre haïtien[34]. Comme celui de Morisseau-Leroy ou de Franck Fouché, le théâtre de Frankétienne est un voyage au cœur de l'oralité et des mythes haïtiens. Le dramaturge a su exploiter les multiples aspects théâtraux de la culture populaire, en particulier du vaudou, pour critiquer la dictature. Cette critique emprunte les voies de l'allusion, les circonvolutions de la spirale et le langage codé propre à ce polygraphe, connu pour son invention verbale. Les titres sont eux-mêmes révélateurs de ce travail sur la langue : *Troufòban* (1977), *Bobomasouri* (1984), *Kaselèzo* (1985), *Tololomanwèl* (1986) et *Kalibofobo* (1996).

Tous les dramaturges restés en Haïti n'ont pas suivi la voie tracée par Morisseau-Leroy. À côté d'un théâtre résolument créole, on continue à écrire des pièces en français. Par exemple, la comédie de mœurs bourgeoise a trouvé une illustre représentante en **Mona Guérin** (née en 1934) dont des pièces comme *L'oiseau de ces dames* (1966), *Les cinq chéris* (1969) et surtout *La Pieuvre* (1971) ont connu un vif succès. Le théâtre de Mona Guérin est remarquable par la finesse de ses analyses psychologiques, la mise en place de la tension dramatique, les quiproquos, le comique de situation, en un mot, par tout le dispositif dramatique qui assure la réussite d'une pièce « comique ». Ce théâtre des apparences ou de l'apparence rappelle les romans de Fernand Hibbert qui, lui aussi, a fustigé la bourgeoisie.

L'avenir du théâtre haïtien semble pour le moment incertain. Il n'y a pas encore, paraît-il, de jeunes dramaturges pour prendre la relève non

---

33. Entendez : *Drèt pou Miyami Kanntè* (Droit pour Miami, Canter). En créole, *Kanntè* est le nom générique donné aux bateaux de fortune que prennent les *boat people*. En ce qui concerne les activités théâtrales de la diaspora haïtienne, de nombreuses troupes ont été fondées, dont la plus connue est la troupe Kouidor de New York. Hervé Denis, acteur et cofondateur de cette troupe, s'est réclamé de l'esthétique de Bertold Brecht et d'Erwin Piscator, tous deux théoriciens du théâtre politique. À Paris, il y eut la compagnie des Griots, autour de Toto Bissainthe, elle-même comédienne et chanteuse.

34. *Pèlentèt* est en fait une adaptation/traduction de la pièce *Les émigrés* (1975) de Slawomir Mrozëk, dramaturge d'origine polonaise installé en France.

pour révolutionner l'art dramatique haïtien mais du moins pour en renouveler les thèmes. Cependant, il existe un théâtre populaire assez vivant qui ne dédaigne pas les procédés du boulevard. De plus, un romancier comme Gary Victor, suivant en cela l'exemple de prédécesseurs tels que Mona Guérin ou Théodore Beaubrun, exploite la veine du théâtre radiophonique en adaptant à ce médium quelques-uns de ses romans. Il existe également une autre pratique qui tend de plus en plus à remplacer un vrai spectacle théâtral, ce sont les montages de textes d'un auteur ou de plusieurs, dont l'avantage, on le devine, est qu'ils peuvent se passer de tout l'appareil qu'exige la mise en scène d'une pièce au point de vue de la technique et du savoir-faire des comédiens.

Le théâtre antillais

Dans les Antilles, soit en Martinique et en Guadeloupe, l'importance que les instances de légitimation accordent d'abord au roman et à la poésie fait oublier qu'il y a une production théâtrale très forte, emblématique le plus souvent, de la situation politique de ces pays et même de tous les pays du Tiers-Monde. Cette occultation s'explique par la fragilité du théâtre en tant que genre, fragilité qui l'inscrit le plus souvent dans l'éphémère de la seule performance ; elle s'explique également par des raisons éditoriales : une pièce de théâtre éditée se vend moins bien qu'un recueil de poèmes et moins encore qu'un roman. Cette liste de causes n'est pas exhaustive et on peut y ajouter la jeunesse relative de ce genre par rapport à la poésie, par exemple, car selon Bridget Jones : « Dans les Antilles, le théâtre peut être considéré comme le dernier genre à y naître[35]. » Comme en Haïti, on peut distinguer deux sous-genres dramatiques : un sous-genre sérieux qui s'inspire des grandes figures de l'histoire nègre, africaine ou antillaise, et un sous-genre plutôt comique mettant en scène les faits et gestes de la vie quotidienne. Cependant, il n'existe pas de cloisonnement étanche entre ces deux sous-genres, puisque, de manière générale, l'art dramatique dans les Antilles emprunte sa scénographie, sa gestuelle au vaste réservoir de théâtralité qu'est la culture populaire. Ainsi, le Trinidadien Errol Hill voit dans le carnaval le modèle

---

35. Bridget Jones, « Comment identifier une pièce de théâtre de la Caraïbe ? », *Les théâtres créolophones et francophones de la Caraïbe*, Paris, L'Harmattan, 2003, p. 44.

du théâtre antillais. À cet effet, on peut rapprocher les effets de cette fête populaire de la purgation des passions, la catharsis aristotélicienne de la libération psychologique. Dans les Antilles, le carnaval prend souvent la forme d'un psychodrame permettant au refoulé de s'extérioriser. Il transforme ainsi l'espace où il a lieu en une scène de théâtre où tout est permis, comme dans une vraie représentation théâtrale. Pour Bridget Jones, les masques du carnaval rappellent ceux du théâtre, avec toutes les ambiguïtés qu'ils comportent. Il y a donc une matrice commune à toutes les formes que prend le théâtre sous la plume des dramaturges. Si des auteurs dramatiques haïtiens ont adapté à la scène haïtienne quelques classiques grecs ou français, les Antillais ont eux aussi pratiqué cette appropriation. L'exemple le plus célèbre est la relecture, d'aucuns diraient postcoloniale, que Césaire a faite de *La tempête* de Shakespeare. *Une tempête* (1969) fait de Caliban non pas la figure négative et résignée qui justifie presque naturellement le rôle de maître de Prospero, mais le sujet d'une histoire à faire : il est le rebelle qui veut briser le cycle de la domination. Le rebelle est, à cet effet, le personnage central dans le théâtre de Césaire, qui est un théâtre éminemment politique, à l'écoute des problèmes du Tiers-Monde, en particulier des difficultés qu'éprouvent les États fraîchement sortis de la colonisation à créer un modèle de société indigène, soustraite à l'influence de l'ancienne puissance coloniale. *La tragédie du roi Christophe* (1963), pièce montée par Jean-Marie Serreau et jouée un peu partout dans le monde, est, à cet égard, emblématique de la situation des nouvelles indépendances africaines. Le thème de la fragilité des nouveaux États africains dont l'indépendance réelle est factice est repris également dans *Une saison au Congo* (1965), où le dramaturge met en scène la figure charismatique de Patrice Lumumba, qui a compris que les puissances coloniales tiennent en laisse, par toutes sortes de manipulations et de pressions, les pays qui se sont libérés de leur tutelle. Cependant, en dépit du constat que l'indépendance est toujours une dépendance masquée, le théâtre de Césaire n'est pas un théâtre de la défaite mais plutôt de la révolte et de la rébellion, comme en témoigne le personnage principal de *Et les chiens se taisaient* (1956). C'est ce qui fait la force libératrice de ce théâtre, dont le langage scénique mobilise toutes les ressources matérielles et linguistiques pour parler à la conscience humaine. De ce point de vue, il y a une dimension métaphysique dans la dramaturgie césairienne dont le *credo* peut être formulé de la manière suivante : au commencement était la Révolte.

Ce sont encore des figures de l'indépendance haïtienne qui inspirent le théâtre d'Édouard Glissant ou **Vincent Placoly** (1946-1992), auteur de plus d'une douzaine de pièces en créole et en français. Le premier met en scène Toussaint Louverture dans sa pièce *Monsieur Toussaint* (1961), où domine une tonalité fantastique ; le second fait revivre Jean-Jacques Dessalines dans *Dessalines ou La passion de l'indépendance* (1983). Dans ces pièces portant sur des figures fondatrices d'une certaine identité du peuple noir, chaque personnage est une incarnation de l'homme révolté, ce surhomme qui a le courage de refuser la logique de l'histoire du maître pour imposer la sienne et qui, pour vaincre le maître, doit employer des armes plus puissantes que lui. Ainsi, dans la pièce de Vincent Placoly, la cruauté de Dessalines paraît comme la seule arme dont le héros disposait pour contrecarrer la cruauté des Français. De l'œuvre dramatique de Maryse Condé, laquelle tourne autour de l'Afrique et de la Caraïbe, il faut citer *Dieu nous l'a donné* (1972), *Mort d'Oluwémi d'Ajumako* (1973) et, dans une autre tonalité, *An tan revolisyon, elle court elle court la liberté* (1989). Cette pièce de commande, écrite à l'occasion du bicentenaire de la Révolution française, est une relecture des conséquences de cette révolution sur les Antilles et du rôle des femmes que les historiens négligent fort souvent. Elle illustre l'obsession de l'histoire dans la dramaturgie antillaise. Comme l'a écrit Bridget Jones :

> Quelle que soit la méthode choisie, le théâtre historique aux Antilles répond à une pulsion profonde, celle d'utiliser l'extériorisation d'événements du passé afin de corriger les versions imposées, voire faussées, de la narration officielle. Mais aussi celle de faire revivre de façon virtuelle et ludique des scènes angoissantes, des rapports encore pénibles, longtemps refoulés dans la mémoire aussi bien de ceux qui ont accepté l'esclavage que de ceux qui l'ont imposé[36].

Ce ne sont pas tous les dramaturges qui vont chercher leur inspiration dans l'histoire pour dire la tragédie des Antilles, certains puisent à même l'actualité leurs sujets. *Ton beau capitaine* (1987) de **Simone Schwarz-Bart** est un drame sur l'exil. Wilnor, ouvrier agricole haïtien vivant en Guadeloupe, reçoit de sa femme restée en Haïti une cassette

---

36. Bridget Jones, *ibid.*

dans laquelle elle lui apprend, entre autres choses, qu'elle est enceinte d'un autre homme. Cette cassette sert de médiation entre les deux protagonistes éloignés l'un de l'autre. Objet de la modernité, elle figure pourtant l'oralité antillaise et la condition d'analphabètes des *boat people*. Le mérite de la dramaturge est d'avoir su donner tant de poids symbolique à un banal objet, mais c'est la fonction de la littérature de transmuter le réel. Les pièces satiriques de Daniel Boukman comme *Ventres pleins, ventres creux* (1981) traitent des problèmes contemporains dans un registre plutôt enjoué. Quant à **Ina Césaire**, sa *Geste de Ti Jean* (1987) s'inspire plutôt du folklore antillais.

Comme pour le théâtre haïtien, mais avec un certain retard, des dramaturges antillais ont milité en faveur de l'intégration de la culture populaire dans les pratiques dramatiques. Ainsi, est né dans les années 1970 un théâtre d'inspiration populaire en créole. Cependant, on peut dire que tout le théâtre antillais porte l'empreinte de la culture populaire, non seulement par l'imaginaire et les mythes dont il se nourrit mais aussi par la gestuelle et l'exploitation des rythmes, des tambours, des chants, lesquels concourent à créer un spectacle total.

L'existence de nombreuses troupes, la tenue régulière de festivals qui permettent de découvrir de nouveaux talents sont les signes de la vitalité du théâtre antillais dont l'avenir paraît moins incertain que celui d'Haïti.

L'ESSAI

S'il est un genre oublié par les critiques et spécialistes de la littérature des Caraïbes, c'est l'essai. En plus des raisons éditoriales comme pour le théâtre, ce silence peut s'expliquer par des préjugés. L'essai étant du domaine de la réflexion, de la raison, est-ce possible que des écrivains issus de pays qui ont connu la colonisation puissent faire œuvre qui vaille en ce domaine? La raison cartésienne est loin d'être, dans ce cas, la chose la mieux partagée. Il y a une volonté de garder les textes antillais à l'intérieur du seul champ de l'imagination. Trop tard venus à l'écriture pour échafauder de grands systèmes dont on connaît d'ailleurs les limites et les conséquences catastrophiques, les essayistes haïtiens et antillais se sont donné comme tâche de réfléchir sur un réel piégé, hypothéqué par des siècles de barbarie, afin de sortir véritablement de l'ère coloniale, de se débarrasser de ses pesanteurs, d'en exorciser la malédiction. Qu'on n'y cherche pas des constructions sur l'universel abstrait, sur l'homme désincarné : les théoriciens n'ont d'ambition que locale et veulent apporter des réponses aux questions concrètes. Tel est le but de tous les essais antillais. Il manque souvent au théoricien antillais la distance critique qui aide à une certaine objectivité dans l'analyse des faits sociaux, mais le regard indigène sur une réalité indigène a aussi ses avantages : il a au moins la légitimité du vécu.

Haïti

L'essai en Haïti date véritablement de la deuxième moitié du xixᵉ siècle. Cependant, il faut signaler l'entreprise remarquable des historiens qui, dès le lendemain de l'indépendance, ont fait un travail de mémoire important en laissant des textes irremplaçables sur la période coloniale et leur période immédiate, si tant est qu'on puisse ranger le genre historique parmi l'essai. Bien que les premiers théoriciens, ceux du xixᵉ siècle, se soient inspirés de l'Europe des Lumières, leur pensée n'en était pas pour autant moins originale. Cette influence peut s'expliquer par le fait qu'ils ont été formés en France. Ils ont simplement pris dans la pensée des Lumières ce qu'elle avait d'universel pour l'appliquer au contexte haïtien, et de ce fait, ils ont jeté les bases d'une réflexion sur les divers aspects de leur société. Leurs ouvrages s'apparentent à des sommes où tous les sujets sont abordés : agriculture, théorie politique, religion, langue... Constatant le sous-développement croissant d'Haïti, ils se sont interrogés sur les causes de ce retard. En ce sens, ils ont précédé les romanciers nationaux dans le diagnostic du mal haïtien et ont proposé comme solution l'avènement d'une société pluraliste et démocratique, appliquant la séparation des pouvoirs. À leurs yeux, c'est le seul moyen de mettre fin au système oligarchique grâce auquel quelques familles détiennent tous les privilèges. Ce sont les principales idées qui ressortent des œuvres de **Demesvar Delorme** (1831-1901), de **Louis-Joseph Janvier** (1855-1911), d'**Anténor Firmin** (1850-1911) et d'**Hannibal Price** (1841-1893). Parmi les ouvrages les plus marquants de ces théoriciens, on retiendra *Les théoriciens au pouvoir* (1977) de Delorme, vaste somme sur les hommes de lettres qui ont occupé le pouvoir de l'Antiquité à l'époque contemporaine. Delorme veut prouver dans son livre que la démocratie ne peut se réaliser véritablement que si elle est dirigée par des intellectuels. De Louis-

Joseph Janvier et d'Anténor Firmin, il faut citer respectivement *L'égalité des races* (1884), réponse aux thèses racistes de Renan qui déclarait que les races n'étaient pas égales, et *L'égalité des races humaines* (1885), le seul texte à contrecarrer à l'époque les thèses génocidaires de Gobineau. Avant Cheikh Anta Diop, Firmin s'est appuyé sur la civilisation égyptienne pour réfuter la thèse de l'infériorité de la race noire. À ses yeux, les superstitions qui font préjuger de cette infériorité sont le lot de tous les peuples jeunes. Louant la portée du livre de Firmin, Pradel Pompilus et Raphaël Berrou déclarent : « Il faut louer Anténor Firmin d'avoir vu juste en une matière de si haute importance. En outre, bien des arguments de l'auteur ont gardé leur force : on les retrouve en particulier dans une brochure préparée en 1952 par des experts de l'Unesco sur le préjugé des races[37]. » C'est dans cette optique antiraciste qu'il faut placer *De la réhabilitation de la race noire par la République d'Haïti* (1900) d'Hannibal Price. Encore une fois, il s'agissait de répondre à un livre discriminatoire envers les Noirs, en l'occurrence *Hayti or the Black Republic* (1884) du diplomate anglais Spencer Saint-John. Le théoricien s'est également basé sur la communauté noire américaine instruite pour démontrer l'inanité des thèses du diplomate.

Les idées des théoriciens sont encore d'actualité dans un pays qui se cherche encore et également dans un monde où le racisme reste vivace tout en prenant des formes de plus en plus subtiles devant l'hypocrisie de la rectitude politique.

Le principal théoricien de la période suivante est Jean Price-Mars, dont l'essai *Ainsi parla l'Oncle* (1928) a eu une immense fortune littéraire et idéologique. Ce livre est une réhabilitation de la culture populaire, objet de mépris de la part des élites, parce qu'elle serait une survivance africaine. L'auteur analyse les principaux éléments de cette culture : les contes, les proverbes, les chansons et en particulier, le vaudou dont il montre les différences avec la magie ou la sorcellerie. Pour cette étude folklorique, l'auteur est remonté jusqu'aux sources africaines de la culture haïtienne, qui est en elle-même une preuve de l'existence en Afrique de foyers de civilisation, contrairement à ce que veut faire croire l'Occident colonisateur. D'après le constat de Jean Price-Mars, les

---

37. *Histoire de la littérature haïtienne illustrée par les textes*, Port-au-Prince/Paris, Éditions Caraïbes/Éditions de l'École, 1977, p. 642.

auteurs haïtiens n'ont utilisé que médiocrement ce vaste réservoir de motifs, de thèmes et d'images, et ont préféré produire, la plupart du temps, des œuvres d'imitation. C'est pourquoi il leur demande de se dépouiller de la vieille défroque occidentale, de se défaire de leur *bovarysme collectif* afin de produire des œuvres qui reflètent les aspirations nationales. Le recul historique permet d'apprécier ce livre à sa juste valeur. Le contexte de l'occupation américaine dans lequel il est écrit lui a donné certes un impact, mais la notion de littérature nationale qu'il défend n'était pas nouvelle, car de nombreux écrivains l'avaient défendue et illustrée bien avant. L'originalité de Jean Price-Mars vient de la filiation africaine qu'il a trouvée à la culture haïtienne. Voilà pourquoi on le considère comme l'un des précurseurs de négritude. Mais qu'on ne s'y méprenne pas, l'auteur n'a pas oublié l'apport français à la culture haïtienne ; ce qui était intolérable à ses yeux, c'était la place prépondérante de cet héritage au détriment de celui de l'Afrique.

Par la suite, de nombreux ouvrages ont été publiés dans le sillage de la pensée de Jean Price-Mars, principalement par le groupe des Griots, du nom de la revue qui a paru de 1938 à 1940. Ils analysent les problèmes liés au préjugé de couleur, les causes de l'échec des projets de société en Haïti. L'ensemble de ces travaux a débouché sur le noirisme, avec l'arrivée au pouvoir de François Duvalier en 1957, qui va instaurer une des plus longues dictatures dans le pays. Cependant, Jean Price-Mars avait mis en garde contre toute tentative de donner une coloration raciale à ses idées.

Pendant la période des Duvalier, peu d'essais politiques ont été publiés en diaspora, et encore moins en Haïti. L'énergie créatrice a pris les chemins de détour de la poésie et du roman. On a l'impression qu'en ces temps de silence forcé, les Haïtiens laissaient aux coopérants et autres étrangers la tâche d'analyser leur société, une sorte de saisie du réel par procuration. La chute de la dictature a semblé donner un nouveau souffle à l'essai. On s'interroge sur les causes de la dictature, comme si c'était un accident de parcours, alors qu'on sait qu'elle a des racines historiques. La plupart des essais contemporains portent sur l'analyse sociopolitique de l'échec de la démocratie en Haïti après la fin de la dictature. Cependant, il s'est entre-temps développé une véritable critique littéraire haïtienne qui s'appuie, entre autres, sur la linguistique, la sémiotique et le marxisme pour tenter de cerner la spécificité du discours littéraire haïtien, notamment en diaspora avec les travaux de **Maximilien Laroche** (né en 1937) et de **Max Dominique** (né en 1940), auteur de *L'arme de la critique* (1988) et de *Esquisses critiques* (1999). Les principaux ouvrages de Maximilien Laroche étudient l'influence de la littérature populaire sur les écrivains haïtiens et caribéens ainsi que les rapports de ces écrivains avec l'identité, la langue, la représentation romanesque, l'effet de l'exil sur le champ littéraire haïtien. Ce sont les principales problématiques qu'on trouve dans *L'image comme écho* (1978), *La littérature haïtienne, langue et réalité* (1981), *Le patriarche, le marron et la dossa* (1988), *La double scène de la représentation* (1991). Deux ouvrages parus en Haïti à près de 20 ans d'intervalle, *Vœu de voyage et intention romanesque* (1978) de **Jean-Claude Fignolé** (né en 1941) et *L'exil entre l'ancrage et la fuite. L'écrivain haïtien* (1990) de Yanick Lahens montrent la prégnance du thème de l'exil dans l'imaginaire des écrivains haïtiens, que cet exil soit vécu ou simplement intérieur (fantasmé). D'un autre côté, quelques essayistes haïtiens tentent d'investir le champ du symbolique du vaudou, lequel a été le domaine privilégié des ethnographes occidentaux. À cet égard, les travaux de Laënnec Hurbon, comme *Dieu dans le vaudou haïtien* (1972), *Les mystères du vaudou* (1993), sont exemplaires de cette réappropriation indigène. L'auteur ne se contente pas de décrire et d'expliquer le vaudou, mais tente également de cerner son articulation au pouvoir politique.

Il semblerait que l'essai haïtien soit maintenant dans une impasse. Il a besoin de nouveaux paradigmes, de nouveaux discours, ce qui risque d'être long en cette période de la fin des idéologies porteuses de nouveautés, mais on assistera peut-être dans quelques années à l'émergence d'une nouvelle pensée nationale comme au temps de Jean Price-Mars.

Antilles

L'essai antillais est apparu plus tard. En effet, si les notions d'État et de nation sont présentes dès 1804 dans la conscience des Haïtiens, il n'en est pas de même dans les Antilles qui ont, pendant longtemps, vécu dans la dépossession, pour reprendre un mot d'Édouard Glissant. C'est pourquoi jusqu'à la fin du XIXᵉ siècle, les Haïtiens croyaient qu'ils étaient obligés de parler pour les autres peuples de race noire, incluant les Antillais. Il faut commencer par *Peau noire, masques blancs* (1952) de **Frantz Fanon** (1935-1961) pour poser les jalons historiques de l'essai antillais. Ce texte qui fait appel à de nombreuses sciences humaines, notamment à la psychanalyse, étudie à la fois le complexe d'infériorité du Noir antillais et le complexe de supériorité de l'Européen. C'est ce que l'auteur appelle la double aliénation du colonisé et du colonisateur, dans la même optique du théoricien tunisien de la décolonisation, Albert Memmi. Frantz Fanon analyse, entre autres, les rapports de l'homme de couleur avec le langage et avec la Blanche. Dans une sorte d'étude en miroir, il tente de démasquer les mensonges qui structurent les rapports de la femme de couleur avec le Blanc, en se basant sur le roman autobiographique de Mayotte Capécia, intitulé *Je suis Martiniquaise* (1948). Il dénonce le désir de *lactification* de la narratrice qui la pousse à tout accepter du Blanc, sans rien exiger en retour, « sinon un peu de blancheur dans sa vie[38] ». Selon Fanon, l'amour authentique entre la femme de couleur et l'Européen « demeurera impossible, tant que ne seront pas expulsés ce sentiment d'infériorité ou cette exaltation adlérienne, cette surcompensation, qui semblent être l'indicatif de la *Weltanschauung* noire[39] ». Ce livre se termine sur la dénonciation de la construction du Noir comme être maléfique par l'Occident, processus de diabolisation qui rappelle l'attitude des Américains face aux Amérindiens, ou de l'Europe face aux Juifs. C'est pourquoi ce livre dépasse le simple contexte antillais pour parler à tous les *Damnés de la terre*, titre d'un autre ouvrage non moins célèbre de Fanon. Ce livre, préfacé par Jean-Paul Sartre et publié en 1961, en pleine guerre d'Algérie, est d'une brûlante actualité avec le retour en force des velléités coloniales de l'Occident et l'échec de toutes les tentatives de décolonisation. C'est avant tout un livre d'espoir, car il propose des stratégies pour répondre à la violence fondatrice de la colonisation. Fanon y propose une éthique et une nécessité de la violence, le seul langage qu'entend le colonisateur. Le livre finit sur une étude de l'évolution de la littérature des peuples colonisés, laquelle passe du mimétisme à une prise de conscience progressive de sa spécificité pour devenir au cours de sa troisième étape une littérature militante, donc de décolonisation. Le radicalisme de l'ouvrage en a fait un des textes de référence du tiers-mondisme et de la décolonisation. Deux autres textes, *L'An V de la révolution algérienne* (1959) et *Pour la révolution africaine*, traitent une fois de plus des problèmes de la colonisation et de la décolonisation.

---

38. Frantz Fanon, *op. cit.*, p. 34.
39. *Ibid.*, p. 33-34.

Le discours sur le colonialisme (1955) de Césaire est aussi une dénonciation non moins violente de la situation coloniale. Curieusement, il n'y a pas d'essai qui soit vraiment consacré au mouvement de la négritude, qui est à la base de la naissance de la littérature antillaise. Cela tient peut-être de la création après coup du concept ; c'est comme si le *Cahier*, comme poème-manifeste, avait à la fois exposé et épuisé le projet théorique du mouvement, en réalisant la fusion du poétique et du politique. Par contre, l'antillanité d'Édouard Glissant a profité d'une importante théorisation de la part de Glissant lui-même avec des titres comme *Soleil de la conscience* (1956), *Le discours antillais* (1981), *L'intention poétique* (1989), *Poétique de la Relation* (1990), *Introduction à une poétique du Divers* (1995), *Faulkner, Mississipi* (1996). Ces ouvrages constituent, à notre avis, l'une des contributions les plus fortes et les plus originales à la pensée antillaise. Avec Glissant, l'essai antillais devient art poétique autant qu'acte politique, car il s'agit d'articuler l'espace de la création et l'espace de la réflexion, l'écriture étant vue elle-même comme acte politique. De plus, chez Glissant, et cela dans une perspective toute postmoderne, la notion de genre littéraire est très peu opératoire : en témoigne son *Tout-monde* (1993). Alors que la négritude cherchait à saisir une essence nègre, se basant ainsi sur la race pour exprimer une vision du monde bien particulière, l'antillanité exprimerait avant tout une appartenance spatiale, géographique. Elle est, selon Glissant, le seul processus d'américanisation d'Européens, d'Africains et d'Asiatiques à travers l'archipel antillais et suppose une solidarité entre tous ces peuples, au-delà de leurs différences culturelles et linguistiques. Le théoricien parle de la nécessité de rééquilibrer les composantes du métissage antillais, parce que la composante africaine, pendant des siècles, a été oblitérée par l'action coloniale. Il y a là un clin d'œil à la négritude et même à l'indigénisme haïtien qui plaidait pour la reconnaissance de l'héritage africain dans la culture haïtienne. Ce rééquilibrage doit passer nécessairement par l'accession de l'oralité au statut littéraire. *Le discours antillais* analyse les différents aspects des sociétés antillaises, les effets de la colonisation sur elles. Cependant, l'ensemble de ces réflexions dépasse ce cadre géographique pour déboucher sur la « relation », un des traits du divers. *Poétique de la relation* reprend quelques-uns des thèmes abordés dans le *Discours antillais*, mais il ne s'agit plus ici de cerner uniquement des problématiques locales. Glissant veut dresser une sorte de carte américaine des lieux de la relation. Parmi ces lieux, la plantation est devenue, malgré elle, la matrice du métissage et du multilinguisme, après la cale du négrier. C'est un « lieu clos » qui, par la force de l'histoire, a débouché sur une « parole ouverte ». La pensée de la relation est également liée à l'errance et à l'exil, c'est-à-dire à cet arrachement à l'en-soi pour une ouverture sur la totalité. Glissant se réapproprie le concept de rhizome, fondamental chez Deleuze et Guattari dans leur éloge du nomadisme, car « la pensée du rhizome serait au principe de ce [qu'il] appelle une poétique de la Relation, selon laquelle toute identité s'étend dans un rapport à l'Autre[40] ». *Introduction à une poétique du Divers* s'articule, entre autres, autour des notions de chaos-monde, de créolisation. Le chaos-monde est, selon Glissant, « le choc, l'intrication, les répulsions, les attirances, les connivences, les oppositions, les conflits entre les cultures des peuples dans la totalité-monde contemporaine[41] ». L'ensemble des textes qui forment ce dernier recueil pourrait donc être défini comme l'art poétique de l'ère de la mondialisation et d'Internet. La baroquisation, le multilinguisme, le remplacement progressif des « cultures ataviques » par des « cultures composites », la promotion de la « pensée archipélique » au détriment de la « pensée continentale » en sont les principales manifestations. Comme nous l'avons dit plus haut, ces réflexions sont à la fois une théorie et une pratique de la littérature.

Selon Maximilien Laroche, ce que Glissant propose à l'écrivain antillais, c'est de marronner l'écriture traditionnelle et par là, faire entendre la parole créole dans l'écriture française. Ce « marronnage créateur », comme l'appelle Suzanne Crosta, rappelle les stratégies, les pratiques de détour qu'utilisaient les esclaves face à la culture officielle. Il faut peut-être voir dans les concepts glissantiens un écho des théories postcoloniales qui proclament la fin des centres et des périphéries, aussi bien que des théories sur la postmodernité selon lesquelles, il n'y a plus de méta-récit centralisateur autour duquel graviteraient des micro-récits.

La créolité se situe dans un rapport de filiation avec la négritude et l'antillanité, mais elle veut surtout être, d'une certaine manière, leur accomplissement. Selon Jean Bernabé, la créolité remplit mieux les

---

40. *Poétique de la relation*, Paris, Gallimard, 1990, p. 23.
41. *Introduction à une poétique du Divers*, Montréal, Presses de l'Université de Montréal, 1995, p. 62.

promesses du programme de la négritude que ne l'a fait la négritude elle-même, tant sur le plan de l'enracinement dans le langage que celui de l'identité. *Éloge de la créolité* (1989), ouvrage cosigné par Patrick Chamoiseau, Raphaël Confiant et Jean Bernabé, s'ouvre par une déclaration qui semble balayer du revers de main les théories et les mouvements littéraires antérieurs : « Ni Européens, ni Africains, ni Asiatiques, nous nous proclamons créoles[42]. » Ce texte est effectivement un procès des mouvements littéraires qui vont de la poésie doudouiste à l'antillanité de Glissant. En dépit des précautions rhétoriques, les auteurs donnent l'impression de vouloir faire table rase du passé, considérant leur mouvement comme le seul qui puisse faire advenir une littérature antillaise : « La littérature antillaise n'existe pas encore. Nous sommes encore dans un état de prélittérature[43]. » Cependant, les raisons qu'ils avancent pour expliquer cette situation ne sont pas spécifiques aux Antilles : de nombreux écrivains ont été sans lecteurs, et c'est le travail patient du temps qui les a fait sortir du purgatoire. La créolité serait, selon ses théoriciens, l'aboutissement d'une quête littéraire de plus en plus consciente de son objet. L'écrivain créole est celui qui se soustrait aux séductions de l'extériorité pour se centrer sur l'intériorité collective ou individuelle. En ce sens, la créolité rappelle l'indigénisme ou la négritude dont pourtant elle veut se démarquer. Son originalité est dans ce renouvellement du langage littéraire qu'on ne retrouve ni dans l'indigénisme ni dans la négritude.

« Vecteur de la connaissance de l'Antillais » et « agrégat interactionnel ou transactionnel des éléments culturels caraïbes, européens, africains ou asiatiques que l'histoire a transplantés en terre antillaise[44] », la créolité suppose à la fois une solidarité géopolitique entre les peuples de l'archipel et une solidarité anthropologique entre tous les pays qui ont connu la colonisation. Donc, au contraire de l'antillanité ancrée dans la dimension géopolitique, la créolité a une dimension humaine, anthropologique. Les réflexions autour de la créolité se sont poursuivies, notamment dans *Lettres créoles. Tracées antillaises et continentales de la littérature : Haïti, Martinique et Guadeloupe* (1991), de Chamoiseau et de Confiant, ainsi que dans *Aimé Césaire, une traversée paradoxale du siècle* (1993) de Confiant.

---

42. *Éloge de la créolité, op. cit.*, p. 13.
43. *Ibid*, p. 14.
44. *Ibid.*, p. 26.

Comme dans l'antillanité, l'oralité est au cœur de la poétique de la créolité : elle permet de passer d'une « poétique forcée » à une « poétique libérée » afin de mieux saisir la complexité et l'opacité du monde, de là l'importance du marqueur de paroles dans les romans de Chamoiseau, un des principaux auteurs de ce mouvement. Mais de ce point de vue, la créolité semble reprendre l'idée à la base de toute littérature naissante, idée selon laquelle les premiers textes littéraires d'une nation exploitent toujours une source orale, collective. De plus, la volonté de faire entendre la parole créole dans la langue française relève du plurilinguisme qui est consubstantiel au genre romanesque lui-même.

Ce texte a fait l'objet de nombreuses exégèses. Certains commentateurs ont reproché aux auteurs leur intransigeance linguistique, encore qu'elle n'ait été que rhétorique. Ils semblent avoir raison, car il n'existe pas d'adéquation entre les mots et les choses, la langue étant une construction, un système second par rapport au monde, même si c'est grâce à elle que l'écrivain ou le simple usager peut accéder au réel.

Il faut mentionner également le collectif *Écrire la parole de nuit* (1994) qui regroupe des textes de réflexion et de création d'auteurs de la Caraïbe francophone. Ce travail qui questionne les rapports entre l'oral et l'écrit se situe dans le prolongement des idées de Glissant et des théoriciens de la créolité. On peut présumer qu'il y aura un certain essoufflement dans l'essai antillais après le travail monumental de Glissant : le défi sera redoutable pour la relève.

Dans quel sens ira l'essai antillais ? On ne saurait prévoir l'évolution de ce genre, mais les théoriciens et les écrivains continueront longtemps à questionner le problème de leur identité, de leur rapport à la langue et de la survivance des structures coloniales dans leur société.

Ce bref survol nous a permis de dégager les lignes de force des littératures haïtienne et antillaise, leur progression vers une certaine autonomisation, leurs apports à la littérature mondiale. Cependant, ces littératures sont confrontées à de nombreux problèmes, dont le principal est que les instances de légitimation de ces littéraures se trouvent encore à l'étranger.

Le Maghreb

Nadia Ghalem avec la collaboration de Christiane Ndiaye

Le Maghreb est un vaste territoire, comprenant trois pays bordés par la Méditerranée au nord et le Sahara au sud : la Tunisie à l'est, l'Algérie au centre, le Maroc à l'ouest, trois pays ayant chacun ses propres caractéristiques et diversités culturelles. Le point commun : une culture arabo-berbère et musulmane que l'influence française a modelée de façons différentes. Les récents progrès des nouvelles technologies de communication (y compris le transport aérien) permettent aux citoyens des trois États du Maghreb de communiquer entre eux plus efficacement et plus rapidement que jamais au cours de leur histoire et d'harmoniser leurs productions culturelles.

Entièrement peuplé de Numides (ou Berbères) durant l'Antiquité, le Maghreb a subi des influences grecques et carthaginoises et, à la suite de la troisième guerre punique et de la défaite définitive de Carthage (146 av. J.-C.), l'influence romaine s'y imposa jusqu'à la conquête arabe au VIIe siècle, qui s'étendit jusqu'en Espagne durant sept siècles. Les populations des régions accessibles (plaines et hauts-plateaux) furent alors islamisées et adoptèrent la langue arabe, alors que celles résidant dans les montagnes, en Aurès et Kabylie, furent aussi islamisées mais gardèrent leur langue d'origine : l'amazigh (le berbère[1]). L'Empire ottoman étendit son influence dans la région avec le sultan Süleyman (1520-1566) qui occupa tout le Maghreb sauf le Maroc. Enfin l'occupation française… L'Algérie a été colonisée en 1830, la Tunisie a été, à la suite de

---

1. *Amazigh* est le mot employé par les Berbères eux-mêmes pour désigner leur langue et leur peuple (« Imazighen », pluriel de « amazigh »).

la convention de La Marsa en 1883, instituée en protectorat, et le Maroc est également devenu protectorat, en 1912 (par la convention de Fez).

LE CONTEXTE COLONIAL

La littérature maghrébine des débuts à 1945

Dès le XIIe siècle, **Sidi Boumedienne Chu'aïb** (1100-1168), né à Séville, ayant vécu en Algérie et mort à Tlemcen, où il est enterré dans un fabuleux mausolée, produit une œuvre littéraire importante en arabe. Poète, savant et mystique, il est bien connu dans le monde arabo-musulman. On peut aussi noter l'œuvre de l'émir **Abd-el-Kader** (1808-1883), figure emblématique de la résistance à la colonisation française, mort en exil en Syrie, celle de **Mohammed Benguitoun** (1800-1890), né près de Biskra, compositeur de Hiziya, poème classique encore chanté de nos jours, ou encore celle de **Si Mohand** (1850-1901?) de la Kabylie. Mouloud Mammeri lui a consacré une étude remarquable. Et celle d'une femme, **Heddi Zerki** (1890-1949), née dans le Grand Sud algérien, à Oued Souf[2].

Jean Déjeux rapporte l'existence de la poésie au Maghreb bien avant la colonisation, en pays kabyle, au Sahara, dans le Constantinois, l'Algérois et en Oranie pour ce qui est de l'Algérie, et bien sûr en Tunisie et au Maroc. Selon cet auteur :

> Ibn Khaldoun rapportait déjà certaines productions célèbres et des noms connus, aussi bien celui d'Ibn Amsaïb (XIIIe siècle) de Tlemcen, que celui d'Abdalah ben Kerriou (mort en 1921) de Laghouat, ou de Mohammed al Id Hammou Ali né à Aïn Beida en 1904 et à l'œuvre duquel une large place est faite dans l'anthologie de Mohammed El Hadi as-Sanoussi, *Les poètes de l'époque contemporaine* (Tunisie 1345/1926)... Et le «Verlaine Kabyle» Si Mohand[3].

Donc, les colons européens ne sont pas arrivés dans des pays sans culture, littérature écrite (en arabe ou amazigh) ou tradition orale. D'une part, il subsiste une tradition berbère, héritage de l'époque préislamique. Le Maghreb compte encore environ 12 millions de berbérophones, dont les communautés les plus nombreuses se trouvent aujourd'hui en Kabylie (en bordure de la Méditerranée) et dans l'Aurès (est algérien),

---

2. Waciny Laredj, *La poésie algérienne, petite anthologie*, Paris, Institut du monde arabe, 2003, p. 19.

3. Jean Déjeux, *La poésie algérienne de 1830 à nos jours*, Paris, Éditions Publisud, 1982.

dans le Rif (région de Tanger) et l'Atlas marocains et à Djerba en Tunisie. Et alors que le berbère ne s'écrit que rarement aujourd'hui, il existe encore plus de 1 200 textes en lybique, une forme ancienne du berbère et l'ancêtre de l'écriture tifinar dont se servent encore les Touaregs (peuple nomade du Sahara) dans leurs pratiques commerciales. Ainsi, la culture berbère se maintient principalement par transmission orale de poèmes, chants, contes et légendes dont certains ont été transcrits en caractères arabes; le public occidental en prendra connaissance grâce à quelques traductions parues au xxᵉ siècle. La tradition orale berbère se maintient en marge de la culture dominante arabo-musulmane fondée principalement sur l'écrit et riche d'une littérature plusieurs fois millénaire.

En ce qui concerne cette tradition écrite, il est important de souligner que, dans la littérature arabe, à la signification du texte et à l'importance du contenu s'ajoute la calligraphie, érigée en art empreint de profondeur et de spiritualité. Par ailleurs, le livre, l'Écrit, le texte fondateur par excellence est, bien entendu, le Coran. Autant la littérature occidentale a produit, au cours des siècles, de multiples références et formes d'imagerie bibliques, autant la littérature de langue arabe (au Maghreb et ailleurs) se caractérise par d'innombrables références directes et indirectes, dans ses formes (structure textuelle, modèles narratifs) et ses contenus, au Livre fondateur de l'Islam. L'on ne sera pas surpris dès lors de retrouver une intertextualité coranique marquée, implicite ou explicite, chez de nombreux écrivains francophones du Maghreb.

Ainsi, si l'on reprend l'histoire dès le début, il s'avère que le Maghreb a non seulement une riche tradition orale, mais qu'il s'agit d'une culture de peuples qui ont pratiqué l'écriture depuis des millénaires et ce, bien avant l'Occident. Commerçants et voyageurs, en sillonnant la route de la soie ou la Méditerranée, ont transporté avec eux chiffres et lettres tracés sur bois, papyrus et papier. Quant au Sahara, depuis les signes laissés sur les parois des grottes préhistoriques, les hommes ont laissé des traces. Il n'est jusqu'aux bédouins qui voyagent avec de l'encre en poudre qu'il suffit d'humecter de salive (l'eau étant rare) et d'utiliser avec un kalam (roseau taillé) pour tracer des signes sur le bois ou sur un parchemin…

Mais de cette richesse culturelle millénaire, les puissances coloniales ont fait fi. Voici ce que A. de Tocqueville écrit encore dans un rapport célèbre (1847) :

Partout nous avons mis la main sur ces revenus (ceux des fondations pieuses ayant pour objet de pourvoir aux besoins de la charité ou de l'instruction publique) en les détournant en partie de leurs anciens usages. Nous avons réduit les établissements charitables, laissé tomber les écoles, dispersé les séminaires. Autour de nous les lumières se sont éteintes, le recrutement des hommes de religion et des hommes de loi a cessé. C'est-à-dire que nous avons rendu la société musulmane beaucoup plus misérable, plus désordonnée, plus ignorante et plus barbare qu'elle ne l'était avant de nous connaître[4].

Sur cette période, d'innombrables poètes ont chanté la résistance permanente, la préservation de la culture maghrébine sur fond de nationalisme et d'identité religieuse.

D'abord écrite par des auteurs de souche européenne ou de confession juive, la littérature d'expression française du Maghreb apporte, dès les origines, une couleur et un esthétisme nouveaux : plus sociale que celle de la métropole, plus orientée vers les réflexions profondes sur la vie et la mort. Le moins que l'on puisse dire, c'est que ce n'est pas une littérature d'alcôve. On a souvent fait remarquer toutefois que les auteurs de souche européenne évoquent rarement des personnages arabes ou maghrébins qui soient significatifs ou qui sont présentés sans préjugés. Ainsi, dans *L'étranger* d'Albert Camus, « l'indigène » est un être mystérieux et violent dont le meurtre par Meursault, l'Européen, est puni par une condamnation à mort, ce qui est peu réaliste, le meurtre d'« Arabes » par des Européens restant généralement impuni dans la colonie. Pourtant Camus, dans ses essais, défend avec vigueur et humanité le peuple algérien[5].

Voici ce qu'en écrivait le penseur Edward Saïd, dans un ouvrage célèbre, *Orientalism*, publié en 1978 : « Un discours est certes déterminé par ce sur quoi il porte ; mais à côté de ce contenu évident il en est un autre, parfois inconscient et presque toujours implicite, qui lui vient de ses utilisateurs : auteurs, lecteurs, orateurs et public[6]. » Le sociologue français Pierre Bourdieu a consacré une grande partie de son œuvre à ce sujet. Dans son ouvrage *Culture et impérialisme* paru en 2000[7], Saïd poursuit

4. Cité dans Charles-Robert Ageron, *Histoire de l'Algérie contemporaine*, Paris, Presses universitaires de France, 1964, p. 20.

5. Albert Camus, *Essais*, Paris, Éditions Gallimard/Calman-Lévy, 1965.

6. Edward W. Saïd, *Orientalism*, New York, Vintage Books, 1978, p. 7.

7. Edward W. Saïd, *Culture et impérialisme*, Paris, Librairie Arthème Fayard, cité dans *Le Monde diplomatique*, 2000, p. 248-273.

sa réflexion en s'appuyant sur les travaux d'autres chercheurs et fait la démonstration de l'aspect « impérialiste » de certains écrits de Camus.

Comme on le voit, les trois pays francophones du Maghreb connaissent, à cause de circonstances historiques, des fortunes diverses. En Algérie, les dernières traces de culture précoloniale sont les écrits mystiques de l'émir **Abd-el-Kader** à partir de son exil en Syrie, les discours et poèmes de chefs historiques comme Bou Amama et les écrits des Tolbas (maîtres des écoles coraniques) ; pour le reste, les enfants algériens, filles et garçons, se feront charmer par les épopées et poèmes dits par des femmes, en langue maternelle, dans l'univers clos des maisons.

Le premier écrivain algérien francophone connu est **Cherif Benhabylès** né en 1885, dans le Constantinois, un des leaders du mouvement Jeune Algérien ; il publie des essais. Par ailleurs, à la même époque, est promulgué le décret établissant l'école française (1883-1892) destinée à assimiler les jeunes Algériens et qui justifiera la résistance des familles algériennes à faire scolariser leurs enfants, particulièrement les filles considérées comme gardiennes et transmettrices de la culture ancestrale.

Les premiers romans de langue française sont publiés vers 1920 et sont le fait de **Mohammed Ben Si Ahmed Bencherif** (né en 1879 à Djelfa), **Abdelkader Hadj Hamou** (né en 1891 à Miliana) et **Chukri Khodja** (né à Alger en 1891). Il n'est pas inutile de mentionner la région d'origine des auteurs car le pays est vaste, les communications à cette époque-là y sont laborieuses, ce qui donne à chaque territoire sa couleur spécifique : accent, variété dans les us et coutumes, etc., même s'il s'agit du même peuple avec la même culture en général. À ce peuple « autochtone » avec sa diversité, viennent se greffer des colons européens dans les conditions que l'on sait.

C'est en 1935 qu'est fondé le mouvement littéraire dit de l'École d'Alger qui demeure actif jusque vers 1945. Les chefs de file de cette « école nord-africaine des lettres » sont d'éminents membres de la société coloniale, tels que Gabriel Audisio, Robert Randau, Emmanuel Roblès et Albert Camus. Et alors que l'Algérie est pour eux une « province française » où l'on peut encore déceler l'héritage de « l'Afrique latine », alors qu'ils ont pour objectif de créer des œuvres « authentiques » qui se distingueraient de la littérature exotique (forte en déserts, nomades, chameaux, caïds, etc.) des écrivains voyageurs tels que Gide, Eberhardt et Montherlant, il n'en demeure pas moins que l'École d'Alger produit une littérature coloniale qui tient le discours de la mission « civilisatrice » de l'Occident et qui porte la marque des attentes de son public, friand de romans ethnographiques sur « l'Autre ». La société maghrébine arabo-musulmane y est présentée par et pour le regard de l'Occident.

Il faut noter aussi que, bien que l'École d'Alger soit le mouvement le plus productif de l'activité littéraire coloniale des années 1920-1945, il existe d'autres milieux visant à promouvoir la création littéraire dans les colonies du Maghreb. Ainsi, 1920 voit la création de la Société des écrivains de l'Afrique du Nord, en Tunisie, qui publie le bulletin *Nord-Africains* de 1920 à 1929 et la revue *La Kahena* à partir de 1929. Par ailleurs, ces milieux des lettres en situation coloniale, se voulant humanistes, n'excluent pas les écrivains indigènes arabo-musulmans ou berbères. Force est de constater néanmoins que ceux-ci sont fort peu nombreux ; une douzaine d'écrivains maghrébins, dont Jean Amrouche et Jean Sénac, évoluent en marge de l'École d'Alger, entre 1920 et 1945 ; une anthologie publiée en Tunisie en 1937 ne compte que 3 Maghrébins parmi les 24 écrivains cités. Ainsi la première génération d'écrivains francophones du Maghreb est véritablement celle des années 1945-1962 qui prendra la parole pour contester la domination coloniale et pour affirmer l'identité culturelle maghrébine.

L'émergence d'une littérature des Maghrébins sur eux-mêmes (1945-1962)

Alors que ce sont deux poètes algériens, Jean Amrouche et Jean Sénac, qui sont les précurseurs d'une littérature maghrébine qui renoue avec les plus vieilles traditions de la culture arabo-musulmane et berbère, les romanciers élèveront la voix haut et fort après la Deuxième Guerre mondiale pour faire connaître le point de vue et les doléances des colonisés. Ainsi naît une littérature dite de contestation où dominent l'esthétique réaliste et un discours idéologique de la dénonciation des injustices et de la dépossession. Et tandis que le rejet de la domination française, politique, économique et culturelle est sans ambiguïté, l'émancipation sur le plan des formes littéraires se fera graduellement dans la mesure où il s'agira non seulement de créer des œuvres « authentiques », mais aussi de modifier les attentes des éditeurs et du public. Comme c'est le cas des œuvres de la première génération des romanciers d'Afrique subsaharienne, bon nombre des romans de la «génération de 52[8]» au Maghreb comportent une dimension ethnographique qui est l'expression d'un désir d'apporter un témoignage «vrai» qui comblerait les lacunes de la littérature coloniale (voir le chapitre sur l'Afrique subsaharienne); au Maghreb folklorisé vu par l'Autre, on substitue le Maghreb tel que perçu, vécu et rêvé par les Maghrébins eux-mêmes. Ainsi, les premiers romans des romanciers tels qu'Ahmed Sefrioui, Mouloud Feraoun, Albert Memmi, Driss Chraïbi, Mouloud Mammeri, Mohammed Dib et Assia Djebar intègrent de multiples éléments autobiographiques. Il s'avère néanmoins que si la description précise basée sur une connaissance intime de la nature, de la société et des us et coutumes maghrébins y occupe une large place, dans ces mêmes textes du «réalisme ethnographique» s'inscrivent les valeurs et l'imaginaire des communautés maghrébines et des écrivains eux-mêmes, ce qui distinguera cette production romanesque des écrivains maghrébins de la littérature coloniale et fera son originalité et sa spécificité.

Tout en faisant état des dépossessions et des injustices, de la violence et des souffrances de la guerre de libération (en Algérie), de la révolte des colonisés et de leurs aspirations, des problèmes de la rencontre (du choc) des cultures et de la déculturation, en passant aussi par l'évocation de la vie paysanne, de la société traditionnelle, etc., les textes romanesques de la période de la contestation, à travers figures et symboles, développent subtilement une dimension poétique qui renoue avec les traditions littéraires précoloniales. Ce sous-texte poétique des romans de la première génération a sans doute largement échappé au public et à la critique d'Occident, mais il se fera patent dans les œuvres des romanciers de la deuxième génération, celle des indépendances (1962-1980), chez qui la rupture voulue avec l'esthétique réaliste donne lieu à une remarquable inventivité dans les formes littéraires pratiquées.

---

8. L'expression «génération de 52» est de Jean Déjeux; il désigne ainsi les écrivains des années 1950-1960 chez qui dominent «le refus et la contestation contre les siens et les "autres", affirmés jusque vers 1961».

L'institution littéraire

Il faut noter également que, comme ailleurs dans les colonies françaises, l'édition se fait surtout en métropole, jusqu'au moment des indépendances, et que beaucoup d'écrivains continuent à publier en France, encore aujourd'hui, pour des raisons que chacun expose à sa façon. Cependant, la littérature francophone maghrébine est fortement institutionnalisée (relativement, du moins), dès ces débuts. Bon nombre des œuvres de l'École d'Alger sont éditées sur place et, dès les années 1920, il existe de nombreux cercles et salons littéraires, associations et revues : *La Voix des humbles*, *La Voix indigène*, *L'Arche* (fondée par Amrouche en 1944), *Forge* (1946), *Soleil* (fondée par Sénac en 1950), *Terrasses* (fondée en 1953 par Sénac), *Souffles* (1966-1973), etc. Et même si la plupart de ces périodiques connaissent une existence éphémère, ils témoignent du dynamisme des milieux littéraires et d'une volonté de s'affranchir de la tutelle française. L'indépendance voit la création d'éditions nationales telles que la Société nationale d'édition et de diffusion (SNED) qui voit le jour en Algérie en 1966 et qui devient l'Entreprise nationale du livre (ENAL) en 1983, et la Société marocaine d'édition et de radiodiffusion (SMER) et l'Eddif au Maroc, ainsi que d'éditions privées, aujourd'hui assez nombreuses mais souvent éphémères, dans les trois pays du Maghreb.

D'autre part, comme ailleurs en francophonie, l'appartenance culturelle et nationale des écrivains n'est pas toujours tranchée et mène à de multiples débats sur la question de qui est écrivain « maghrébin », qui doit figurer dans les anthologies, manuels d'histoire et autres lieux d'institutionnalisation de cette littérature. Ainsi les premiers écrivains à fréquenter les milieux littéraires coloniaux sont des écrivains d'appartenance « mixte », tels que Jean et Taos Amrouche, d'une famille berbère catholique, Jean Sénac, né dans un milieu ouvrier près d'Oran et élevé par sa mère, d'origine espagnole (il porte le nom Comma, de sa mère, jusqu'à l'âge de cinq ans, n'ayant pas connu son père, dont l'origine est incertaine), et qui s'installera par la suite dans le milieu ouvrier d'Alger pour militer avec le Front de libération national, ou encore les écrivains de confession juive, tels qu'Albert Memmi et Rosine Boumendil (qui publie sous le nom d'Élissa Rhaïs). De même, le débat n'est pas clos sur la « maghébinité » des œuvres des pieds-noirs. Certains auteurs de souche européenne comme Albert Camus, Jules Roy ou Marie Cardinal, bien que nés en Afrique du Nord et situant la majorité de leur œuvre dans la société où ils sont nés, s'identifient comme Français. Dans le cas des auteurs maghrébins émigrés, l'appartenance qu'on leur attribue peut fluctuer : ils sont parfois des auteurs français, parfois maghrébins, parfois « beurs » et parfois néo-québécois ou néo-canadiens. La frontière n'est pas toujours facile à tracer. Ce qui est sûr, c'est que les uns comme les autres apportent, en langue française, une vision « autre » sans être totalement étrangère, mais une vision qui enrichira et diversifiera la littérature de langue française en général.

LA POÉSIE

« L'éloquence et les belles-lettres font toujours les délices du monde arabe. Qu'il soit nomade ou citadin, la poésie fait partie de l'Arabe, comme une seconde nature ; il l'a élevée jusqu'à des sommets de virtuosité [...]. Quinze siècles d'écriture dans les genres les plus variés et à travers des civilisations qui s'étendent de l'Asie à l'Atlantique[9]. » C'est dire que a poésie a toujours été présente dans les littératures du Maghreb, c'est peut-être même la forme de littérature la plus pratiquée, tant en arabe qu'en français.

Pour le Maghreb, historiquement, les échanges avec le Machrek et l'Andalousie enrichissent les belles-lettres et l'on a tort de parler uniquement de « tradition orale » en escamotant le fait que celle-ci a surtout émergé à l'époque coloniale, en Algérie, par exemple, et on peut même dire que le discours oral était souvent construit d'après l'écrit... puisque les sociétés maghrébines (de culture arabo-musulmane) sont d'abord de tradition écrite.

Il y a toute la poésie antéislamique, celle du Coran et celle, très présente, des chants populaires comme le *cha'bi*, poésie chantée tant en arabe qu'en berbère (amazigh) dont les interprètes les plus connus sont El'anka et Fadila Dziryya. Dans le chant populaire de l'Oranie, on note la présence fondamentale de l'auteure interprète Cheïkha Rimitti qui est à l'origine du *raï*, chants d'amour interprétés parfois comme des chants

---

9. *Encyclopédie des connaissances actuelles*, « Littérature », Paris, Éditions Philippe Auzou, 1987, p. 114.

de résistance à la censure, voire à l'oppression, par l'utilisation du double sens ou de la provocation.

Que ce soit en langue berbère, arabe ou française, la poésie est la forme d'expression qui transmet verbalement ou par écrit tant les valeurs du passé que celles du présent où il est question d'amour et d'exil, d'allégeance à la terre des ancêtres et d'espoir pour l'avenir. Parmi les auteurs algériens francophones, il est à la fois triste et effrayant de voir combien d'entre eux sont morts assassinés ou vivent en exil.

Nombre d'écrivains, hommes et femmes, intègrent la poésie à leurs œuvres en prose parce qu'il est difficile pour les Maghrébins de s'en tenir à un seul genre littéraire, en particulier à cause de la place quasi mythique qu'occupe le poète dans l'espace culturel maghrébin. D'autres s'attaqueront directement à ce genre difficile, car il faut une très grande maîtrise de la langue française pour y adapter les subtilités et l'approche empirique de l'arabe d'Afrique du Nord, la langue française paraissant plus linéaire, plus explicite que le flou évocateur ou la métaphore de l'arabe dialectal ou classique.

Par ailleurs, le français peut paraître aussi comme une langue où peut s'exprimer ce qui ne le serait pas dans la langue arabe et inversement. De plus, nous sommes loin de nos jours de la calligraphie, en caractères latins, des enluminures sur parchemin des livres d'Heures du Moyen Âge occidental. La langue arabe, grâce à la pratique toujours présente de la calligraphie, tente de dire l'indicible. Les poèmes des Maghrébins portent la trace de cette façon de dire ni tout à fait chantée, ni tout à fait explicite et qui amène à créer des textes où l'essentiel et l'allusif se superposent…

Paradoxalement, depuis la décolonisation et grâce aux écrivains et artistes, les langues française et arabe se côtoient en harmonie ; l'imaginaire maghrébin colore le français, le français qui permet une expression plus libre, plus audacieuse. Il n'est pas jusqu'aux ateliers de calligraphie arabe qui n'attirent, en France du moins, un public de plus en plus nombreux qui, loin d'une simple curiosité pour l'exotisme, apprécie une expression artistique et spirituelle à la frontière de l'écriture et de la peinture. L'un des principaux artisans de cette vague qui dure depuis de nombreuses années est Hassan Massoudy, originaire d'Irak, résident en France et auteur de plusieurs ouvrages d'une rare beauté et d'une grande érudition.

La poésie faisant partie des mœurs, c'est souvent cette « porte » qu'empruntent les auteurs pour entrer en littérature. Les poètes chantent non seulement l'amour et la mort, mais aussi l'espoir d'un pays prospère et paisible, d'un Maghreb uni, la nostalgie des lumières de la civilisation arabe et musulmane de Bagdad à l'Andalousie, de la Perse à l'Afrique en passant par l'Asie, aussi des événements historiques plus récents comme les indépendances de l'Algérie, du Maroc, de la Tunisie, les peines du quotidien, la déchirure du Moyen-Orient et les révoltes — chacun des trois pays en fonction de sa propre évolution.

La poésie algérienne

L'un des premiers écrivains algériens les plus connus, **Jean Amrouche** (1906-1962), est célèbre à la fois comme poète, essayiste, critique et journaliste de radio. Fondateur également de la revue *L'Arche* en 1944, Amrouche agira comme catalyseur dans l'émergence de la parole des écrivains maghrébins. Poète du déracinement, du drame du colonisé aux prises avec l'acculturation, il partira en quête des sources et du « génie africain » auquel il donnera la figure emblématique de Jugurtha, roi des Numides (c'est-à-dire des ancêtres berbères), lequel, dans la littérature maghrébine, deviendra l'une des grandes figures de la résistance des peuples indigènes aux multiples envahisseurs qui ont sévi en Afrique du Nord. Avec sa mère, Fadhma, et surtout sa sœur, Taos, Jean Amrouche fera aussi connaître la poésie et les chants berbères. Ils seront parmi les premiers à dire en français le verbe algérien et berbère[10]. Amrouche écrit, dans son poème « Combat algérien » :

Nous voulons la patrie de nos pères
la langue de nos pères
la mélodie de nos songes et de nos chants
sur nos berceaux et sur nos tombes
Nous ne voulons plus errer en exil
dans le présent sans mémoire et sans avenir.

Sa sœur, **Taos Amrouche** (1913-1976) est, avec Djemila Debèche, l'une des premières écrivaines algériennes. Elle interprète en public, au Maghreb et en France, un large répertoire de chants berbères qui traduisent son

---

10. Voir Fadhma Aït Mansour Amrouche, dans la section sur le roman.

désir de liberté et d'émancipation en ressuscitant « l'âme de Jugurtha »,
soit l'affirmation et la fierté de son histoire et de son identité culturelle.
Cette aspiration à l'émancipation se traduit également dans ses romans,
tels que *Jacinthe noire* (1947) qui met en scène l'évolution d'un groupe
de jeunes filles dans un internat.

Parmi les poètes algériens, **Jean Sénac** (1926-1973) occupe une place à
part. Comme Amrouche, il a grandement contribué à l'essor de la littérature maghrébine et à la prise en charge par les écrivains de leurs propres
institutions littéraires. En plus de ses propres écrits, une douzaine de
recueils de poésie et un essai, Sénac publie une anthologie faisant connaître ainsi de jeunes talents algériens, *Anthologie de la nouvelle poésie
algérienne* (1971), après avoir fondé deux revues, *Soleil* (1950) et *Terrasses*
(1953), ainsi que l'Union des écrivains algériens (1963). Il organise également des récitals de poésie, donnant la parole à des jeunes poètes, tels
que Boualem Abdoun, qui ne pouvaient ni se faire éditer, ni se faire
entendre. Rachid Boudjedra dit de lui dans *Lettres algériennes* : « Jean
Sénac nous a toujours aidés lorsque nous avions vingt ans. Lui qui savait
ouvrir les parenthèses et faisait semblant de ne pas savoir les refermer
[…][11]. » Il exprimera de façon douloureuse l'humaine condition. D'abord
revendicatrice, en raison des injustices de « la nuit coloniale », la poésie
de Sénac devient nationaliste, glorifie l'identité retrouvée, l'espoir de
temps meilleurs et les orientations sociales ou étatiques comme la révolution agraire. Puis, peu à peu, sa poésie devient plus individualiste,
universelle. Jean Sénac est mort assassiné à Alger en 1973.

L'activité très diversifiée, tout comme l'évolution des thèmes et des
formes de l'œuvre poétique de Sénac reflètent bien le cheminement de
la littérature maghrébine des années 1945 à 1970. De la révolte, l'on passe
à des questionnements plus subjectifs et intimistes. De la même façon, la
poésie d'abord rimée, récitante comme le chant populaire, se fait de plus
en plus proche de l'essai condensé, de la pensée synthétisée, de l'émotion essentielle.

Parmi les écrivains de cette première génération, on peut également
mentionner **Noureddine Aba** (né en 1921 à Sétif). Poète, essayiste,
dramaturge, auteur de contes pour enfants, Aba est considéré comme l'un
des meilleurs poètes algériens. Auteur prolifique (une quinzaine d'œuvres,

---

11. Rachid Boudjedra, *Lettres algériennes*, Paris, Livre de poche, 1997.

jusqu'à présent), il publie trois recueils de poésie entre 1941 et 1943, avant de passer au roman et au théâtre, au cours des années 1960. Selon Jean Déjeux : « La littérature de Noureddine Aba est dans la littérature algérienne d'aujourd'hui celle qui se remarque par sa haute tenue, d'ordre moral et spirituel, comme la littérature de Mohammed Dib [...][12]. »

De son côté **Malek Alloula** (né à Oran en 1939) est reconnu comme l'un des grands poètes maghrébins actuels. Il est l'auteur, entre autres, de *Villes* (1969), *Villes et autres lieux* (1979), *Rêveurs/Sépultures* (1982) et *Mesures du vent* (1984). Comme celle de bien des écrivains de la francophonie, son œuvre est l'expression d'un engagement à toute épreuve : « Je crois à une poésie essentiellement révolutionnaire, donc à une poésie qui change la vie... Je crois à une poésie aux frontières de l'homme[13]. » Alloula signe également plusieurs textes critiques, dont un qui figure dans l'anthologie de 1971 de Sénac, et un essai, *Le harem colonial, images d'un sous-érotisme* (1980), qui se veut « un regard de dévoilement des fantasmes de l'étranger sur la terre maghrébine : il lui fallait en posséder les femmes[14] ». Cet ouvrage, tout à fait troublant, illustre la manière de voir des Occidentaux du monde maghrébin, mettant de l'avant l'étrangeté et l'érotisme comme si la femme arabe était à la fois une créature attirante et menaçante, mais certainement pas à aimer, puisque cette image nie son humanité.

Mostefa Lacheraf (né en 1917) est également de ceux qui ont tenu un rôle important dans la littérature et l'histoire de l'Algérie. Né à El Karma, il fait des études en français et en arabe, rejoint le Parti du peuple algérien (PPA) et le FLN (Front de libération nationale) dès le début. Il sera emprisonné avec Boudiaf, Ben Bella, Khider et Aït Ahmed après que l'avion qui les transportait eut été arraisonné par la France. Il occupe différents postes prestigieux pendant la lutte algérienne et après l'indépendance. Comme ministre de l'Éducation nationale, il devra démissionner après avoir émis des critiques face à l'arabisation rapide et radicale du pays. Il publie, entre autres, *Petits poèmes d'Alger* (1947), *Chansons des jeunes filles arabes* (1953), traduction de poèmes du répertoire oral féminin, *Des*

---

12. Jean Déjeux, *Dictionnaire des auteurs maghrébins de langue française*, Paris, Éditions Karthala, 1984, p. 28.

13. Cité par Guy Daninos dans *Aspects de la nouvelle poésie algérienne de langue française*, Sherbrooke, Éditions Naaman, 1982, p. 19.

14. Cité par G. Daninos, *ibid.*

noms et des lieux. Mémoires d'une Algérie oubliée (1998). Ce sera néanmoins surtout son œuvre d'essayiste qui fera connaître Lacheraf dans les milieux littéraires, mais toute son œuvre porte la marque de son désir de contribuer à l'avancement de sa société.

À ces poètes qui, bien souvent, s'engageaient à défendre un idéal ou une vision du futur pour le pays ou la communauté arabe et musulmane, succède la génération de ceux qui expérimentent différentes formes d'écriture et ne se préoccupent pas uniquement du sort de la nation et du peuple. Parmi ceux-ci, il faut citer notamment **Nabile Farès**, né en 1941 en Kabylie. Poète, romancier, dramaturge et essayiste, il publie des études sur la tradition orale de son peuple (les Berbères) et celle des Touaregs de l'est du Mali. L'œuvre de Nabile Farès fait partie des classiques de la littérature algérienne, de par l'inventivité même qui caractérise son écriture. Souvent jugée hermétique, l'œuvre de Farès se construit néanmoins autour de quelques thèmes majeurs qui ont marqué la littérature maghrébine, tels que l'exil, le choc des cultures, la quête des origines, etc., comme en témoignent les titres mêmes de ses textes : *Un passager de l'Occident* (1971, roman), *Mémoire de l'absent* (1974, roman), *L'Exil et le désarroi* (1976, roman-poème), *Chants d'histoire et de vie pour les roses de sable* (1978, poésie), ou encore *L'exil au féminin* (1986, poésie). Il reste que, comme pour plusieurs des écrivains de cette deuxième génération (Khatibi, Khaïr-Eddine, plusieurs des textes de Ben Jelloun, etc.), l'écriture de Farès s'élabore à la croisée des genres, faisant fusionner récits, légendes, journal intime, poésie et théâtre, et s'avère, dans l'ensemble, inclassable, en termes de conventions génériques.

D'autres poètes comme **Youcef Sebti** (né en 1943), de façon prémonitoire, évoquent l'injustice, les inégalités et la détresse de leurs concitoyens, fléaux qui continuent à accabler le pays en dépit de l'accession à l'indépendance. Comme c'est le cas en Afrique subsaharienne, une littérature de la désillusion voit le jour peu après celle de la colonisation et de la contestation. De nouvelles motivations incitent bientôt poètes et romanciers à élever la voix pour dénoncer les multiples abus qui font le malheur de ce peuple même qui, en combattant pour la liberté, espérait accéder à « sa part de bonheur ». En témoignent ces quelques vers :

FUTUR

Bientôt, je ne sais quand au juste
Un homme se présentera à votre porte
Affamé hagard gémissant
Ayant pour arme un cri de douleur
Et un bâton volé.

Tôt ou tard quelqu'un blessé
Se traînera jusqu'à vous
Vous touchera la main ou l'épaule
Et exigera de vous le secours
Ou le gîte

tôt ou tard, je te le répète
quelqu'un viendra de très loin
et réclamera sa part de bonheur
et vous accusera d'un malheur
dont vous êtes l'auteur.
Toi et tes semblables
vous qui sabotez la réforme agraire[15] !

Quinze ans après la publication de ce poème, la vision sinistre de Sebti semble prendre des formes encore plus tragiques dans le réel. Le mouvement de l'intégrisme islamique se manifeste à partir de 1986. En 1988, du 10 au 15 octobre, des émeutes sont violemment réprimées, faisant 600 morts. Commence alors (surtout à partir de 1990) une terrible période de guerre qui ne dit pas son nom et qui fera des milliers de morts principalement chez les civils, les femmes, les intellectuels ; enseignants, journalistes, médecins et écrivains sont particulièrement visés. Aux écrits de la désillusion, succède alors une « littérature de l'urgence », qui se lit comme un rempart du désespoir contre ces plus récentes forces de la déshumanisation.

---

15. Poème de Sebti cité par Guy Daninos, *op. cit.*, p. 44. Rappelons que la réforme agraire est promulguée en même temps que la nationalisation des hydrocarbures en 1971 ; elle donnera lieu à une intense campagne de sensibilisation à travers toute l'Algérie.

La poésie marocaine

Le Maroc est un pays habité depuis la plus haute Antiquité ; des dynasties berbères s'y succédèrent (xie-xve s.), puis des dynasties arabo-musulmanes (xvie-xixe s.), dont la dynastie Alaouite qui règne encore aujourd'hui. Le sultan Moulay Abderrahman accueillit très mal la pénétration européenne en Algérie et soutint la résistance de l'émir Abd-el-Kader dans sa lutte de résistance contre l'occupation française. Après de longues tribulations et plusieurs révoltes, dont celle de Abdel Krim, fut instauré le protectorat (1912-1956). La colonisation et la décolonisation du Maroc ont ainsi pris d'autres formes qu'en Algérie. La présence française aura été plus limitée dans le temps et dans l'occupation de l'espace, puisque la population européenne s'implantera moins largement qu'en Algérie ; l'accession à l'indépendance se fera par voie diplomatique plutôt que par le sanglant recours aux armes de la guerre de libération (1954-1962) qui marque l'histoire moderne de l'Algérie.

Écrire en français représente par conséquent pour les écrivains marocains moins de complications morales que pour les Algériens. Il n'en demeure pas moins que les Marocains contestent autant la présence coloniale et prennent la plume dès les années de l'après-guerre (1945). Le Maroc, comme les autres pays du Maghreb, connaît alors des troubles politiques qui marqueront la vie et l'œuvre de cette génération, dont les écrivains représentatifs les plus connus sont Ahmed Sefroui et Driss Chraïbi. Mais alors que les premiers mouvements littéraires qui feront émerger la littérature maghrébine sur la scène de la littérature mondiale émanent principalement de l'Algérie, le renouveau esthétique et le dynamisme qui caractérisent la génération des indépendances auront comme principaux catalyseurs les écrivains regroupés autour des revues littéraires marocaines des années 1960-1980.

L'année 1966 voit le lancement de la revue *Lamalif* et surtout *Souffles* (1966-1971), fondée par le poète Abdellatif Laâbi et ses amis, à laquelle succédera la revue *Intégral* (1971-1977). Prenant l'allure d'un manifeste, le premier numéro de la revue *Souffles* condamne vigoureusement la sclérose des formes et des contenus dans la littérature française et exhorte les écrivains maghrébins à se libérer de cette tutelle, à refuser l'acculturation et à s'approprier la langue française afin d'en faire un véhicule d'expression de l'imaginaire maghrébin et un instrument de subversion des formes canoniques. La revue publiera par la suite de nombreux articles théoriques prônant une écriture d'expérimentation des formes qui permettra à chacun d'exprimer librement son univers intérieur, sa propre logique, ses aspirations, sa perception d'un monde qui semble souvent opaque. L'on voit alors naître une littérature de l'éclatement des genres, une production accrue de textes qui se lisent souvent comme des romans-poèmes où se manifeste une rupture marquée avec l'esthétique réaliste, si bien que certains n'y voient plus qu'une écriture du désordre et du délire. Cependant, dans le contexte plus large de la littérature précoloniale et arabo-musulmane, ce renouveau des années 1960 apparaît plutôt comme la fusion du moderne avec les sources poétiques des plus anciennes traditions maghrébines. L'expérimentation des formes passe, certes, par des procédés que les poètes de toutes les origines ont mis à profit régulièrement depuis l'avènement du vers libre (absence de ponctuation, parataxe, anaphore et répétition de tous genres, etc.), mais l'importance accordée au signifiant à la fois dans sa dimension sonore et ses propriétés visuelles relève des pratiques précoloniales, orales et surtout écrites, l'art de la calligraphie étant une des plus anciennes traditions de la culture arabe, comme nous l'avons déjà mentionné.

Plusieurs thèmes récurrents caractérisent sans doute aussi cette poésie qui se refuse à imposer des limites à la créativité : le désenchantement face aux réalités décevantes des indépendances, le désir de vivre autrement, le besoin de faire échec à la dépersonnalisation, la volonté de s'enraciner dans la tradition tout en la dépassant, le refus de toute forme de barbarie et de déshumanisation, la conviction que la parole recèle un pouvoir revitalisant, etc., mais les poètes marocains de cette deuxième génération tiennent aussi à dépasser l'engagement étroitement sociopolitique. « L'acte poétique est un acte totalisant », affirmait Laâbi ; « un poème n'est pas un slogan », rappelait Ben Jelloun[16]. Autour de la revue *Souffles* s'élabore alors une poésie qui est avant tout, selon le mot de Tenkoul, « une aventure risquée au seuil de l'exil et de l'interdit, une mise en péril des langages institués[17] ». Cette aventure donnera naissance

---

16. Cités par Abderrahman Tenkoul, « La poésie marocaine de langue française », dans Charles Bonn, Naget Khadda et Abdallah Mdarhri-Alaoui (dir.), *Littérature maghrébine d'expression française*, Paris, EDICEF, 1996, p. 195.

17. Abderrahman Tenkoul, *ibid.*, p. 193.

à plusieurs carrières littéraires parmi les plus illustres, dont celles de Abdallah Bounfour, Mohammed Lahbabi, Mohammed Khaïr-Eddine, Mostafa Nissaboury, Abdelkebir Khatibi, Mohammed Loakira, Zaghloul Morsy et Tahar Ben Jelloun.

Au centre de cette effervescence se trouve **Abdellatif Laâbi** (né en 1942) qui est sans conteste l'un des poètes marocains les plus connus aujourd'hui. Il est l'auteur, entre autres, de *L'œil de la nuit* (1967), *Histoire des sept crucifiés de l'espoir* (1977), *Le règne de barbarie* (1980) et *Sous le bâillon, le poème* (écrits de prison, 1972-1980), publié en 1981. Poète et essayiste, Laâbi est connu aussi pour les vicissitudes de sa vie de militant ; emprisonné en 1972, il sera libéré en 1980 et sa poésie porte la trace de cet épisode traumatisant de même que d'une profonde préoccupation pour la condition humaine. De l'avis de Jean Déjeux : « Toute l'œuvre de Laâbi est une littérature de vérité dans une expression adéquate et dès le début toujours en recherche. On lira avec profit la préface de Laâbi à la réédition chez SMER en 1982 de *L'œil et la nuit* où l'auteur affirme n'en rien renier[18]. » Homme pacifique, d'une exquise courtoisie, Laâbi, faisant œuvre de militant humaniste et de poète, écrit :

> Lorsque Shehrazade se tut
> À l'aube de la mille et unième nuit
> Et qu'elle reconnut les douleurs de l'enfantement
> Elle pleura pour la première fois
> L'épée de Shahrayar
> N'était plus suspendue sur sa tête
> Mais la porte du harem
> Se refermait derrière elle
> Elle sut qu'elle avait enjambé le seuil
> De son interminable agonie[19]

Depuis sa libération de prison, Laâbi vit en exil à Paris où il poursuit son œuvre de poète du risque et de la « mise en péril des langages institués ».

Parmi les poètes marocains dont l'œuvre s'inscrit dans ce courant de « l'acte poétique total », on peut également citer **Kamel Zebdi,** né en 1927 à Rabat. Peintre, scénariste et poète, il signe, entre autres, *Le cri du royaume*, publié à Paris en 1961. Son compatriote, **Ahmed Bouânani,** né

---

18. Jean Déjeux, *Dictionnaire des auteurs maghrébins de langue française*, Paris, Éditions Karthala, 1984, p. 246.

19. Abdellatif Laâbi, *Discours sur la colline arabe*, Paris, 1984, L'Harmattan, p. 64.

en 1939 à Casablanca, publie de nombreux textes dans *Souffles* ainsi que le recueil *Les Persiennes* (1980). Plusieurs poèmes de Bouânani figurent également dans *La mémoire future. Anthologie de la nouvelle poésie du Maroc*, publié par Tahar Ben Jelloun en 1976. Cette anthologie réunit des textes de 22 poètes, dont la plupart n'ont pas la renommée d'un Khatibi ou d'un Khaïr-Eddine, mais les poèmes présentés témoignent amplement du dynamisme de cette nouvelle poésie.

Depuis les années 1980, avec l'arrivée sur la scène littéraire d'une nouvelle génération d'écrivains, l'aventure continue avec des poètes tels que **Mohammed Belrhiti Alaoui**. Né en 1951 à Fès, Belrhiti Alaoui est connu au Maroc comme à l'étranger pour la finesse et la grande qualité de sa poésie. Auteur, entre autres, de *Miroirs d'une mémoire en rupture* suivi de *Absences en érection impuissante* (1977), *Poème soliloque. Déchirure de l'errance* (1978), *Fragments de mort parfumés* (1980) et *Ruines d'un fusil orphelin* (1984), l'œuvre de Belrhiti Alaoui, par ses thèmes et ses formes, s'inscrit dans la continuité de la poésie des années 1960. Il convient de rappeler également que bon nombre des écrivains connus aujourd'hui surtout en tant que romanciers, autant ceux de la génération des années 1960 que celle de 1980, ont été d'abord poètes et ont pratiqué allègrement une écriture où la distinction entre poésie et prose n'est pas aisée, qu'il s'agisse de Ben Jelloun, Khatibi, Khaïr-Eddine, ou encore, plus récemment, Abdelhak Serhane, Edmond El Maleh, Noureddine Bousfiha ou Salim Jay.

La poésie tunisienne

Peuplée primitivement par des nomades berbères, la Tunisie connut très tôt des apports ethniques différents. Dès le xiie siècle avant notre ère, les Phéniciens y établirent des colonies marchandes sur les côtes. Les ruines de Carthage (xiie-iie s. av. J.-C.) témoignent encore aujourd'hui d'une brillante civilisation. Après la conquête arabe (viie-viiie s.), la conquête turque (xvie-xixe s.), il y eut le protectorat français (1881-1955) et l'indépendance (1956). Ainsi la Tunisie, comme les autres pays du Maghreb, porte les marques des civilisations successives qui ont occupé la région ; cependant, l'on constate qu'elle a subi davantage l'influence turque que les pays plus à l'ouest et n'a pas connu la colonisation française intensive qui a déchiré l'Algérie. En Tunisie, l'enseignement est resté bilingue (arabe et français), même durant la période du protectorat, mais cela n'a peut-être qu'alimenté le débat sur l'adoption de la langue de l'Autre comme véhicule de la création littéraire, de sorte qu'un certain clivage existe encore à l'heure actuelle entre écrivains arabophones et francophones[20].

L'on constate par ailleurs que la littérature tunisienne reste en retrait lors de l'émergence de la littérature maghrébine de langue française pendant la période coloniale, pour prendre sa place et s'affirmer davantage à partir des années 1960. Les premières œuvres publiées en français sont des *Poèmes* de Salah Ferhat parus en 1918, *Les chants de l'aurore* de Salah Elatri datant de 1931, et *Les poèmes d'un maudit* de Marius Scalési, parus en 1935. Ces recueils passent plus ou moins inaperçus mais esquissent une orientation qui caractérisera par la suite bon nombre d'œuvres tunisiennes : celle d'une culture à la croisée des civilisations et ouverte sur le monde. En témoignent encore *Le voyageur*, signé par Mahmoud Messaâdi en 1942, et *Night* de Farid Gazi, un recueil de poèmes de tonalité romantique paru en 1948. La production la plus marquante de cette période sera par conséquent celle d'**Abdelmajid Tlatli**, né en 1928 à Nabeul, qui publie plusieurs textes, dont *Les cendres de Carthage* (1952) couronné du prix de Carthage, *Noces sur les cendres de Carthage* (1953) et *Des hommes et de l'esprit* (1953).

Il faudra donc attendre les nouvelles générations d'écrivains qui commencent à publier après les indépendances et surtout depuis les années 1970 pour voir émerger une littérature florissante produite à la fois au pays et par des écrivains faisant carrière à l'étranger. Parmi ceux-ci, une œuvre se distingue nettement, celle d'**Hédi Bouraoui** (né en 1932), dont les premiers recueils paraissent dès les années 1960 : *Musocktail* (1966), *Tremblé* (1969), *Éclate-Module* (1972), et qui a signé aujourd'hui 21 recueils de poésie et 6 romans, textes publiés à Montréal, Toronto, Paris et Tunis, et qui ont valu à l'auteur de nombreux prix. Les poèmes et romans de Bouraoui se lisent comme une aventure transculturelle et langagière où dominent l'inventivité et le souci de contribuer au dialogue des cultures, comme en témoigne à nouveau son dernier recueil, *Struga*, suivi de

---

20. C'est du moins l'avis de Tahar Bekri, « De la littérature tunisienne de langue française », dans Charles Bonn, Naget Khadda et Abdallah Mdarhri-Alaoui (dir.), *Littérature maghrébine d'expression française*, *op. cit.*, p. 211.

Margelle d'un festival (Montréal, 2003) qui regroupe, entres autres, une série de poèmes intitulés de noms des pays : « Japon », « Bulgarie », « Hollande », « Autriche », « Turquie », « Égypte », etc. Ludique, hymne à la vie dans un monde sans frontières, l'œuvre de Bouraoui s'inscrit aussi dans la lignée de tous ceux qui n'ont cessé de dénoncer et de contrer les forces de déshumanisation que l'humanité est encore loin d'avoir vaincues.

Et alors que l'œuvre de Bouraoui a été longtemps ignorée, en Tunisie même, d'autres poètes deviennent peu à peu des figures de référence, notamment **Salah Garmadi** (1933-1982), intellectuel populaire connu pour son esprit caustique et son humour décapant. Auteur, entre autres, d'*Avec ou sans* suivi de *Chair vive* (18 poèmes en arabe, 1970) et *Nos ancêtres les Bédouins* (1975), son œuvre s'inscrit dans le courant de la dénonciation des nouveaux régimes et se caractérise par la satire mordante qui part en guerre contre les idées reçues et revendique la liberté de transgression des tabous de tous genres, politiques, religieux, sociaux, etc.

Plus polyvalent, **Mohamed Aziza** (né en 1940) fait surtout œuvre d'essayiste, mais publie aussi des poèmes et contes sous le pseudonyme de Chems Nadir. Il a été réalisateur de la Radio-télévision tunisienne et a collaboré à la radio suisse, avant de devenir conseiller technique pour le théâtre à Alger et enseignant à l'université de cette même ville, puis fonctionnaire international à l'Unesco. Parmi ses œuvres de création, l'on compte les recueils de poésie *Silence des sémaphores* (1978) et *Le livre des célébrations* (1983) et une collection de contes, *L'Astrolabe de la mer* (1980). Jean Déjeux dit de lui :

> Mohammed Aziza s'intéresse principalement aux problèmes du spectacle dans le monde arabe (théâtre, cinéma, image). Excellent poète, ses recueils veulent atteindre des résonances universelles, tandis que ses contes sont comme un retour à la mémoire collective arabe, qui constitue une préoccupation chez plusieurs écrivains maghrébins aujourd'hui. Mohammed Aziza est parmi les auteurs maghrébins les plus ouverts aux cultures diverses dans le monde ; au-delà des nationalismes chauvins et étriqués[21].

Cette ouverture caractérise également le vie et l'œuvre de **Majid El Houssi** (né en 1941), professeur de langue et littérature française et francophone à l'Université de Padoue, en Italie. Poète d'une grande qualité,

---

21. Jean Déjeux, *Dictionnaire des auteurs maghrébins de langue française*, op. cit., p. 271.

Majid El Houssi se situe au confluent de plusieurs langues et de plusieurs cultures. Sa poésie plonge ses racines aussi bien dans le lointain passé (avec référence aux Berbères et à La Kahéna) que dans le présent éclaté. Il entend « défier la blessure », en écoutant à la fois les voix de La Kahéna, de Shehrazade et de la langue française : « ma collision, ma fission, ma libération[22] ». Sa sensibilité au sens qui naît de la transformation du signifiant paraît dans les titres mêmes de ses recueils, tels que *Imagivresse* (1973), *Iris-Ifriquiya* (1981) et *Ahmeta-O* (1981).

D'autres poètes tunisiens se distinguent chez eux comme à l'étranger. Ainsi, **Moncef Ghachem**, né en 1947 à Mahdia, qui obtient le prix international Mirabilia de poésie francophone en 1991 pour l'ensemble de son œuvre. Son attachement au pays est manifeste, ainsi que ses revendications des droits humains : *Gorges d'enclos* (1970), *Cent mille oiseaux* (1975), *Car vivre est un pays* (1978), *Cap Africa* (1989), etc. « Sa poésie est celle de la colère qui gronde, des cris en écho à la clameur de la rue ; sa voix rauque dit la réalité sociale et l'attachement fougueux à la terre ; son univers marin nomme les peines et les travaux du jour », affirme son compatriote T. Bekri[23].

Parmi les écrivains de la génération actuelle dont les œuvres paraissent surtout à partir des années 1980, il faut citer également **Tahar Bekri** lui-même (né en 1951), poète et critique qui cherche à sa manière à dépasser les clivages artificiels entre le national et l'universel. Portant les traces de ses divers séjours dans de multiples pays (Antilles, Scandinavie, Algérie, France, etc.), la poésie de Bekri intègre la mémoire des richesses culturelles millénaires à une sensibilité intimiste. *Le laboureur du soleil* (1983), *Le chant du roi errant* (1985), *Le cœur rompu aux océans* (1988), *La sève des jours* (1991), *Inconnues saisons* (1999) sont parmi ses nombreux recueils, auxquels s'ajoute une dizaine de recueils de poèmes édités en livre d'art et des essais. Les années 1980 voient s'élever aussi une des rares voix de femmes poètes du Maghreb, celle d'**Amina Saïd**, dont l'œuvre livre une parole sereine où se traduisent les secrets du monde sensible : *La métamorphose de l'île et de la vague* (1985), *Sables funambules* (1989), etc.

Et alors qu'il n'a rien d'exhaustif, ce bref tour d'horizon de quelques œuvres et noms marquants permet de constater que la poésie des pays

---

22. *Ibid.*, p. 290.
23. Tahar Bekri, « De la littérature tunisienne de langue française », *op. cit.*, p. 213.

du Maghreb reste d'un dynamisme constant qui fait honneur à une tradition millénaire et a agi souvent comme catalyseur dans le renouveau
des genres et l'émergence d'une littérature maghrébine qui s'affirme de
plus en plus dans sa spécificité.

LE ROMAN

C'est dans le roman que les auteurs maghrébins apportent une note
nettement originale : construction en abyme, récit en arabesque plutôt
que linéaire, une histoire en attire une autre comme dans les nuits de
Shehrazade ou les pérégrinations de Don Quichotte. C'est souvent dans
le cœur même de la phrase qu'intervient l'image poétique étonnante et
détonnante qui distingue l'écriture maghrébine. On y décèle parfois,
dans la phrase en langue française, l'abondance de qualificatifs, d'images, une sorte de crépitement des mots propres à la langue parlée du
Maghreb, si différente de l'arabe écrit ou classique. Dès les années 1950,
le roman maghrébin se détache ainsi de la littérature ethnographique
coloniale, tout en demeurant fortement ancré dans la réalité sociohistorique. Au Maghreb, comme ailleurs dans les colonies francophones,
la première génération de romanciers crée une littérature de révolte et
de contestation des exactions et injustices du système colonial, littérature où domine encore l'esthétique réaliste mais où transparaît pourtant
le substrat poétique qui fera l'originalité de l'imaginaire des grands écrivains du Maghreb.

Le roman algérien

En Algérie où la décolonisation se fera dans des conditions particulièrement douloureuses, l'on assiste donc à l'émergence d'une littérature de
combat avec des écrivains tels que Kateb Yacine (1929-1989), Malek
Haddad (1927-1978), Bachir Hadj Ali (né en 1920), Boualem Khalfa (né
en 1923), Anna Greki (1931-1966), Nordine Tidafi (né en 1929), Djamal
Amrani (né en 1935), Nourreddine Aba (né en 1921), Hocine Bouzaher
(né en 1935), et Assia Djebar (née en 1936). L'imaginaire romanesque
portera les marques profondes des événements sanglants de la première
moitié du siècle et les romans comporteront de nombreuses références
à l'escalade des violences qui amènera finalement le pays à la guerre
d'indépendance en novembre de 1954. Ainsi, un événement historique

souvent occulté marquera pourtant la mémoire du peuple algérien et certains écrits : il s'agit de l'écrasement de la Résistance du peuple algérien, soulèvement nationaliste de 1914. Un autre soulèvement aura lieu à Sétif et Guelma et sera également réprimé violemment en 1945, faisant, semble-t-il, quelque 30 000 morts.

Le 1er novembre 1954, c'est le déclenchement de la révolution ou guerre de libération au nom du Front de libération nationale (FLN). En 1956, c'est le début de la bataille d'Alger, faisant de la ville une cité en état de siège où l'usage systématisé de la torture scandalise les défenseurs des droits de l'homme en France comme ailleurs. En 1958, a lieu la formation du gouvernement provisoire du FLN ; en 1961, les négociations entre la France et le FLN (à Évian, 13 mai-13 juin) aboutissent, le 3 juillet 1962, à l'indépendance de l'Algérie. En 1963, c'est la guerre avec le Maroc à propos des frontières et le soulèvement réprimé en Kabylie. Ce n'est pas du jour au lendemain que le pays connaîtra la paix et la stabilité... qui seront de courte durée.

Longtemps injustement méconnu, **Mouloud Feraoun** (1913-1962) est l'un des premiers grands écrivains algériens de la «génération de 52» à évoquer ces bouleversements historiques. Né en 1913 à Tizi Hibel en Grande Kabylie, il mourra assassiné par un commando de l'Organisation de l'armée secrète (OAS) en 1962 à El-Biar (Alger). Avec les romans *Le fils du pauvre* (1950), *La terre et le sang* (1953), *Les chemins qui montent* (1957), les recueils de poèmes et récits, Feraoun raconte avec finesse et sensibilité la pauvreté, la situation dramatique de ses compatriotes sous la colonisation et sensibilise le lecteur à l'humanité de ses personnages et à la culture de sa Kabylie natale. Et alors que ses romans restent d'une facture proche du réalisme ethnographique, il ne fait pas de doute que l'œuvre de Feraoun, si elle constitue un témoignage de l'époque, se démarque des productions antérieures par le fait même qu'elle introduit le lecteur au cœur d'une perception de la réalité occultée par la littérature coloniale : celle du peuple opprimé pour qui la vie quotidienne même est un combat. Son ouvrage *Le fils du pauvre* est un récit d'une extraordinaire vérité. À la fois touchant et attachant, il décrit la volonté farouche d'un enfant du pays à sortir de la pauvreté et à enseigner à son tour à d'autres enfants la connaissance qui sauve. Le journal et la correspondance de Feraoun apportent également un précieux témoignage de la période sanglante de la guerre d'indépendance de l'Algérie.

Les romans des années 1950, dont l'imaginaire est ancré dans une situation qui se dégrade sans cesse, font par ailleurs surgir des questions jusque-là passées sous silence : comment est composée la population de l'Algérie ? Qui sont les autochtones ? Les Européens sont-ils tous français ? En réalité, la majorité des Européens viennent de différents pays européens ; aux Français d'origine alsacienne, lorraine ou corse, s'ajoutent des personnes originaires de Malte, de Sicile, de l'Italie à l'est, de l'Espagne à l'ouest. En fait, une véritable mosaïque de peuplement s'ajoute aux autochtones d'origine arabo-berbère dans les plaines, ou berbère dans les montagnes et le Sahara ; ces derniers, tout en étant majoritairement musulmans, ont conservé leur langue et leur culture berbères : kabyle ou amazigh, chaouïa, etc. Rappelons que c'est dans l'ouest, en Oranie, en raison d'une configuration géographique plus accessible, que les colons sont implantés le plus profondément. L'immigration espagnole n'est pas étrangère à ce fait. En effet, en 1936, la guerre civile en Espagne provoque un exode massif d'Espagnols, principalement vers l'ouest de l'Algérie, en Oranie, où leur nombre atteindra jusqu'à 50 % des habitants d'Oran. Ils deviendront eux aussi des colons comme le reste des Européens, même si nombre d'entre eux vivent dans des conditions plutôt modestes (comme la mère d'Albert Camus, par exemple).

D'autre part, dès 1939, à la veille de la Deuxième Guerre mondiale, le paysage social algérien se fissure encore plus profondément : une division se produit entre les Européens, les uns supportant le gouvernement de Vichy du maréchal Pétain, les autres se prononçant pour la Résistance. C'est en 1943 que le général de Gaulle déclare Alger capitale de la France libre. En mars, la citoyenneté est accordée à 10 000 personnes. Les nationalistes estiment toutefois que c'est trop peu et trop tard ; une coalition est formée autour de Messali Hadj, premier grand chef de la Résistance algérienne, qui sera déporté.

Du côté des Algériens d'origine, il y a ceux qui, poussés par des conditions économiques difficiles, s'engagent pour aller combattre en Europe avec, parfois, l'espoir de voir changer la situation politique de leur pays, et ceux qui résistent à la conscription et dont certains seront emprisonnés et torturés. Désormais, de profonds changements vont modifier le paysage social et politique algérien. De nombreux écrivains de ce pays en témoigneront dans leurs œuvres ; l'imaginaire des années 1950 est un imaginaire de l'instabilité et de l'incertitude, fait d'espoirs et d'angoisses, où dominent les images d'un monde qui s'effondre, alors que l'on ne conçoit pas encore de quoi sera fait le monde à venir.

Tensions sociales, attentes et désillusions, désir d'émancipation et sentiment d'impuissance, tels sont également les thèmes qui marquent l'œuvre de **Mouloud Mammeri** (1917-1989), un autre grand précurseur de la littérature contemporaine. Professeur, Mouloud Mammeri est aussi directeur, à Alger, du Centre de recherches anthropologiques, préhistoriques et ethnographiques jusqu'en 1980. Poète, romancier et scénariste parmi les plus renommés d'Algérie, il s'est intéressé aux cultures berbérophones et ses romans évoquent des étapes importantes de l'histoire de l'Algérie. Comme chercheur, il publie les *Isefra*, poèmes de Si Mohand, et élabore un lexique amazigh : l'amaril. En 1947, il publie sa propre grammaire berbère qui sera rééditée en 1992. Par la suite, il fonde à Paris le Centre d'études et de recherches amazighes (CEDAM), en 1982. Les contributions exceptionnelles de ce créateur et chercheur infatigable seront reconnues, en 1991, par la création du prix annuel Mouloud Mammeri par la Fédération des associations culturelles.

Outre des traductions, essais et pièces de théâtre, il est l'auteur de plusieurs romans qui ont profondément touché le lectorat algérien et maghrébin : *La colline oubliée* (1952), *Le sommeil du juste* (1955), *L'opium et le bâton* (1965), et *La traversée de Paris* (1982). Son esthétique, comparable à celle de Feraoun, est celle du « réalisme de l'intérieur » qui traduit le désarroi des oubliés de l'histoire… et peut-être de Dieu : le plus Juste n'aurait-il pas Lui-même sombré dans un sommeil profond ?

C'est donc avec de grands écrivains de la période coloniale que prend racine une littérature profondément originale sous la plume d'écrivains d'une vaste culture, parmi lesquels il faut citer encore **Mohammed Dib** (1920-2003), peintre et écrivain, l'un des plus importants poètes et romanciers maghrébins, reconnu comme l'un des plus grands auteurs de la francophonie. Son enfance à Tlemcen dans une famille d'artisans donne à ses ouvrages une couleur « tlemcennienne » : présence de la cité antique conservant jalousement son architecture, ses arts séculaires et le raffinement de ses habitants. Mohammed Dib exerce différents métiers, puis le journalisme et l'écriture. Il est le premier écrivain algérien « classique » ; son œuvre romanesque et poétique est sensible, intelligente et profonde. Il a publié une quinzaine de romans, des recueils de nouvelles, des poèmes et des contes pour enfants. Il a écrit également une pièce de théâtre : *Mille hourras pour une gueuse*[24]. Dib signe d'abord une trilogie qui évoque les mouvements de résistance populaires, la mobilisation syndicale et les grèves des années 1940-1950 : *La grande maison* (1952), *L'incendie* (1954) et *Le métier à tisser* (1957). Ces romans s'inscrivent dans le courant des œuvres qui s'attachent à déconstruire la rhétorique coloniale voulant que la colonisation ait permis aux peuples primitifs de bénéficier des bienfaits de la grandeur de la civilisation occidentale. Comme bon nombre de romans d'écrivains d'autres colonies (de la Caraïbe et d'Afrique subsaharienne), ceux-ci opèrent une inversion (perceptible déjà chez Feraoun et Mammeri) dans les valeurs attachées jusque-là à cette rencontre (conflictuelle) de deux mondes : désormais, le barbare aura la figure du colonisateur et ceux qui auront conservé des qualités véritablement humaines seront les opprimés qui résistent aux forces de la déshumanisation. Ainsi, l'imaginaire de *L'incendie*, par exemple, se construit autour d'une opposition entre les forces du bien et du mal, représentées par l'eau et le feu (infernal) qui caractérisent respectivement le monde des fellahs en grève (forces de vie) et le monde destructeur du colonisateur, évoqué aussi par la métonymie d'une moissonneuse « démoniaque » qui tue un travailleur.

Par la suite, Dib passera à une esthétique où prose et poésie fusionnent pour donner naissance à cet univers particulier, souvent onirique, qui distingue son œuvre. Ainsi, dans *Qui se souvient de la mer* (1962), le romancier évoque la guerre de libération sous une forme poétique proche du surréalisme qui traduit mieux que le réalisme l'horreur de l'expérience de la guerre, comme il l'explique dans une postface.

L'horreur ignore l'approfondissement ; elle ne connaît que la répétition. Aller donc la décrire dans ses manifestations concrètes lorsqu'on n'a pas à dresser un procès-verbal serait se livrer presque à coup sûr à la dérision qu'elle tente d'installer partout où elle émerge. Elle ne vous abandonnerait que sa misère, et vous ne feriez que tomber dans son piège : l'usure. [...] À travers le langage transparent et sibyllin des rêves, ne voit-on pas les hantises, les désirs, les terreurs, les mythes anciens et modernes les plus actifs comme les aspirations les plus profondes de l'âme humaine, faire surface et se montrer à nous mieux que dans la littérature dite « réaliste »[25] ?

---

24. Voir la section sur le théâtre.
25. Mohammed Dib, *Qui se souvient de la mer*, Paris, Seuil, (1962) 1990, p. 190-191.

Ainsi, l'œuvre de Dib illustre en elle-même l'évolution de la littérature maghrébine qui se détache rapidement des conventions du roman occidental ; chaque écrivain inventera son langage propre pour dire sa culture, ses valeurs, pour traduire son vécu, son univers intérieur.

Cette originalité esthétique s'affirmera avec fracas dans l'œuvre de **Kateb Yacine** (1929-1989), un autre « géant » de la littérature algérienne. Originaire de l'ancienne cité de l'empereur Constantin Ier, Cirta ou Constantine, Kateb Yacine inscrira toute la mémoire culturelle précoloniale dans son œuvre. (La ville, après l'insurrection de 311 et après avoir été la capitale de la colonie romaine en Numidie, passa aux mains des Turcs et des Arabes et, après une solide résistance, aux Français.) Il publie en 1946 son recueil de poèmes *Soliloques*. Poète, romancier et dramaturge, il écrit d'abord en français, pour créer par la suite, à partir de 1972, des pièces en arabe algérien. Kateb Yacine est l'un des écrivains algériens les plus célèbres : en 1956, il révolutionne la littérature de fiction avec son roman *Nedjma*, puis *Le polygone étoilé* (1966), mettant en lumière des zones d'inconscient avec une efficacité et une poésie qui donnent au lecteur le sentiment d'être familier avec le mythe et avec l'émotion évoqués dans le texte.

Nedjma est perçu comme un texte fondateur, le roman phare de la littérature algérienne. Écrit avant la lutte pour l'indépendance, il donne une idée de la résistance et surtout de l'effort pour l'affirmation identitaire des Algériens. Le personnage désigné par le titre, Nedjma, est un peu le symbole de cette Algérie de chair et de sang, de terre et de feu ballottée par la volonté des uns et des autres mais qui renaîtra toujours de ses cendres. Comme les premiers romans de Dib, ce texte met en scène le caractère destructeur de l'entreprise coloniale et, par son récit éclaté, une écriture de la fragmentation pratiquée avec ingéniosité, fait partager au lecteur le sentiment de désarroi d'une génération qui cherche à construire un pays nouveau sur les ruines de plusieurs civilisations.

Tous ne seront pas aussi audacieux, sans pour autant manquer d'originalité. En même temps que Kateb, un autre des grands écrivains algériens, longtemps injustement méconnu, **Malek Haddad** (1927-1978), élabore une œuvre consistante, singulière à sa manière. Poète, essayiste et romancier, Malek Haddad s'interroge, dans son œuvre, sur le sens de la vie. Il milite pour la justice et la liberté et fait figure de penseur dans tout le Maghreb. « Nous écrivons le français, nous n'écrivons pas en français, c'est-à-dire en tant que Français[26] », disait-il ; il aura eu une influence considérable sur les intellectuels maghrébins.

Contraint à l'exil en 1955, il regagne la France où il avait auparavant entrepris des études de droit. Il y travaille quelque temps comme instituteur, puis partage avec son compatriote Kateb Yacine le sort des ouvriers agricoles de Camargue. Après l'indépendance de l'Algérie, Malek Haddad regagne son pays. Il y dirige la page culturelle du quotidien *An-Nasr*. De 1968 à 1972, Malek Haddad est appelé au poste de directeur de la Culture au ministère de l'Information et de la Culture en Algérie. Après 1972, il est conseiller technique, chargé des études et des recherches dans le domaine de la production en langue française dans le même ministère. Il sera également secrétaire général de l'Union des écrivains algériens de 1974 à 1976.

Malek Haddad évoque, avec sensibilité et un très grand sens poétique, la période révolutionnaire en Algérie dans son premier roman, paru en 1958, *La dernière impression*. Les trois romans qui suivront sont cependant situés à Paris et sont parmi les premiers romans maghrébins à évoquer la difficulté de la vie en exil : *Je t'offrirai une gazelle* (1959), *L'élève et la leçon* (1960) et *Le quai aux fleurs ne répond plus* (1961). Mettant en scène des relations d'amour impossible et d'amitié rompue dans le style réaliste qui domine encore à l'époque, ces romans évoquent surtout le drame de l'écartèlement de l'exilé entre deux cultures et le désarroi de ceux qui, comme les personnages de Kateb aussi, vivent les bouleversements de la guerre de libération et de la reconstruction d'un pays dont les contours à venir restent indéfinis. De retour au pays après la guerre, Haddad cessera d'écrire des romans en français, se consacrant à ses charges officielles pour se tourner ensuite vers l'essai[27].

Le roman après l'indépendance (1962-1980)

Comme ailleurs sur le continent africain, l'indépendance verra l'émergence d'une nouvelle génération d'auteurs : Ali Boumahdi, Rachid Boudjedra, Nabil Farès, Mourad Bourboune, Mouloud Achour, Aïcha Lemsine et

---

26. Cité par Jean Déjeux, dans *Dictionnaire des auteurs maghrébins de langue française, op. cit.*, p. 122.

27. Voir plus loin sous la rubrique « essais ».

Yamina Mechakra, pour ne citer que quelques noms, à titre représentatif. À la littérature souffrante dominée par l'imaginaire de l'incertitude de l'époque coloniale succèdent des écrits non moins souffrants mais où pointe l'espoir d'une indépendance qui inaugurera l'avenir d'un merveilleux pays et la réalisation des rêves d'un peuple qui aspire enfin à la liberté et à la dignité. Suivra la période de parti unique avec des créations conformes à une idéologie commune et, parfois, quelques voix dissidentes de plus en plus présentes chez les auteurs contemporains. Les thèmes se diversifient et, sensible aux appels à l'innovation des écrivains de la revue *Souffles*, plusieurs se tournent vers une écriture recherchée et une créativité remarquable sur le plan de l'esthétique.

L'une des voix dominantes de cette génération est sans conteste celle de **Rachid Boudjedra,** né en 1941 à Aïn Beida (dans le Constantinois). *La répudiation* (1969), *L'insolation* (1972) ont connu un franc succès. Audacieux, Boudjedra écrit des œuvres verbeuses, charnelles, où la critique politique et sociale est omniprésente et courageuse. Il y a quelque chose d'extravagant dans son écriture, ce qui le distingue des autres auteurs plus austères, plus souffrants ou revendicateurs. Chez Boudjedra, c'est l'ironie qui rend la critique encore plus efficace, ravageuse. Faisant scandale avec *La répudiation*, Boudjedra ouvre grand la voie du roman maghrébin qui désormais ne se privera pas d'exploiter toutes les potentialités du genre. Délaissant « l'obsession coloniale », l'œuvre de Boudjedra pousse à l'extrême la révolte contre le père, dont la figure tyrannique constituera l'une des marques distinctives du roman des indépendances ; la transgression des formes et des thèmes inaugurée par Kateb connaît ici un nouveau déploiement : écriture du délire, homosexualité et inceste, sang, violence et érotisme mêlés[28], les romans de Boudjedra entraînent le lecteur dans un univers troublé et troublant d'où il n'émerge pas indemne. Par ailleurs, avec *Le démantèlement* (1982), son septième roman, Boudjedra se démarque à nouveau en passant à l'écriture en arabe ; désormais ses œuvres publiées en français seront des traductions.

---

28. Tout ce qui touche au domaine de la sexualité est souvent présenté comme un domaine mystérieux dont le jeune Rachid fait l'apprentissage grâce à son frère Zahir. Il dira par exemple : « Zahir, lui, n'aimait pas les femmes. Il était amoureux de son professeur de physique, un juif aux yeux très bleus et très myopes […]. Au début, je pensais qu'être homosexuel était quelque chose de distingué, car le juif était très beau, avait une voix douce et pleurait facilement » (*La répudiation*, Paris, Denoël, 1969, p. 116).

On peut citer également **Mourad Bourboune,** né en 1938 à Djidjelli en Petite Kabylie. Il participe à la fondation de l'Union des écrivains algériens en 1963. Moins fournie, faisant moins d'éclat que celle de Boudjedra, l'œuvre de Bourboune participe néanmoins à cette écriture d'un regard nouveau jeté sur la société algérienne. Auteur de plusieurs poèmes, Bourboune se fait connaître surtout par ses deux romans : *Le mont des genêts* (1962) et *Le muezzin* (1968), le premier centré sur une intrigue qui se joue pendant la guerre, le deuxième sur un muezzin bègue exilé dans un hôpital psychiatrique à Paris. Loin des excès des romans de Boudjedra, l'œuvre de Bourboune, qui touche à des tabous religieux et illustre, comme le fera aussi *La danse du roi* de Dib, que la révolution reste inachevée, sera perçue aussi comme subversive. Déçu du nouveau régime, comme bien d'autres, Bourboune poursuivra une carrière de journaliste et de scénariste à Paris, dès 1965.

Rappelons qu'un autre des écrivains les plus connus, **Nabile Farès,** né en 1940 en Petite Kabylie, appartient également à cette génération de l'exploration des formes romanesques. Mettant en œuvre les préceptes du renouveau prônés par les écrivains regroupés autour de la revue marocaine *Souffles,* Farès produit plusieurs textes que l'on désigne encore par le terme générique « romans », mais qui pratiquent en réalité allègrement une écriture libre, éclatée, où fusionnent poésie, récits romanesques, légendes et journal intime. À travers cette virtuosité de la créativité, se profilent en même temps plusieurs thèmes de prédilection des écrivains de cette génération : l'angoisse et le désarroi des personnages en rupture avec leur milieu, l'impossible quête de soi, fantasmes et exil intérieur, soit la quête de sens dans un monde où l'existence continue à sombrer dans l'insensé en dépit de tous les espoirs qu'avait suscités la libération du joug colonial. La désillusion provoquée par ce qui est perçu comme l'échec de l'action collective donne lieu à un questionnement plus psychologique et philosophique ; la quête du « nouveau monde » se fait dans les tréfonds de l'individu, comme en témoignent plusieurs des titres de Farès : *Yahia, pas de chance* (1970), *Mémoire de l'absent* (1974), *L'exil et le désarroi* (1976), *La mort de Salah Baye* (1980).

Le roman depuis 1980

La critique sociale ainsi qu'une écriture plus intimiste qui intègre les procédés de la poésie à la prose romanesque sont deux tendances qui continueront à se manifester dans les œuvres des écrivains de la génération qui entre sur la scène littéraire autour des années 1980, illustrant le fait que l'écriture en « prose poétique » est en soi un refus des contraintes où se manifeste la volonté de déconstruire les idées reçues. De nouveaux courants s'y rajouteront qui vont assurer le dynamisme et le caractère multidimensionnel du roman algérien contemporain, notamment des œuvres issues des conflits sanglants qui ont éclaté avec la fracture de la société algérienne, baptisées « la littérature de l'urgence » par la critique, ainsi que le courant de la littérature populaire (polars, romans d'espionnage, romans d'amour à l'eau de rose, etc.) qui fait son apparition au Maghreb comme ailleurs en francophonie depuis deux décennies, témoignant de l'élargissement d'un lectorat national qui désormais ne se compose plus uniquement d'une élite réclamant de la « grande littérature ». Parallèlement se développe également une littérature de l'émigration d'écrivains d'origine maghrébine vivant à l'étranger depuis leur jeune âge ou nés en France, littérature « transculturelle » dite « beur ».

Le nouveau drame de l'Algérie aux prises avec les luttes intérieures a marqué la vie et l'œuvre de plusieurs écrivains, trop souvent de manière tragique, comme c'est le cas de **Tahar Djaout,** né en 1954 à Azzeffoun en Grande Kabylie, dont l'assassinat à Alger en 1993 provoquera une commotion tant en Algérie qu'à l'étranger. Journaliste à *Algérie-Actualité*, il se distingue par un style tranchant, des critiques virulentes et un grand souci d'éthique et de vérité. *Solstice barbelé* (1975), *L'arche à vau-l'eau* (1978), *Insulaire et Cie* (1980), *L'oiseau minéral* (1982), ses recueils de poèmes font dire de lui qu'il s'agit d'un excellent poète qui s'exprime avec vigueur et humour sur les réalités de l'Algérie d'aujourd'hui[29]. Cette dénonciation d'une société où sévissent à nouveau les forces de la déshumanisation et de l'oppression se poursuit dans les romans de Djaout : *L'exproprié*, son premier roman publié en 1981, *Les chercheurs d'os* (1984), couronné du prix de la fondation Del Duca en 1993, et *L'invention du désert* (1987). Son deuxième roman, *Les chercheurs d'os*, est un roman

---

29. Jean Déjeux, *Dictionnaire des auteurs maghrébins de langue française, op. cit.*, p. 99.

d'une force d'évocation exceptionnelle, donnant, sous forme de fable, le portrait d'une société en quête de mémoire, d'identité et d'espoir. Il s'agit pour deux hommes d'aller chercher la sépulture d'un des leurs tombé pour la révolution et de ramener les ossements au village en Kabylie. C'est une saga éloquente qui fait défiler devant le lecteur tous les aléas d'une société qui ne tient pas ses promesses.

De son côté, **Rachid Mimouni** (1945-1994), ethnologue, chercheur et romancier, écrit avec une rare liberté de ton et de style. Ses romans *Le printemps n'en sera que plus beau* (1978) et *Le fleuve détourné* (1982) portent l'attention sur le détournement de la révolution et critiquent les discours officiels. Les œuvres qui auront le plus d'impact sont, cependant, *Une paix à vivre* (1983) et surtout *Tombéza* (1984), où Mimouni, avec une triste ironie et beaucoup d'humour satirique, évoque la détresse et le désenchantement de l'individu algérien soumis aux abus du pouvoir. Avec *L'honneur de la tribu* (1989), c'est la consécration d'un écrivain trop tôt disparu qui, dans la foulée d'un Boudjedra ou d'un Sony Labou Tansi, à travers une esthétique de la démesure qu'on pourrait qualifier de néo-baroque, sert aux grands de ce monde un avertissement sur les conséquences d'un ordre social fondé sur la corruption.

Dans le courant de la « littérature de l'urgence » des années 1990, on peut citer, à titre d'exemple, l'œuvre d'**Abdelkader Djemaï** (né en 1948). Ces nouveaux courants délaissent l'écriture souvent expérimentale et recherchée de la génération des années 1960-1970 et se démarquent par un retour vers une esthétique plus réaliste qui se double toutefois, chez de nombreux écrivains, d'une dimension symbolique où se joue souvent l'essentiel de la signification d'un roman. Ainsi, le troisième roman de Djemaï, *Sable rouge* (1996), se construit autour d'une imagerie de la violence évoquée par la métaphore du désert qui avance inexorablement, envahissant entièrement, comme cette nouvelle flambée de tueries meurtrières, l'espace de vie des citoyens qui ne demandent qu'à vivre en paix. Djemaï a signé également *Un été de cendres* (1995), *Camus à Oran* (1995) et *31, rue de l'Aigle* (1998). Avec lui, d'autres jeunes auteurs feront également leur entrée sur la scène littéraire avec des œuvres portant sur le plus récent drame algérien, publiées en France, pour la plupart, vu la situation difficile de l'édition algérienne dans le contexte actuel : Boualem Sansal, Salim Bachi, Anouar Benmalek, Nourredine Saadi (qui a obtenu le prix Kateb Yacine avec *Dieu le fit* et fait une synthèse du destin des

Algériens dans *La maison de lumière*), Ghania Hammadou, et Yassir Benmiloud, pour ne nommer que ceux-là.

D'autres s'attachent plutôt à offrir au lecteur quelques moments de répit, des lectures distrayantes qui permettent de s'échapper, l'espace d'un roman, des drames réels pour se laisser emporter par des histoires imaginaires palpitantes où crimes et amours se conjuguent, se nouent et se dénouent selon un pacte du vraisemblable où le lecteur consent à ne pas voir l'invraisemblable. Le nom qui s'est imposé dans le polar algérien est celui de **Yasmina Khadra** (né en 1955), nom de plume de Mohammed Moulessehoul, auteur d'une dizaine de romans à succès, *bestsellers* sur le modèle américain, mais à la manière algérienne. La renommée de Kadhra prend par ailleurs un tournant inattendu quand la critique occidentale, qui jusque-là pratique une lecture «mythologisante» construite sur la notion erronée que Yasmina Khadra est une des rares femmes écrivaines de la littérature populaire, découvre que derrière ce pseudonyme se tient un ex-militaire, qui ne cherchait nullement à écrire en tant que femme mais simplement à prendre quelque distance par rapport à ses fonctions antérieures. Pourtant, Yasmina Khadra cache derrière son pseudonyme l'engagement d'un homme fortement attaché à ce qu'il appelle «l'Algérie heureuse». Par ailleurs, le fait de choisir un genre considéré comme «peu sérieux» par les instances de la consécration littéraire, n'empêche pas Moulessehoul de mener une réflexion analogue à celle de bon nombre de ses prédécesseurs, pères fondateurs de la littérature maghrébine. Lors d'un entretien avec Françoise Naudillon, l'écrivain explique par exemple comme suit son choix de l'utilisation de la langue française pour son travail d'écrivain :

> L'arabe est une langue pudique, très ancienne et sans cesse d'actualité ; c'est une langue inaltérable. J'aurais peut-être écrit des romans policiers en langue arabe mais avec beaucoup de difficultés. Le français change avec le temps, il emprunte au faubourg le langage d'aujourd'hui, un langage très direct qui en lui-même décrit le changement des mentalités, ce qui facilite un peu le travail des écrivains[30].

Sans doute est-il permis aussi de souhaiter que ce changement des mentalités amènera par ailleurs le lecteur à lire les textes littéraires en tant

---

30. Françoise Naudillon, *Les masques de Yasmina*, Paris/Yaoundé, Éditions nouvelles du Sud, 2002, p. 146.

que tels, indépendamment de la fonction sociale ou du sexe de l'auteur et qu'il sera alors possible d'éviter à l'avenir d'autres mésaventures critiques comme celle qui a entouré l'œuvre de Moulessehoul. Cela dit, ces différentes tendances dans le roman témoignent clairement du fait que la grande aventure du roman algérien de langue française continue.

Le roman marocain

Le roman marocain suit un cheminement analogue à celui du roman algérien, se détachant graduellement de la tutelle française en développant son imaginaire propre et en instaurant des canons esthétiques qui correspondent à cette spécificité. La première voix à faire entendre cette « authenticité » est celle d'**Ahmed Sefrioui** (né en 1915) qui, comme d'autres romanciers maghrébins, écrit dans la foulée du roman ethnographique tout en se démarquant de la littérature coloniale par la dimension autobiographique de son œuvre et le recours à l'imaginaire du conte populaire. Son premier ouvrage publié est un recueil de nouvelles, *Le chapelet d'ambre* (1949), qui sera suivi du roman qui fera sa renommée, *La boîte à merveilles* (1954). Ces merveilles sont des souvenirs d'enfance dans la médina de Fès, au milieu des femmes, lors des fêtes, dans les souks et les rues animées, à l'école coranique. Comme *L'enfant noir* du Guinéen Camara Laye, ce roman a valu à l'auteur certaines critiques de la part de ceux qui comprenaient mal qu'un écrivain puisse créer un univers aussi merveilleux sans se préoccuper de l'environnement cruel de la colonisation. Il reste que ce merveilleux d'enfance permet à l'écrivain (et au lecteur) d'échapper au regard réifiant de l'Autre et d'ouvrir la voie à tous ceux qui souhaitent se faire entendre en tant que sujets de leur propre discours.

Plus prolifique, l'œuvre de **Driss Chraïbi** (né en 1926) enjambe plusieurs décennies et reflète en elle-même l'évolution du roman marocain qui passera rapidement de la critique du colonisateur à la critique d'une société présentée comme sclérosée dans ses institutions politiques, religieuses et sociales. Cependant, son œuvre transcende aussi la réalité de son pays, en évoquant la détresse des dépossédés où qu'ils soient et quels qu'ils soient, femmes ou enfants, paysans ou travailleurs exploités, citoyens victimes des machinations du pouvoir, etc. Ingénieur-chimiste, il étudie également en neuropsychiatrie, fait de nombreux voyages en

Europe où il pratique les métiers d'ingénier et de journaliste. Auteur d'une quinzaine de romans, Chraïbi soulève la controverse dès son premier roman, *Le passé simple*, paru en 1954. Bien avant Boudjedra, Chraïbi fait scandale en créant cette satire mordante qui déclare la guerre au Père, dictateur à domicile qui incarne toutes les formes d'oppression et d'hypocrisie imputées à la société bourgeoise. Caricature du croyant, de l'autorité paternelle, contestation de la société marocaine, alors que d'autres estiment que l'heure est plutôt à la contestation du pouvoir colonial, Chraïbi fait figure d'avant-gardiste et entre ainsi sur la scène littéraire avec éclat. Il persiste dans cette voie avec *Les boucs* (1955), un des premiers romans de la francophonie à dénoncer la condition faite aux travailleurs immigrés en France, avec *La Civilisation, ma mère!...* (1972), roman «féministe» où la mère incarne «la» civilisation, version «revue et corrigée» des civilisations orientale et occidentale, émondées de leurs éléments déshumanisés et déshumanisants, et, plus récemment, avec une série de romans construits sur le modèle du roman policier. Dans *Une enquête au pays* (1981), sous la forme d'un suspense, Chraïbi décrit une société où le moins qu'on puisse dire c'est que l'arbitraire règne en maître; le personnage principal de ce roman, l'inspecteur Ali, apparaîtra dans d'autres romans publiés en 1991 et 1995. Entre-temps, Chraïbi fait un «retour aux sources», jetant un regard plus conciliant sur la société traditionnelle. Son roman, *La mère du printemps* (1982), a connu un franc succès au Maghreb et même à l'étranger. Chraïbi y exprime toute la sensualité de la terre natale, tout en faisant l'apologie de la résistance au pouvoir abusif et au progrès mal conçu... tout cela sans jamais perdre l'humour tantôt grinçant, tantôt touchant («humanisant») qui fait le charme et est la marque distinctive de son œuvre.

Le roman marocain après l'indépendance

C'est au cours des années 1960 que le roman marocain prend son élan et donne toute sa mesure autour de l'effervescence créée par la revue *Souffles*. Parmi les plus audacieux des romanciers de cette mouvance, il faut citer **Mohammed Khaïr-Eddine** (1941-1995) qui excelle dans l'écriture de «romans poèmes» comparables aux textes de Farès. *Agadir* (1967), *Corps négatif* suivi de *Histoire d'un Bon Dieu* (1968), *Moi l'aigre* (1970), *Le déterreur* (1973), *Une odeur de mantèque* (1976), etc.: autant de voyages dans l'espace du dedans que poursuivent des personnages aux prises avec leurs démons intérieurs et avec les mots. *Le déterreur* illustre admirablement la démarche de l'auteur et les visées des écrivains regroupés autour de la revue : mettant en scène un personnage délirant, figure récurrente dans les romans maghrébins de cette génération, ce roman se lit surtout comme un métalangage métaphorique où « le déterreur » du titre qui déterre des cadavres pour s'en nourrir est en fait la figure de l'écrivain qui se « régale » de « vieux mots », de « cadavres » discursifs pour créer une œuvre originale.

Cependant, le plus connu des écrivains de cette génération (et parmi les plus prolifiques des auteurs marocains qui s'expriment en français) est sans conteste **Tahar Ben Jelloun** (né en 1944), récipiendaire du prix Goncourt en 1987. Il est l'auteur d'une œuvre imposante en langue française qui compte aujourd'hui une trentaine d'ouvrages (romans, nouvelles, essais, recueils de poésie). Ces premiers textes, *Harrouda* (1973), *La réclusion solitaire* (1976), *Les amandiers sont morts de leurs blessures* (1976, poèmes) et *Moha le fou Moha le sage* (1978, prix des Bibliothécaires de France et de Radio-Monte-Carlo), se caractérisent par l'écriture éclatée et la fusion des genres pratiqués par bon nombre d'écrivains de cette époque du renouveau romanesque. Par la suite, plusieurs des romans et récits de Ben Jelloun reviendront vers une écriture qui renoue avec une certaine esthétique réaliste, sans pour autant écarter le fantastique ou le merveilleux, notamment *La nuit sacrée*, couronné du prix Goncourt. À travers le récit d'une jeune femme que son père déguise en homme pour s'assurer, après la naissance de sept filles, d'avoir au moins un héritier mâle, l'on assiste au destin intense, fascinant d'un personnage qui ne veut renoncer ni à l'espoir, ni surtout à l'essentiel : l'amitié. « Seule l'amitié, le don total de l'âme, lumière absolue, lumière sur lumière où le corps est à peine visible. L'amitié est une grâce ; c'est ma religion, notre territoire ; seule l'amitié redonnera à votre corps son âme qui a été malmenée. Suivez votre cœur. Suivez l'émotion qui traverse votre sang[31] », conseille le Consul, personnage aveugle, à Zahra, anciennement Ahmed, s'efforçant de retrouver sa féminité.

Ce roman illustre également le double héritage dont s'inspire Ben Jelloun, oral et écrit ; toute son œuvre comporte de multiples références

---

31. Tahar Ben Jelloun, *La nuit sacrée*, Paris, Seuil, 1978, p. 173.

aux contes, en particulier *Les mille et une nuits*, et à la tradition (écrite) coranique, que rappellent les titres mêmes de certains de ses romans : *La prière de l'absent* (1981), *La nuit sacrée*, *Les yeux baissés* (1991). Les thèmes autant que l'écriture de Ben Jelloun témoignent ainsi de l'interaction constante, dans la littérature maghrébine, de l'oral et de l'écrit, de la poésie et de la prose. Notons par ailleurs que Ben Jelloun a produit aussi une importante œuvre poétique réunie dans le volume *Poésies complètes*, publié en 1995.

Et si les romans de Ben Jelloun sont peuplés de laissés-pour-compte, fous, mendiants, enfants orphelins, prostituées, infirmes, déshérités et autres marginaux, c'est qu'il est aussi un écrivain engagé à défendre les plus démunis ; il multiplie les appels en faveur des « hommes dépossédés de leurs racines », entre autres les immigrés et les Palestiniens. Dans ses essais, il milite contre le racisme. Il écrivait dans *The Literary Review* en 1982 : « Ce qui nous manque le plus dans le monde arabe c'est une littérature de l'audace où l'écrivain puiserait dans sa mémoire immédiate, dans sa subjectivité rebelle, dans sa folie, même voilée, dissimulée dans ses rêves les plus indécents[32]. »

S'il est difficile de résister au charme de l'écriture « benjellounienne » dans ses romans et de marquer des temps de réflexion devant ses essais, sa poésie, elle, semble exprimer la quintessence de la détresse et de l'espoir de la nation maghrébine et arabe. Ainsi, dans *À Tell-Zaatar*, sous le titre, « La mort est arrivée en riant », nous pouvons lire :

> …peuple errant
> Qu'as-tu fait de ta solitude ?
> Peuple reclus
> Qu'as-tu fait de l'astre et du rire ?
> Où as-tu égaré le jour
> La nuit des sables
> Et le noir des tentes
> Ne sont plus linceuls
> Dans les lignes de la souffrance
> Haute la mort
> Fascinée par l'herbe folle de ta mémoire…[33]

---

32. Cité par Jean Déjeux, *Dictionnaire des auteurs de langue française, op. cit.*, p. 225.
33. Cité par Franchita Gonzalez Batle, *Voix*, Paris, Maspero, 1977, p. 115.

Citons encore un autre des écrivains marocains majeurs parmi les plus talentueux de ce courant de l'écriture « sans limites » : **Abdelkébir Khatibi**, né en 1938 à El Jadida. Il obtient son doctorat, en 1965, grâce à l'une des premières thèses sur le roman maghrébin. De 1966 à 1970, il dirige l'Institut de sociologie de Rabat. Lorsque l'Institut est fermé, il continue d'enseigner à la Faculté des lettres de Rabat. Il dirige également le *Bulletin économique et social du Maroc*, qui devient en 1987 *Signes du présent*. Voici ce que dit de son œuvre, Hassan Wahbi :

> De *La Mémoire tatouée* [1971] à *Un Été à Stockholm* [1990], du *Lutteur de classe à la manière taoïste* [1979] à *Dédicace de l'année qui vient* [1986], de *Maghreb pluriel* [1983] à *Paradoxes du sionisme* [1990], on constate chez Khatibi le retour — ou l'éternel retour — d'une forme ou d'une figure de sens : la première est liée à l'usage multiple des registres littéraires ; la seconde à l'exercice d'une pensée du charisme qui a son origine dans l'altérité historique, mais qui cherche à se constituer autrement pour former une pensée dialogique, une éthique et une esthétique du Divers : un usage personnel du monde. Chaque texte de Khatibi manifeste ces deux qualités originelles et génératrices[34].

Le roman marocain depuis 1980

Comme en Algérie, plusieurs écrivains (notamment Dib, Kateb Yacine, Djebar, Boudjedra, Chraïbi et Ben Jelloun) ont produit une œuvre continue qui traverse plusieurs décennies, plusieurs courants esthétiques. Et comme ailleurs, une nouvelle génération se joindra à eux, assurant la relève et l'évolution de la littérature maghrébine.

Abdelhak Serhane (né en 1950) est écrivain et professeur, enseignant d'abord au Maroc, plus récemment aux États-Unis. Détenteur de deux doctorats d'État, en psychologie et en littérature française, il a également obtenu un doctorat de troisième cycle en psychologie. Il est l'auteur de plusieurs romans, dont *Messaouda* (1984), *Les enfants des rues étroites* (1986), *Le soleil des obscurs* (1992), *Le deuil des chiens* (1998), un recueil de nouvelles, *Les prolétaires de la haine* (1995), et des recueils de poèmes, parmi lesquels : *L'ivre poème* (1989), *Chant d'ortie* (1993), et *La nuit du secret* (1992). Dans la foulée de l'œuvre de Chraïbi et de Ben Jelloun, les romans de Serhane mettent à nouveau en scène le père tyrannique, violent et égoïste, et dénoncent le sort fait aux femmes, aux enfants et

---

34. Cité sur le site Web : <http://www.limag.refer.org/textes/mamref/khatibi.htm>.

aux oubliés de la société. Victimes à la fois des hors-la-loi et des forces de l'ordre, les enfants de la rue y trouvent néanmoins l'amour et la liberté qui leur sont déniés au sein de la famille. Corruption, inégalités, misère sociale : la satire de Serhane ne manque pas de cibles dans la vie quotidienne d'une société qui n'a guère évolué depuis l'indépendance. Son écriture se situe cependant dans la mouvance d'un retour vers un certain réalisme qui se fait jour à travers le Maghreb dans les deux dernières décennies du XXe siècle, ce qui n'exclut toutefois pas la fusion des genres. Ainsi, à travers théâtralisation, multiplication des voix narratives, récits enchâssés, oralité feinte et mimétisme du style des reportages journalistiques, les textes de Serhane se tiennent dans le juste milieu entre les tendances à l'esthétique très recherchée des écrivains des années 1960 et le goût actuel du public pour une littérature plus populaire.

Cependant, alors que chaque écrivain élabore certainement son imaginaire et son esthétique propre, l'on note qu'au Maroc le roman, depuis l'indépendance, est surtout un roman de critique sociale. C'est le cas aussi de l'œuvre d'**Edmond El Maleh** (né en 1917), écrivain issu de la communauté juive marocaine, qui interroge l'origine et les conséquences de la rupture entre les communautés arabe et juive qui, pourtant, vivaient naguère en harmonie. Auteur de plusieurs romans, dont *Parcours immobile* (1980), *Aïlen ou la nuit du récit* (1983), *Mille ans un jour* (1986) et *Le retour d'Abou El Haki* (1991), El Maleh démystifie les idéologies qui prétendent apporter des solutions alors qu'elles aboutissent à l'oppression militaire et une violence insensée dont sont victimes hommes, femmes et enfants qui n'ont que faire de la langue de bois des arrivistes et idéologues des nationalismes de la confrontation. Chez El Maleh cette réflexion sur les faillites des régimes politiques prend toutefois une tonalité intimiste où se conjuguent autobiographie, philosophie et poésie. Comme le note Mdarhri-Alaoui, c'est à travers le prisme de la subjectivité, l'expression métaphorique et une écriture du monologue intérieur, qu'El Maleh donne à ses romans une dimension autoréflexive où l'écriture même apparaît comme ce lieu de refuge permettant à l'individu de se soustraire momentanément à la violence du quotidien[35].

---

35. Voir Abdallah Mdarhri-Alaoui, « Nouvelles tendances : Edmond Amrane El Maleh et Abdelhak Serhane », dans Charles Bonn, Naget Khadda et Abdallah Mdarhri-Alaoui (dir.), *Littérature maghrébine d'expression française, op. cit.*, p. 185-192.

Le roman des années 1980 donne-t-il ainsi dans le postmodernisme ? Le mot est vite lancé. Certains ont tenté à plusieurs reprises d'y avoir recours pour situer l'œuvre d'un Kateb Yacine, un Khair-Eddine ou un Khatibi. N'oublions pas que le récit éclaté, la fusion de prose et poésie, d'oralité et écriture, la réflexion philosophie et métaphysique, voix désincarnées et références au Livre ont des racines bien plus anciennes au Maghreb : tout cela existe déjà dans la tradition coranique arabo-musulmane dont se nourrit aussi l'œuvre d'El Maleh qui ne manque pas de rendre hommage à la tradition musulmane du savoir (notamment dans *Le retour d'Abou El Haki*) dans son apologie d'une société « trans-culturelle » où les différences puissent se côtoyer sans s'exclure.

Le roman tunisien

Quoique moins nombreux que les écrivains algériens et marocains, les romanciers tunisiens n'en participent pas moins aux divers moments historiques de l'évolution de la littérature maghrébine. Comme en Algérie et au Maroc, quelques précurseurs peu connus publient de rares textes au cours des années 1920 à 1950 : des romanciers de confession juive tels que Ryvel, Jean Vehel et Victor Danon, et des écrivains musulmans : Tahar Essafi (dont un texte figure dans l'anthologie de 1937) et Mahmoud Aslan. De cette première génération, le nom qui ressort est celui d'Albert Memmi (né en 1920), romancier et essayiste de la communauté juive tunisienne dont l'œuvre s'échelonne sur plusieurs décennies. Il fera sa marque, dans un premier temps, avec *La statue de sel*, publié en 1953, roman qui, avant ceux de Kateb, communique au lecteur le drame de la déchirure provoquée par la rencontre conflictuelle des cultures dans le contexte colonial et la difficulté de concilier modernité et tradition. Comme plusieurs des romans des écrivains pionniers de la francophonie, celui de Memmi comporte une dimension autobiographique et évoque le passage d'une enfance heureuse à l'apprentissage d'une réalité cruelle faite de préjugés de race et de classe, d'injustices, d'exclusions et de questionnements angoissants. Faut-il se tourner vers la tradition ou lui tourner le dos, rompre avec les siens et aller vers un ailleurs, une modernité où les identités s'effritent ? Suivront encore les romans *Agar* (1955) et *Le scorpion* (1969), mais, à partir de la publication de *Portrait du colonisé* en 1957, l'essentiel du combat de Memmi pour la liberté individuelle et collective se fera à travers son œuvre d'essayiste. Sa voix aura été certainement une de celles qui s'est fait le plus entendre à l'époque de la contestation du colonialisme européen.

Dans ce même courant essentiellement réaliste de la littérature du refus, l'on peut citer également l'œuvre de **Hachemi Baccouche**, qui se fait connaître avec son roman *Ma foi demeure* en 1958, roman largement autobiographique aussi, suivi en 1961 par un roman historique, *La dame de Carthage*. Cependant, écrivant à l'ombre de Memmi, Baccouche œuvre discrètement, sans faire d'éclat. Par la suite, ce seront d'abord les poètes qui prendront la relève aux années 1960-1970, avant que le roman ne prenne un nouvel élan : l'œuvre d'Hédi Bouraoui témoigne amplement de cette transition[36].

Les romans de Bouraoui s'inscriront dans la mouvance des romans-poèmes de Farès, Khaïr-Eddine, Khatibi, etc., comme ce sera le cas aussi de l'œuvre de Meddeb. Très connu pour ses analyses des rapports entre l'Islam et l'Occident, **Abdelwahab Meddeb** (né en 1946), poète, romancier, essayiste, et traducteur, possède une connaissance approfondie des cultures arabe et occidentale. Directeur de la revue internationale *Dédale*, il enseigne aujourd'hui la littérature comparée à l'Université Paris X-Nanterre. Il est l'auteur d'une douzaine d'ouvrages en français, dont *Talismano* (1979, roman), *Phantasia* (1986, roman), *Le tombeau d'Ibn Arabi* (1987, poésie), *Blanches traverses du passé* (1997, récit) *Aya dans les villes* (1999, poésie) et *La maladie de l'Islam* (2002, essai). Ce dernier livre, comme son premier, a été accueilli avec beaucoup d'intérêt par la critique internationale. Son œuvre a été traduite dans de nombreuses langues et son inventivité et sa virtuosité verbale lui ont valu d'être comparé à Joyce. Proche de l'œuvre de Khatibi par sa réflexion sur les rapports entre langue, texte et corps, « l'écriture du désordre » de Meddeb traduit aussi l'intérêt de sa génération pour l'inscription de la subjectivité dans le texte par le jeu libre des signes qui oblige le lecteur à quitter son confort et à participer activement à la construction du sens du texte. Par ailleurs, Meddeb se situe également dans le courant tunisien de l'écriture transculturelle qui s'ouvre sur le monde entier sans renoncer à ses racines maghrébines.

---

36. Voir, plus haut, la présentation des poètes.

Dans ce même courant, on peut citer également **Mustapha Tlili** (né en 1937) dont la carrière et l'œuvre enjambent trois pays, trois cultures : la Tunisie, la France et les États-Unis où il réside pendant 13 ans en tant que fonctionnaire de l'ONU. Centrés sur les thèmes de l'exil, l'absence et la séparation douloureuse du pays natal, les romans de Tlili, notamment *La rage aux tripes* (1975), *Le bruit dort* (1978), *Gloire des sables* (1982) et *La montagne du lion* (1988), présentent toutefois moins la dimension enrichissante de la rencontre des cultures que la problématique plus traditionnelle du déracinement et de la perte des origines. L'écriture de Tlili innove néanmoins en pratiquant une sorte de fusion entre les conventions du *bestseller* de type américain avec les acquis du roman du renouveau de la génération des écrivains maghrébins de la mouvance de la revue *Souffles*. Ainsi les romans de Tlili multiplient les voix narratives et les points de vue, brouillent les repères chronologiques, convoquent divers genres et textes dans un collage multicolore de fragments de lettres, télégrammes, conversations, articles de presse, citations littéraires, etc., tout en construisant à travers cette textualité éclatée des récits d'amour impossible, de meurtres passionnels, de violence aveugle et de massacres morbides, soit tous les ingrédients indispensables aux films d'action, polars et autres divertissements de la culture de masse. Du point de vue esthétique, l'œuvre de Tlili opère donc manifestement une ouverture, une fusion productive de plusieurs pratiques d'écriture, « indigènes » et « exogènes[37] ».

Il faut souligner également qu'alors que la littérature tunisienne contemporaine s'écrit en bonne partie par des écrivains résidant à l'extérieur du pays, elle continue à se créer en Tunisie même par une nouvelle génération d'écrivains souvent bilingues, œuvrant en français et en arabe. À titre d'exemple, l'on peut citer **Hafedh Djedidi** (né en 1954), qui signe plusieurs recueils de poèmes, des pièces de théâtre et des romans : *Rien que le fruit pour toute bouche* (1986, poésie), *Intempéries* (1988, poésie), *Le cimeterre ou le souffle du Vénérable* (1990, roman), *Fièvres dans Hach-Médine* (2003, roman), *Les sept grains du chapelet* ((2003, théâtre) et *Les vents de la nostalgie* (théâtre, 2003). Chez Djedidi, ce sont la poésie, l'histoire et le mythe qui se marient à travers une narration inspirée de

---

37. Pour une analyse plus approfondie de l'œuvre de Tlili, voir Marc Gontard, « Mustapha Tlili », dans Charles Bonn, Naget Khadda et Abdallah Mdarhri-Alaoui (dir.), *Littérature magrébine d'expression française, op. cit.*, p. 226-233.

la tradition des *fdaoui* où les personnages sont à la fois acteurs et narrateurs de l'action. Parmi les nouvelles voix de la littérature tunisienne (du dedans et du dehors), il faudrait citer en outre des écrivains tels que Samir Marzouki, Ridha Kéfi, Hichim Ben Guemra et Fawzi Mellah qui ont déjà retenu l'attention de la critique.

Notons par ailleurs que le goût pour la littérature populaire se manifeste également en Tunisie depuis les années 1990. Dans cette veine, ce sont **Mohamed Habib Hamed** (né en 1945) et **Fredj Lahouar** qui se distinguent. Signant également quelques recueils de contes (*Mimouna, Diamounta, Bâton fais ton travail*), Hamed s'amuse en amusant le lecteur à qui il propose une série de romans espiègles où il ne se prive pas d'écorcher au passage les bien-pensants : *Le Mahtuvu* (2000), *La mort de l'ombre, Gor et Magor, L'œil du mulet*, etc. Lahouar se démarque en publiant ses « polaromans » à la fois en français et en arabe, et en affichant une pratique parodique du polar, comme l'indiquent certains de ses titres : *Ainsi parlait San-Antonio* (1998), *Antar ou ça tourne court* (1998), *La créature des abysses* (1999), entre autres.

Ainsi, le roman tunisien n'est pas en reste et ne semble guère être à la veille de s'éteindre, contrairement aux prédictions pessimistes de certains. À l'heure actuelle l'émergence d'un double lectorat, arabophone et francophone, crée une dynamique plutôt prometteuse permettant aux écrivains d'exercer toute leur créativité selon leur inspiration propre et les multiples conventions et voies littéraires qu'offrent la tradition maghrébine et la littérature mondiale.

LA LITTÉRATURE FÉMININE ET FÉMINISTE

Les femmes n'ont pas été absentes, même aux premiers temps de l'émergence de la littérature francophone au Maghreb, mais comme ailleurs, l'histoire littéraire a tendance à leur faire peu de place. Il convient donc de leur consacrer ici quelques pages en particulier, afin de remédier au moins partiellement aux silences du passé. Il est vrai néanmoins que les carrières littéraires des écrivaines sont moins nombreuses que celles des hommes et en bonne partie plus tardives, ce qui s'explique sans doute de différentes façons. Pour les uns, c'est le reflet de la situation sociale où les femmes n'ont pas voix au chapitre, pour d'autres, il s'agissait de les protéger (en n'envoyant pas les jeunes filles à l'école française) de l'assimilation à la culture européenne, pour qu'elles puissent transmettre la culture traditionnelle aux enfants. La vérité doit se situer quelque part entre ces deux versions des raisons de la difficulté de l'entrée des femmes sur la scène littéraire. Leur présence de plus en plus significative dans le paysage littéraire de ces dernières années prouve cependant qu'elles en ont long à dire sur leur époque, leur pays, leur culture et qu'elles ne manquent pas d'imagination pour l'exprimer, qu'elles soient poètes, romancières, nouvellistes ou essayistes comme Fatima Mernissi, et également cinéastes comme Assia Djebar.

En 1984, l'Algérie adoptait le Code de la famille, qui met la femme en position de tutelle par rapport à l'homme. Les Algériennes, qui avaient activement participé à la révolution, se retrouvaient ainsi privées de certains droits fondamentaux. Aussi, c'est envers et contre tout que les femmes font œuvre de création. Comme les écrivains du Maghreb, les femmes écrivaines produisent autant des œuvres romanesques que des œuvres dans des domaines aussi diversifiés que la nouvelle, la poésie, l'essai, mais plus rarement le théâtre. Aussi, la critique s'attache-t-elle depuis quelques années à faire mieux connaître l'œuvre des écrivaines du Maghreb. Un exemple notoire : en poésie, pour la première fois, vient de paraître une anthologie de textes réunis par Christiane Laïfaoui qui présente *30 voix de femmes à travers 180 pages de poésie contemporaine algérienne de langue française*, intitulée *Le silence éventré*[38]. Ces extraits des œuvres de poètes algériennes (dont certains inédits) expriment les souffrances de la torture subie par leurs auteures et de l'emprisonnement pendant la guerre de libération, d'autres évoquent les tragédies de la guerre sans nom qui a ravagé le pays durant les années 1990, d'autres enfin évoquent le déracinement, l'exil et les aspirations à la liberté.

Les femmes ont pourtant commencé à faire œuvre d'écrivain avant la guerre de libération, au moment de la transition de la littérature coloniale à une littérature de langue française produite par les Maghrébins eux-mêmes, soit à partir des années 1930-1940. La première romancière de cette génération est **Djamila Debèche**, née en 1910 à Sétif en Algérie. Activiste de la première heure, elle lance une revue féministe, *L'action*, en 1947. Elle est l'auteure de deux romans : *Leïla, jeune fille d'Algérie* (1947)

---

38. Chistiane Laïfaoui, *Le silence éventré, 30 voix de femmes à travers 180 pages de la poésie contemporaine algérienne de langue française*, Paris, Le Carbet, 2003.

et *Aziza* (1955). Adoptant le style réaliste de l'époque, Debèche crée des personnages de femmes qui profitent d'une instruction moderne sans perdre leurs racines algériennes. Ainsi, Leïla, dans son premier roman, fait des études dans une pension d'Alger et travaille comme adjointe dans une usine (dont le patron est, naturellement, français), avant de faire la rencontre d'un jeune médecin d'Alger avec qui elle retournera auprès de sa famille dans le Sud pour faire profiter le milieu des apports de leur savoir moderne. Aziza, du deuxième roman, fait également des études, devient journaliste et fera à son tour la rencontre d'un prince charmant qui la ramènera à un mode de vie plus traditionnel. La romancière, elle, à la suite de ces deux œuvres, se consacrera plutôt à l'activité sociale.

Une autre Algérienne prendra là plume à la même époque, dans la mouvance de l'activité littéraire suscitée par l'École d'Alger. **Marguerite Taos Amrouche,** sœur de Jean Amrouche, née en 1913 en Tunisie où sa famille avait émigré, a à son actif, en plus de son œuvre littéraire, des chants et musiques amazighes qu'elle a tenté de sauver de l'oubli. Elle se fait tout d'abord connaître à Paris, en 1937, par son répertoire de chants berbères. Par la suite, elle publie *Jacinthe noire* (1947), *Rue des tambourins* (1960), *L'amant imaginaire* (1975), *Solitude, ma mère* (1995), et *Le grain magique* (contes, poèmes et proverbes berbères de Kabylie, 1996). Les personnages des romans de Taos Amrouche sont des jeunes filles berbères qui, comme l'écrivaine, défendent leur héritage ancestral; le projet littéraire de Taos et de son frère Jean s'avère ainsi être essentiellement le même: à travers des œuvres en langue française, valoriser et faire revivre une tradition que la présence coloniale risquait d'étouffer. Et quel meilleur moyen que de rendre accessible au public francophone les chants anciens? À titre d'exemple, parmi les poèmes recueillis, cette berceuse:

Étoile du matin, je t'en prie,
Parcours les cieux
À la recherche de mon enfant
Et rejoins-le où il repose.

Tu le trouveras encore dans son sommeil:
Redresse-lui doucement l'oreiller
Et vois s'il ne manque de rien

Le Seigneur l'a créée plein de grâce,
Sa beauté se rit des parures,
Elle illumine les chemins[39]

Il faut citer également une autre des pionnières de la littérature des femmes maghrébines : **Fadhma Aït Mansour**, mère de Taos et Jean Amrouche. Née en 1882 à Tizi Hibel, Fadhma Aït Mansour publie en 1968 *Histoire de ma vie*, qui, comme son titre l'indique, est un récit de vie où elle raconte l'existence rude dans les montagnes d'Algérie : « Une vie. Une simple histoire écrite avec limpidité par une grande dame Kabyle […]. À l'étouffement de tout un peuple, à sa détresse et sa honte, s'ajoute la tragédie de tous et de chacun. Ce n'est plus un pays, c'est un orphelinat. Fadhma n'a pas de père. Sa mère l'a protégée tant qu'elle a pu contre la famille, contre le village qui la considère comme un être maudit », écrit Kateb Yacine dans sa préface à l'ouvrage de Fadhma Amrouche, intitulée « Jeune fille de ma tribu[40] ». Ce récit, comparable à celui de la Malienne Awa Keita, constitue un témoignage inestimable des effets de la présence coloniale dans les milieux traditionnels et fraie la voie à un genre particulier, le récit de vie, qui sera pratiqué régulièrement par les femmes écrivaines de la francophonie, tant au Maghreb qu'en Afrique subsaharienne et aux Caraïbes.

La première à faire une véritable carrière littéraire et cela, dès la période coloniale, aujourd'hui la plus connue des romancières du Maghreb, est encore une écrivaine algérienne : **Assia Djebar**, née à Cherchell en 1936. Auteure de talent, ses œuvres évoquent la vie au quotidien des Algériennes, l'histoire de l'Algérie et les drames qui ont bouleversé et bouleversent encore ce pays. Cinéaste, Assia Djebar a réalisé, en 1978, *La Nouba des femmes du mont Chénoua* (prix de la Critique internationale à la Biennale de Venise en 1979) et, en 1982, *La Zerda et les chants de l'oubli*. Ses récits évoquent parfois l'histoire de l'Algérie en remontant jusqu'à l'Antiquité gréco-romaine. Son œuvre compte de nombreux romans : *La soif* (1957), *Les impatients* (1958), *Les enfants du Nouveau Monde* (1962), *Les alouettes naïves* (1967), puis, en 1969, elle publie *Poèmes de l'Algérie heureuse*, et avec Walid Garn, elle crée une pièce de théâtre,

---

39. Taos Amrouche, *Le grain magique*, Paris, La Découverte, 1996, p. 106.
40. Vincent Monteil et Kateb Yacine, « Préface », dans Fadhma Aït Mansour Amrouche, *Histoire de ma vie*, Paris, La Découverte et Syros, 2000, p. 7 et 12.

Rouge l'Aube. Suit une période de silence (relatif) pendant laquelle l'écrivaine cherche sa voie à travers le cinéma. En 1980, elle revient à la création littéraire avec un recueil de nouvelles : *Femmes d'Alger dans leur appartement.* Puis, dans un style renouvelé, plus libre, plus éclaté : *L'Amour, la fantasia* en 1985 et, en 1987, *Ombre sultane,* puis *Loin de Médine* (1991) et *Vaste est la prison* (1995). De plus en plus dépouillée et libre, l'écriture d'Assia Djebar va vers la tristesse et la colère dans *Le blanc de l'Algérie* (1996), *Oran langue morte* (1997) ainsi que dans son essai, *Ces voix qui m'assiègent* (1999) et vers l'érotisme dans *Les nuits de Strasbourg* (1997).

La « première manière » d'Assia Djébar, celle des années 1950-1960, est typique de l'époque où l'on écrit à la fois pour un public européen et un public naissant, maghrébin, époque où l'on prend la parole pour se dire, pour se soustraire au regard de l'Autre, pour inverser l'observation et dire plutôt à l'Autre le regard qu'on porte sur lui et sur soi, mais tout en conservant la convention romanesque du « témoignage » réaliste instaurée par le roman colonial. Ensuite, comme la plupart des écrivains d'après la guerre de libération, Djébar se libère de cette tutelle et crée son langage propre où autobiographie, récit romanesque, histoire et scénarios fusionnent, langage du cœur lui permettant de « passer les frontières » de tous genres et d'aller de l'érotisme à de véritables cris du cœur ; mais toujours l'amour de l'Algérie traverse cette œuvre bien particulière.

L'œuvre de Djébar est couronnée par de nombreux prix : prix Maurice-Maeterlink (1994), International Neustadt Prize (1996), prix Maguerite-Yourcenar (1999). Assia Djebar a également été élue à l'Académie royale de Belgique en 1999 et a reçu le prix de la Paix de la Foire de Francfort en 2000, prix décerné par les libraires allemands. Citons un extrait de son discours prononcé à cette occasion :

> Je veux me présenter devant vous comme simplement une femme écrivain, issue d'un pays, l'Algérie tumultueuse et encore déchirée. J'ai été élevée dans une foi musulmane, celle de mes aïeux depuis des générations, qui m'a façonnée affectivement et spirituellement, mais à laquelle, je l'avoue, je me confronte, à cause de ses interdits dont je ne me délie pas tout à fait. J'écris donc, et en français, langue de l'ancien colonisateur, qui est devenue néanmoins et irrévocablement celle de ma pensée, tandis que je continue à aimer, à souffrir, également à prier (quand parfois je prie) en arabe, ma langue maternelle. Je crois en outre, que ma langue de souche, celle de tout le

Maghreb — je veux dire la langue berbère, celle d'Antinéa, la reine des Touaregs où le matriarcat fut longtemps de règle, celle de Jugurtha qui a porté au plus haut l'esprit de résistance contre l'impérialisme romain —, cette langue que je ne peux oublier, dont la scansion m'est toujours présente et que, pourtant, je ne parle pas, est la forme même où malgré moi et en moi, je dis « non » : comme femme et surtout, me semble-t-il, dans mon effort durable d'écrivain[41].

Étant donné l'ampleur et l'intérêt porté à l'œuvre de Djébar, les écrits d'autres femmes du Maghreb ont souvent reçu peu d'attention de la part de la critique, jusqu'à récemment, alors que leurs œuvres méritent certainement un plus large public. Moins prolifiques, elles écrivent quand même et leurs publications se multiplient, petit à petit, notamment à partir des années 1980 ; certaines se font remarquer dès le lendemain des indépendances. À cet égard, il faut citer notamment l'Algérienne **Fadela M'rabet** qui provoquera la polémique avec ses écrits souvent avant-gardistes. Essayiste, de son vrai nom F. Abada, elle publie *La femme algérienne* en 1964, puis *Les Algériennes* en 1967. Auteure controversée, elle n'en est pas moins la première à dénoncer la condition faite aux femmes de son pays. En 1972, elle publie encore *L'Algérie des illusions* avec son époux Maurice-Tarik Maschino.

D'autre part, parmi les écrivaines de la deuxième génération qui adoptent un discours sur l'identité nationale ou la guerre de libération, l'on peut retenir le nom d'**Aïcha Lemsine**, née en 1942 dans les Némencha, en Algérie. Elle signe deux romans, *La chrysalide* (1976) et *Ciel de porphyre* (1978), et un essai, *Ordalie des voix* (1983). Proche de la littérature populaire (romans d'aventure, polars, roman d'amour), les romans de Lemsine ont connu un grand succès, car si ce sont essentiellement des histoires d'amour d'héroïnes qui doivent affronter de multiples obsta-cles, le cadre est celui de la guerre de libération et le périple des person-nages est sous-tendu par un questionnement d'actualité sur la situation des femmes : faut-il accepter la polygamie. Peut-on concilier vie tradi-tionnelle et éducation moderne ? etc.

Il convient de noter par ailleurs que, bien que les romancières algérien-nes tiennent le haut du pavé de la littérature des femmes du Maghreb, les Tunisiennes, les Marocaines et les poétesses ne sont pas absentes de la

---

41. Assia Djébar, cité sur le site Web <http://www.revue.net/cout/Djebar>.

scène littéraire. Citons, à titre d'exemple, **Leïla Benmanseur** (née en 1949), poétesse algérienne, auteure d'un recueil intitulé simplement *Poèmes* (1977) ; **Sophie El Goulli**, née en 1932 à Sousse en Tunisie, qui signe, entre autres, *Vertige solaire* (1981) ; et **Amina Saïd** (née en 1953), également tunisienne, auteure de *Paysages nuit friable* paru en 1980 et *Métamorphose de l'île et de la vague* (1985). Parmi les romancières tunisiennes, c'est le nom de **Souad Guellouz** (née en 1937) qui ressort. Son premier roman paraît dès 1975, *La vie simple*, suivi de *Les jardins du Nord* en 1982. Ce second roman décrit la vie dans la grande bourgeoisie tunisienne avec beaucoup de réserve et de pudeur. Écrivaine dynamique, Guellouz a obtenu le prix CRÉDIF. Contemporaine et compatriote de Guellouz, l'on peut citer également **Jalila Hafsia** qui publie *Cendres à l'aube*, en 1978, un roman en partie autobiographique. Son ouvrage *Visages et rencontres*, publié en 1981, présente plus de 150 entretiens avec des personnalités littéraires du Maghreb et d'Europe[42].

Comme ailleurs en francophonie, l'on ne saurait affirmer que tous les écrits des femmes sont revendicateurs ou engagés au sens politique et social, mais la poésie, autant que le roman, peut certainement servir aux écrivaines à s'affirmer, s'engager, et à dénoncer leur condition. C'est le cas, entre autres, de la poétesse marocaine **Rachida Madani**, née en 1951 à Tanger. Dans *Femme je suis*, publié en 1981, l'on peut lire, par exemple :

> Mais tu me laissas
> homme mon frère
> femme à moitié
> jamais adulte
> ni jamais libre
> acculée à bercer mon cadavre[43].

L'engagement des femmes peut aller jusqu'à l'implication politique parfois suicidaire. Ainsi **Saïda Menebhi**, née en 1952 au Maroc, a eu une vie tragique de militante marxiste-léniniste. Professeure d'anglais à Rabat, elle sera détenue, torturée, et décède en 1977, faute de soins alors qu'elle faisait une grève de la faim. Ses *Poèmes, lettres, écrits de prison*, sont publiés à Paris, par le Comité de lutte contre la répression au Maroc, en 1978.

---

42. Voir Jean Déjeux, *Dictionnaire des auteurs maghrébins, op. cit.*, p. 252.
43. Cité par Jean Déjeux, *ibid.*, p. 252.

Quelques romancières marocaines publient également des œuvres à partir des années 1980 : *Aïcha la rebelle* de **Halima Ben Haddou**, paru en 1982, s'inscrit dans le courant des *bestsellers*, à la manière des romans algériens où une jeune femme vit une historie d'amour qui provoque des conflits avec les siens. Dans la même veine, *Le voile mis à nu* (1985) de **Badia Hadj Naceur** met en scène la jeune Yasmina qui cherche l'émancipation à travers des amours multiples qui ne manquent pas de produire bien des désillusions. *La fille aux pieds nus* (1985), de **Farida Elhany Mourad**, s'inscrit aussi dans le courant du roman populaire, sentimental, de plus en plus présent sur la scène littéraire maghrébine depuis deux décennies. En 1985, paraît également un roman de **Leïla Houari**, *Zeida de nulle part*, qui, à la manière des romans de Debèche, crée un personnage tiraillé entre la nécessité d'une instruction moderne et l'enracinement dans les traditions. Construits essentiellement sur les thèmes de l'amour et de la révolte des jeunes femmes contre certaines traditions familiales, ces romans témoignent de l'apparition d'un nouveau lectorat qui cherche autant l'évasion que des propos d'actualité qui ne soient pas nécessairement de l'ordre de la contestation ou de l'engagement politique.

D'autres femmes, comme leurs confrères, s'établissent hors du pays natal et mènent une carrière internationale à partir d'une édition à l'étranger. Parmi celles-ci, on peut compter **Nadia Ghalem**, née en Algérie en 1941, qui séjourne dans plusieurs pays avant de s'établir au Québec. Journaliste à la télévision, elle publie des romans, nouvelles, romans de jeunesse, du théâtre et des poèmes. Elle met en scène des personnages de son pays d'origine avec leurs difficultés, leurs angoisses, ce qui n'empêche pas des moments de tendresse. Dans son théâtre, par contre, il est surtout question de l'Amérique du Nord dès le XVIIe siècle. Elle est parmi les premiers écrivains d'origine maghrébine à avoir publié en Amérique du Nord. Son premier roman, *Les jardins de cristal* (1981), est une sorte de descente aux enfers, un délire psychotique influencé par des notions de psychanalyse. *La villa désir,* paru en 1988, explore à partir de l'Antiquité romaine et le siècle de Trajan, une « réalité » qui mène à la science-fiction. Elle signe également deux recueils de nouvelles, *L'oiseau de fer* (1981) et *La nuit bleue* (1991), des recueils de poèmes, *Exil* (1980), *Nuances* et *Les chevaux sauvages* (2002), et des romans jeunesse : *La rose des sables* (1993) et *Le Huron et le huard* (1995). Plusieurs de ses ouvrages ont été finalistes pour des prix littéraires et elle a obtenu le prix CRÉDIF pour

La rose des sables. Ses poèmes paraissent également dans des volumes collectifs tels que *Le 11 septembre des poètes du Québec* et *Le silence éventré* (anthologie parue en 2003). Citons un court poème :

> Le poète sous les miradors
> Comme un hyparion chez les dinosaures
> Trace des mots du couchant jusqu'à l'aurore
> Et le vent de la steppe
> Qui décoiffe la licorne
> Et le vent de la steppe...
> Quelques papillons de neige
> Viennent s'égarer
> Sur des épines de ronces barbelées
> Un poète sans nom espère encore[44]

Ainsi, les années 1980 voient naître plusieurs carrières littéraires d'écrivaines aux propos et aux intérêts les plus divers. Rares sont celles qui ont à leur actif autant de publications que Nadia Ghalem, mais elles produisent une œuvre non moins significative. Certaines continuent à faire œuvre de militantes, telles que **Maïssa Bey**, de son vrai nom Samia Benameur, née en 1950 à Ksar-el-Boukhari au sud d'Alger. Son père, combattant du FLN, a été tué pendant la guerre de libération. Professeure de français, Maïssa Bey signe d'abord *Au commencement était la mer...*, puis *Nouvelles d'Algérie*, en 1998. Son propos s'inscrit dans le courant de la « littérature de l'urgence » algérienne.

Zehira Berfas Houfani, née en 1952 à M'kira, en Kabylie, mène une carrière à la fois de romancière et de journaliste, ce qui l'amène à tenir aussi un langage ancré dans l'actualité politique. Ses romans s'inscrivent cependant dans le courant de la littérature populaire : en 1986, elle publie *Portrait du disparu* et *Les pirates du désert*, puis, en 1989, *L'incomprise*. Infidélités, crimes passionnels, cadavres dissimulés, contrebande et enquêteurs : tous les ingrédients du polar y sont, assaisonnés d'un peu de nationalisme, comme le note Christiane Achour : « Zehira Houfani, comme ses confrères, utilise le polar comme moyen de poser les problèmes sociaux du pays avec les arguments du discours nationaliste conventionnel [...][45]. » Depuis 1994, Houfani vit au Canada. Elle a signé de

---

44. M. A. Guérin et Réginald Hamel, *Dictionnaire des poètes d'ici de 1606 à nos jours*, Montréal, Guérin, 2001, p. 462.

45. Christiane Achour, *Anthologie de la littérature algérienne de langue française*, Paris, Bordas, 1990, p. 277.

nombreux textes journalistiques dans la presse québécoise ainsi qu'une *Lettre d'une musulmane aux Nord-Américaines,* réagissant ainsi à la vague anti-Arabes et anti-Musulmans née des attentats du 11 septembre 2001. Son œuvre est naturellement teintée de militantisme. Elle s'insurge contre les injustices et humiliations imposées en particulier aux peuples du Moyen-Orient et de l'Afrique du Nord.

Une autre Algérienne, **Selima Ghezali** (né en 1959), est, elle aussi, écrivaine et journaliste. Elle a dirigé l'hebdomadaire algérois *La Nation* avant qu'il ne soit interdit. Ghezali a été élue rédacteur en chef de l'année (New York, 1996) et a reçu le prix du Club international de la Presse en 1995, le prix Sakharov en 1997 et le prix Olof Palme en 1998.

Dans *Les amants de Shaharazade* (1999), elle écrit :

> Dans le bleu profond de la nuit, l'appel lancé par le muezzin lacéra le ciel pour annoncer le jour mais le grondement du tonnerre recouvrit sa voix ; un éclair illumina la nuit tandis que la pluie se déversait en trombe sur la terre. [...] Mère, épouse, amante, Shéhérazade est d'abord figure emblématique : celle de la femme algérienne qui a connu hier la victoire et l'espoir insensé de l'indépendance, celle qui connaît aujourd'hui les massacres, celle qui tente de protéger les siens, la peur vrillée au ventre. Celle qui par sa force et la raison nous fait croire en l'avenir d'une Algérie enfin une, heureuse et pacifiée. [...] — Écoute le son formidable du tonnerre, il rend les hommes à leur juste mesure. Même l'homme dont la voix sera recouverte. La seule voix qui subsiste est celle qui règne dans les cœurs[46].

Bien qu'elles n'aient pas à vivre une situation aussi dramatique que celle des Algériennes, les écrivaines tunisiennes se préoccupent également, à leur manière, de l'actualité sociale. Ainsi **Hélé Béji**, par exemple, essayiste et romancière, dans *L'œil du jour* (1985), *Itinéraire de Paris à Tunis* (1992) et *L'imposture culturelle* (1997), dénonce le mimétisme de la nouvelle bourgeoisie qui mène une vie artificielle calquée sur le mode de vie occidental, se coupant entièrement de ses racines. D'autres mettent plutôt en scène un univers de femmes où l'on se débat pour se soustraire au règne de l'homme et pour accéder au bonheur et à la liberté. C'est le cas des personnages d'**Emna Bel Haj Yahia** dans ses romans *Chronique frontalière* (1991) et *L'étage invisible* (1996). Cependant, parmi les nouvelles voix féminines de la littérature tunisienne, plusieurs s'écartent du

---

46. Salima Ghezali, *Les amants de Shahrazade*, Paris, Éditions de l'aube, 1999.

militantisme, pour faire simplement œuvre de création, comme le note Tahar Bekri : « [L]es thèmes abordés dans les différents romans publiés en français par des Tunisiennes, apparaissent comme des analyses sociales ou des peintures parfois intimistes qui refusent de s'enfermer dans le discours féministe revendicatif que l'on retrouve dans les œuvres de langue arabe pour se consacrer au travail sur l'écriture[47]. » C'est le cas des œuvres d'écrivaines telles que Alia Mabrouk, Syrine, Faouizia Zaouari, Azza Filali, Aïcha Chaïbi ou Dorra Chammam, par exemple, dont l'œuvre, encore peu fournie, est néanmoins prometteuse.

Parmi ces nouvelles voix encore peu connues, une se démarque néanmoins : celle de **Malika Mokeddem** (née en 1949), algérienne d'origine, qui, depuis 1990, est une des rares femmes à mener une véritable carrière littéraire. Née à Kenadsa, aux confins du désert, elle est néphrologue et vit à Montpellier depuis 1979. Elle reçoit le prix Littré, le prix collectif du festival du Premier roman de Chambéry, et le prix algérien de la fondation Nourredine Aba pour son premier roman, *Les hommes qui marchent* (1990). Elle reçoit également le prix Afrique-Méditerranée de l'ADELF en 1992 pour son second roman, *Le siècle des sauterelles*, et le prix Méditerranée de Perpignan pour *L'interdite* publié en 1993. Depuis, elle a fait paraître quatre autres romans : *Des rêves et des assassins* (1995), *La nuit de la lézarde* (1998), *N'zid* (2001), et *La transe des insoumis* (2003).

Malika Mokkedem écrit avec une finesse poétique et une précision remarquable ; ses personnages sont crédibles et elle décrit avec force la violence qui sous-tend les relations entre colons et Algériens, les perpétuelles injustices dont sont victimes ces derniers, en particulier dans *Le siècle des sauterelles* qui se lit comme un thriller et donne au lecteur une vision juste de la dimension humaine dans les aléas de l'Histoire. Son œuvre se nourrit de références intertextuelles multiples et s'inscrit dans la foulée de celle d'un Ben Jelloun dans la mesure où elle met en cause les rôles que l'organisation traditionnelle de la société impose aux hommes et aux femmes ; ses romans construisent un univers imaginaire du décloisonnement où l'homme peut être simplement humain et même poète, et non seulement viril, et où la femme n'a pas à se soumettre ou à vivre « enterrée » dès l'adolescence. Son propos rejoint ainsi celui de bien

---

47. Tahar Bekri, *De la littérature tunisienne et maghrébine*, Paris, L'Harmattan, 1999, p. 39.

des écrivaines de la francophonie, telles Gisèle Pineau ou Aminata Sow Fall dont le souci n'est pas seulement de voir à une amélioration de la condition des femmes mais plutôt à la construction d'une meilleure condition humaine... un monde libre qui ne sera pas amputé de sa féminité.

LA LITTÉRATURE DE L'ÉMIGRATION OU « BEUR »

Au cours des années 1980, avec le retour vers une esthétique plus réaliste et l'engouement pour la littérature populaire, apparaît également un autre courant littéraire qui se démarque et qui, sans être entièrement maghrébin, ne peut s'appréhender sans référence au contexte maghrébin. Plusieurs écrivains nés en France de parents originaires du Maghreb (principalement de l'Algérie), ou émigrés à un jeune âge et scolarisés en France, publient des œuvres en quelque sorte « transculturelles », dont l'imaginaire est marqué à la fois par la culture d'origine et par la vie précaire des immigrés en banlieue parisienne. Cette littérature de la deuxième génération de l'émigration sera bientôt désignée par le terme « beur » dont l'origine demeure incertaine; l'hypothèse le plus souvent évoquée est qu'il s'agit d'un verlan de la langue populaire où l'inversion (ara-be / be-ara) aurait évolué phonétiquement pour aboutir à « beur ». Et alors que certains contestent encore l'existence même de cette « littérature », plusieurs traits communs permettent néanmoins de regrouper ainsi ces œuvres dont on ne peut ignorer l'existence: si l'imaginaire hybride de ces textes fait fusionner deux cultures, l'écriture aussi se caractérise par l'amalgame de plusieurs tendances actuelles, se situant généralement à la croisée de l'autobiographie (ou récit de vie), du roman populaire, du style du scénario et du reportage journalistique. Souvent proches du quotidien, ces romans évoquent les drames de la vie de deux générations d'immigrés dont l'avenir ne promet pratiquement rien.

Parmi les premiers et les plus connus des écrivains de l'émigration, citons d'abord **Leïla Sebbar** (née en Algérie en 1941 d'un père algérien et d'une mère française, émigrée en France en 1958), auteure de plusieurs romans, nouvelles et essais dont: *Fatima, ou les Algériennes au square* (1981), *Shérazade, 17 ans, brune, frisée, les yeux verts* (1982), *Le Chinois vert d'Afrique* (1984), *Les carnets de Shérazade* (1985), *Jeune homme cherche âme sœur* (1987), *Le fou de Shérazade* (1991), *On tue les petites filles* (essai,

1978), *Le pédophile et la maman* (essai, 1980). Les titres mêmes des romans de Sebbar reflètent amplement la problématique principale de son œuvre : la quête identitaire des individus aux prises avec l'exil, la double culture, le déracinement, les préjugés ; en même temps, les références répétées à Shérazade traduisent la dimension optimiste de cette quête : l'enracinement se fera dans et par le langage ; la « mort identitaire » sera prévenue par le fait même de raconter, raconter encore et toujours des aventures fictives pour mieux vivre.

Un autre des écrivains de l'émigration à avoir retenu rapidement l'attention d'un important lectorat, **Mehdi Charef**, né en Algérie en 1952, vit en France depuis le début des années 1960. Il est l'auteur de plusieurs romans, dont *Le thé au harem d'Archi Ahmed* (1983), l'un des romans les plus connus de la littérature beur dont Charef a également tiré un scénario porté à l'écran (primé aux Césars en 1985), et plus récemment *Le Harki de Meriem* (1989) et *La maison d'Alexina* (2000).

La force des romans de Mehdi Charef réside avant tout dans l'évocation du quotidien des familles d'immigrés dans les milieux défavorisés du béton des HLM parisiens (quotidien fait de chômage, décrochage scolaire, prostitution, suicide, drogues et violences, mais aussi d'amours, amitié et solidarité). Il fallait, pour y parvenir, que lui-même retrouve en lui la voix de l'enfant qu'il a été, avec son innocence, ses blessures, ses peurs. Ainsi, concernant *La Maison d'Alexina*, Didier Hénique écrit : « Ce livre, à sa façon, est donc aussi un livre de combat et il fallait cette sorte de grâce de ceux qui ont profondément souffert dans leur cœur et dans leur corps pour que ne s'y exprime aucune haine, aucun ressentiment quelconque, seulement la volonté passionnée de faire entendre le drame universel de toutes les enfances bafouées[48]. » Tout cela dans un style proche de la langue parlée où certains ont cru détecter une absence de littérarité, mais qui a le mérite d'introduire de lecteur directement dans l'univers des personnages qui ont rarement accès à une éducation supérieure.

Aussi connu et plus prolifique, **Azouz Begag**, né en 1957 dans la banlieue lyonnaise, est sociologue (chercheur au CNRS) et romancier. Dans ses livres (une vingtaine), parfois autobiographiques, il prend la défense

---

48. Didier Hénique, dans sa chronique « Medhi Charef, La maison d'Alexina », sur le site Web <http://www.moncelon.com>.

des Beurs, mettant en scène, tout comme Charef, les problèmes auxquels sont confrontés les jeunes d'origine maghrébine. Chez Begag, comme chez bon nombre des écrivains dits beurs, l'humour côtoie la gravité, le recours à un langage souvent cru n'exclut pas un symbolisme plus poétique. Begag se fait remarquer dès son premier roman, *Le gone du Chaâba* (1986), inspiré en partie de sa vie d'enfant près de Lyon. Cet ouvrage a été couronné du prix des Sorcières et du prix de la Ville de Bobigny en 1987. *Béni ou le Paradis privé* (1989) lui a valu le prix Radio Beur en 1989 et le prix Falep du département du Gers en 1990. Il a également publié des récits pour les jeunes dont : *Les voleurs d'écritures* (1990), *La force du berger* (1991), *Jordi ou le rayon perdu* (1992) et *Quand on est mort, c'est pour toute la vie* (1994).

Notons également que, parmi les femmes, certaines ont aussi œuvré à la fois dans le domaine du cinéma et comme romancières. C'est le cas notamment de **Farida Belghoul**, auteure de deux films : *C'est Madame la France que tu préfères ?* (1983) et *Le départ du père* (1984), et d'un roman à succès, *Georgette !* (1986), dont on a pu dire en 1990 qu'il s'agit « du meilleur roman de la "deuxième génération" jusqu'à ce jour[49] ». Ce roman évoque à son tour les questions identitaires auxquelles les immigrés sont sans cesse confrontés, mais à travers l'histoire à la fois plaisante et tragique d'une petite fille de sept ans qui est aussi la narratrice de ce récit multidimensionnel où les événements de la vie réelle des personnages se fondent dans l'univers imaginaire de la petite protagoniste.

Parmi les écrivaines les plus connues de la littérature beur, il faut retenir par ailleurs le nom de **Nina Bouraoui** (née en 1967, en Algérie) qui s'est également fait connaître dès son premier roman, *La voyeuse interdite* (1991), roman pour lequel elle a obtenu le prix du Livre inter. Depuis, Nina Bouraoui a signé plusieurs autres romans, dont *Poing mort* (1993), *Le bal des murènes* (1996), *Le jour du séisme* (1999) et *Garçon manqué* (2000). Ce dernier ouvrage étant largement autobiographique, l'auteure y emploie le « je » et aborde des questions qui lui tiennent particulièrement à cœur. Elle s'explique sur ces choix dans des propos recueillis par Céline Darner :

---

49. Charles Bonn, *Anthologie de la littérature algérienne*, Paris, Le Livre de Poche, 1990, p. 240.

L'Algérie est une terre extrêmement marquante, violente, jusque dans sa géographie. Parler de l'Algérie, c'est forcément une violence, parler des Algériens en France, c'est forcément une violence. J'ai écrit ce livre un peu pour moi mais surtout pour tous ces gens dont on ne parle pas : ceux qui ont fait un mariage mixte, les immigrés, les Algériens d'ici, de là-bas qui sont terrorisés. Parler de ces deux pays, qui se sont fait la guerre, et qui continuent d'une certaine manière, c'est forcément violent. Cela dit, le texte est plus proche des larmes aux yeux que de la haine… C'est un livre qui a changé radicalement quelque chose dans mon travail. Je sais que je n'écrirai plus jamais comme avant[50].

En fait, la révolte contre tous les interdits, le refus du silence caractérisent toute l'œuvre de Bouraoui, qui, dès son premier roman, dénonce les méfaits des traditions sclérosées (surtout en ce qui concerne le mariage et la condition des femmes) tout en évoquant les rêves et interrogations de ceux et celles qui aspirent à échapper à l'autorité abusive des parents, ou toute autre instance sociopolitique.

Ainsi, il ne fait pas de doute aujourd'hui que la littérature beur existe et que, tout en adoptant une esthétique moins recherchée que celle des écrivains des années 1960 à 1980, elle s'inscrit dans la continuité des thèmes dominants de la littérature maghrébine qui, depuis ses débuts, dénonce les injustices et tous les travers de la société qui concourent à empêcher l'individu de vivre heureux et de s'épanouir librement. D'autres noms mériteraient évidemment d'être cités : Zoulikha Boukortt, Ali Ghalem, Akli Tadjer, Nacer Kettane, Ahmed Kalouaz, Kamel Zemouri et Leïla Zhour parmi tant d'autres ; mais il ne saurait être question ici de tenter une présentation exhaustive des écrivains de ce courant de la littérature de l'émigration.

LE THÉÂTRE

Le théâtre, au Maghreb, dans sa forme moderne, est né de plusieurs apports venus de l'extérieur, bien que, comme en Afrique subsaharienne, diverses formes d'art dramatique aient existé dans les pratiques culturelles précoloniales. En effet, au Maghreb, la période ottomane en Tunisie et, par extension au Maroc, lèguera à la postérité le théâtre d'ombre, le mime, l'imitation et la popularité des conteurs publics. Mais ce sont

---

50. Cité par Darner dans son entrevue avec Bouraoui, disponible sur le site <Amazon.fr>.

des troupes venues d'Orient, principalement d'Égypte avec, en 1907, les tournées de Qdarhi et d'Abdelkadir el Masri qui serviront de tremplin au développement du théâtre du xxᵉ siècle. L'activité théâtrale au Maghreb aura principalement deux pôles : Alger et Tunis, et il convient de souligner que, depuis les années 1920, le théâtre est demeuré un secteur dynamique de la culture maghrébine. Cependant, le théâtre de langue française occupe une place secondaire et même assez réduite par rapport au théâtre de langue arabe (arabe dialectal, généralement).

Ainsi, plusieurs des écrivains de la première génération, écrivains polyvalents qui ont souvent touché à tous les genres, ont écrit aussi des pièces de théâtre, mais les véritables « dramaturges » de langue française sont rares, et la plupart des pièces publiées l'ont été au cours des années 1950 à 1980. Par ailleurs, la plupart des troupes travaillent à partir de pièces inédites, si bien que se sont surtout les noms des metteurs en scène et non ceux des dramaturges qui émergent dans le domaine du théâtre (bien que plusieurs des personnalités du théâtre maghrébin soient à la fois l'un et l'autre). Depuis les indépendances, les trois pays du Maghreb comptent à la fois des troupes de théâtre nationales et de multiples troupes privées et amateurs (théâtres communautaires, scolaires et universitaires), mais les rares pièces encore écrites en français sont produites plus souvent à l'étranger et dans des festivals de théâtre internationaux qu'au Maghreb même où le théâtre est avant tout un art scénique, aujourd'hui, plutôt que littéraire, art où le jeu des acteurs, les décor, musique, sons, mouvements et effets visuels importent autant que l'art verbal, lequel peut aussi jouer sur plusieurs langues, mais qui se pratique principalement en arabe.

À titre d'aperçu, on peut noter, en Algérie, l'apparition de productions théâtrales en 1910-1920 réalisées par Tahar Ali Chérif et Mohamed Mansali (entre 1921 et 1924). Pendant l'occupation française, Molière adapté en arabe connaît une certaine ferveur ainsi que les comédies de Mohammed Touri et, depuis l'indépendance, ce sera le tour de Bertold Brecht (adapté en arabe), Abdelkader Alloula, Ould Abderrahman, Kateb Yacine, Benguettaf, Slimane Benaïssa, Ziani-Cherif Ayad et Omar Felmouche, dont seul Kateb Yacine a produit des pièces en français. Il convient de noter aussi, avec Abdelkader Alloula, en ce qui concerne le théâtre algérien, qu'il s'agit souvent d'un théâtre de combat, ce qui explique aussi le recours à un langage plus populaire. Plus que la littérature écrite, le théâtre rejoint largement tous les publics parce qu'il adopte le plus souvent la langue populaire des maghrébins : l'arabe dialectal et qu'il peut être largement diffusé par la télévision ou la radio. Le théâtre maghrébin s'apparente ainsi bien souvent à la philosophie des Afro-Américains du quartier Watts à Los Angeles pendant les années 1960 : « Art is a tool for a social change », l'art est un outil de changement social. Critique, humoristique, audacieux, provoquant, il a parfois valu la mort à ses auteurs.

Dans le domaine du théâtre, il s'agit donc bien souvent d'éviter de créer un art qui s'adresse uniquement à une élite lettrée en français, pour se rapprocher plutôt du peuple. Cette volonté de s'adresser au plus grand nombre a pour effet également la diffusion, de plus en plus fréquente, des créations de la dramaturgie par le relais de la radio et la télévision.

Cela dit, les productions sur scène sont nombreuses et les créateurs (acteurs, metteurs en scène, dramaturges) du Maghreb se réunissent régulièrement à Carthage, en Tunisie, devenu lieu emblématique de l'activité théâtrale maghrébine. Sans doute la Tunisie est-elle aussi le lieu où le théâtre est actuellement le plus florissant, grâce à des metteurs en scène et comédiens de renom tels que Nourreddine Ben Ayed, Moncef Souissi, Mohamed Idriss, A. Mokdad, El Hamrouni, Issa Harrath, Kamel Allaoui, etc. Un recensement approximatif de 1990 fait d'ailleurs état d'un grand nombre de troupes nationales et régionales : une douzaine de troupes permanentes financées par l'État et une centaine de troupes privées ou amateurs, pratiquant autant des formes assez classiques que le théâtre expérimental[51].

En résumé, donc, il ne fait pas de doute que le théâtre occupe une place importante au Maghreb, mais les productions en langue française se font de plus en plus rares. Il faudra néanmoins signaler quelques écrivains qui ont œuvré dans ce domaine et qui y ont laissé leur marque aussi. **Kateb Yacine** (1932-1989) est ici un fondateur, comme il l'a été pour le roman. Il écrit plusieurs pièces et, à son retour à Alger en 1972 après de multiples voyages, il crée sa propre troupe ; en 1978, il est nommé directeur du Théâtre régional de Sidi-Bel-Abbès. Ses trois premières pièces sont réunies dans un volume intitulé *Le cercle des représailles* (1959), qui

---

51. Voir Hafedh Djedidi, « Les trois coups du théâtre tunisien », *Notre Librairie*, n° 102, juillet 1990, p. 67-73.

comprend *Le cadavre encerclé, La poudre d'intelligence, Les ancêtres redoublent de férocité*, et un poème dramatique, « Le Vautour ». Les trois pièces, de facture assez différente, font réapparaître plusieurs personnages et thèmes du roman *Nedjma*, tout en abordant les questions politiques de manière plus ouvertement subversive. La première pièce est une tragédie d'allure quelque peu shakespearienne, en cinq monologues, où le héros se trouve confronté à des exigences d'héroïsme qui ne correspondent pas à ses propres aspirations. *La Poudre d'intelligence* est une satire politique où l'on décèle déjà le souci des dramaturges de se rapprocher de l'imaginaire populaire. En effet, le personnage principal se présente comme la réinvention d'un héros populaire :

> Dans le personnage de Nuage de fumée, Kateb réactualise le héros populaire, Djeha, en optant pour le Djeha rusé et plus malin que ceux qui tentent de l'asservir. Ce n'est ni le roublard craintif ni le benêt que l'on peut tromper sans difficulté. L'écrivain reprend des anecdotes bien connues du répertoire populaire en insistant sur la dominante choisie : Nuage de fumée est philosophe, poète, rusé et blasphémateur ; il est celui qui détruit les idoles et bouscule les pouvoirs établis, qu'ils soient religieux ou politiques[52].

La troisième pièce est un drame où réapparaît Nedjma, figure de la nation à naître, incarnation de la résistance à la fois au colonisateur et aux ancêtres dont les querelles intestines risquent de se reproduire à l'infini.

En 1970, Kateb fera paraître une autre pièce, *L'homme aux sandales de caoutchouc*, qui met en scène la lutte des Vietnamiens, mais à partir de 1971, toutes ses autres productions seront écrites en arabe et plusieurs seront jouées avec succès. Ainsi, l'œuvre de Kateb lui-même est exemplaire de l'évolution du théâtre moderne au Maghreb qui « passe » par le français pour se développer par la suite surtout en langue nationale.

D'autre part, parmi les pièces de langue française de la période coloniale, on peut noter quelques pièces peu connues, dont *Entre deux mondes* du Tunisien **Mahmoud Aslan** (né en 1902), publiée en 1932, et *Baudruche* (1959) de **Hachemi Baccouche** (né en 1917), également tunisien, ainsi que *La dévoilée* (1952) du Marocain **Abdelkader Bel Hachmy** (né en 1927) et deux pièces d'un autre auteur marocain, **Ahmed Belhachmi**, *L'oreille en écharpe* (s.d.) et *Le rempart de sable* (1962). Dans le courant de la littérature de combat de la guerre de l'indépendance algérienne, il faut

---

52. Christiane Achour, *op. cit.*, p. 95.

citer une pièce militante de 1960 d'**Hocine Bouzaher** (né en 1935), *Des voix dans la Casbah*, de même que *Le séisme* (1962), d'**Henri Kréa** (né en 1933), qui se sert de la figure de Jugurtha à l'époque romaine et du symbolisme du tremblement de terre pour évoquer la guerre d'Algérie, ainsi que deux pièces de **Mohamed Boudia** (1932-1973), *Naissances* et *L'olivier* (toutes deux de 1962 également), pièces construites autour de scènes de la vie quotidienne et des sacrifices des familles au cours de la guerre.

Par ailleurs, plusieurs des fondateurs de la littérature maghrébine ont écrit quelques pièces assez éparses après les indépendances. Le plus prolifique en dramaturgie, après Kateb Yacine, sera son compatriote **Nourreddine Aba** (né en 1921) qui produira cinq pièces à partir de 1970 : *Montjoie Palestine ! ou L'an dernier à Jérusalem* (1970), *L'aube à Jérusalem* (1979), *La recréation des clowns* (1980), *Tell El Zaâtar s'est tu à la tombée de la nuit* (1981) et *Le dernier jour d'un nazi* (1982). **Assia Djébar** (née en 1936) se fera remarquer par une pièce de 1960, *Rouge l'aube*, une des rares pièces écrites par une femme, publiée en 1969, et jouée au Festival panafricain de théâtre la même année. **Mouloud Mammeri** (1917-1989) fera paraître trois textes de théâtre : *Le banquet*, précédé de *La mort absurde des Aztèques* (1973), *Le Foehn ou La preuve par neuf* (1982) et *La cité du soleil* (1987) ; l'on y retrouve plusieurs des thèmes de ses romans : l'échec de l'amour, la quête vaine du bonheur, l'individu démuni, devenu jouet des despotes. Parmi les œuvres marocaines, on peut relever une pièce de **Tahar Ben Jelloun** (né en 1944), *La fiancée de l'eau* (1984), et celle de 1987 d'**Abdellatif Laâbi** (né en 1942), *Le baptême chacaliste*. En Tunisie, deux noms se profilent : **Fawzi Mellah**, auteur de *Néron ou les oiseaux de passage* (1973) et *Le palais du non-retour* (1975) ainsi que **Hafedh Djedidi** (né en 1954) qui signe deux pièces récentes : *Les sept grains du chapelet* (2003) et *Les vents de la nostalgie* (2003).

La plupart de ces textes de théâtre d'écrivains mieux connus pour leur production dans d'autres genres passent relativement inaperçus, mise à part une pièce du poète et romancier algérien **Mohammed Dib**, qui a particulièrement retenu l'attention de la critique. *Mille hourras pour une gueuse* est une pièce tirée du roman *La danse du roi*, publié en 1968. La pièce a été créée au Festival d'Avignon en 1977, publiée en 1980, puis montée par la troupe algérienne *El Qalaa*. L'auteur présente ainsi la pièce :

Schehrazade des bas-fonds, selon l'heureuse expression d'un critique, Arfia donne la comédie à de pauvres diables en recréant des épisodes de sa vie au maquis (algérien). Quelle est la part de l'invention et du réellement vécu dans ses évocations burlesques et terribles ? Difficile à savoir. Le problème n'est pas là. À ce passé répond le présent. Arfia partage la méchante existence des miséreux qui se rassasient chaque jour de son spectacle. Mais un soir, tout se confond tragiquement, passé et présent, affabulation et réalité. Qu'est-il arrivé ? Difficile à savoir. Le problème est là[53].

Mettant en scène les laissés-pour-compte, Dib exerce ici sa verve satirique tout en faisant fusionner une esthétique recherchée avec l'imaginaire populaire. Dans cette pièce, on voit ainsi à nouveau apparaître le souci des dramaturges de se rapprocher du peuple en faisant appel, non seulement à des techniques modernes, mais aussi à des traditions populaires anciennes :

> La visée militante de la pièce se conjugue avec une haute exigence esthétique et réflexive, bien dans la manière brechtienne ; mais Dib y ajoute des traits venus de la sagesse populaire algérienne et des pratiques culturelles du terroir où la théâtralité reste liée à des formes spécifiques telles que le jeu d'ombres et de marionnettes (*garagouz*) ou le cercle du conteur (*halqa*), et à un espace scénique déployé dans la rue, ouvert sur la vie sociale et ses problèmes quotidiens[54].

Cette observation dégage assez bien ce qui caractérise sans doute l'ensemble du théâtre de langue française du Maghreb : l'enracinement dans le terroir qui n'empêche en rien l'ouverture sur les pratiques théâtrales les plus diverses provenant des quatre coins du monde.

L'ESSAI

Contrairement au théâtre, l'essai est un genre privilégié depuis les débuts de la littérature maghrébine de langue française, participant à son essor. Plusieurs des écrivains de renom y ont contribué et certains se démarquent avant tout comme essayistes. Le débat d'idées commence dès

---

53 . Cité par Ahmed Cheniki dans « Le regard de Arfia : une lecture de *Mille hourras pour une gueuse* de Mohammed Dib », *Le Maghreb littéraire, Revue canadienne de littérature maghrébine*, vol. 4, n° 8, 2000, p. 52.

54. Naget Khadda, « Mohammed Dib », dans Charles Bonn, Naget Khadda et Abdallah Mdarhri-Alaoui (dir.), *Littérature maghrébine d'expression française, op. cit.*, p. 61.

l'époque coloniale et porte sur tous les domaines : politique, religion, art, société, littérature, etc. ; on ne retiendra ici que quelques noms et essais marquants, particulièrement dans le champ littéraire.

Un premier nom s'impose à l'époque de l'élan des années 1940 vers la décolonisation, celui de l'écrivain et homme politique **Farhat Abbas** (1899-1985), qui lance un appel en faveur d'une Algérie autonome dès 1931. Né en Petite Kabylie, c'est un homme politique à la fois visionnaire et actif dans la lutte pour la libération de l'Algérie ; son œuvre écrite est surtout constituée de : *Le jeune Algérien. De la colonie vers la province* (1931, recueil d'articles parus dans la presse algérienne depuis 1921), *La nuit coloniale* (1962), *Autopsie d'une guerre* (1980), le reste étant constitué de plaquettes parues entre 1938 et 1950. Dans les écrits des années 1920-1930, Abbas répond notamment à la théorie de l'Afrique latine des « Algérienistes », réfutant les prétentions de la « race supérieure » qui sert à cautionner la colonisation. Dans la même vaine de l'affirmation de l'identité maghrébine se situe un court essai fort remarqué à l'époque, *L'éternel Jugurtha*, de Jean Amrouche, paru dans la revue *L'Arche* en 1946, sous-titré « Propositions sur le génie africain ». Amrouche se sert ici de la figure du prince berbère de l'époque de la chute de Carthage pour incarner la résistance à la présence coloniale et la culture occidentale, présentée comme froidement cartésienne. Jugurtha, comme personnage métonymique, traversera toute la production littéraire maghrébine (il apparaît, par exemple, encore dans des textes récents tels que *Vaste est la prison* [1995] de Djebar) comme figure identitaire. Plus proche du littéraire, **Jean Sénac** (1926-1973) fera paraître en 1957 son essai *Le soleil sous les armes* où il met de l'avant le rôle de la poésie et l'importance d'une sensibilité aux mots et à leurs résonances multiples dans la lutte contre l'acculturation. Le colonisé prend la parole, parle haut et fort et avec éloquence.

Cependant, jusqu'à présent, c'est l'écrivain tunisien **Albert Memmi** (né en 1920) qui est sans conteste le plus connu des essayistes maghrébins. Il a, avec *Portait du colonisé*, publié en 1957, marqué toute une époque par sa réflexion à la fois lucide et profonde sur une relation humaine qui, croirait-on, n'a pas été explorée avant lui. Menant des recherches en sociologie portant sur la différence et la dépendance, le racisme, les relations dominant-dominé, etc. Memmi signera plusieurs autres essais qui feront avancer la réflexion sur toutes les questions touchant à l'exclusion et au racisme dont sont victimes le colonisé, le Noir, le Juif, la femme, le domestique et autres dominés : *Portrait du Juif* (1962), *La libération du Juif* (1966), *L'homme dominé* (1968), *La dépendance* (1979) et *Le racisme* (1982). Le *Portrait du colonisé* fera des vagues non seulement en Tunisie, mais partout dans la Francophonie et dans le monde. Cet ouvrage ose enfin évoquer une situation pour le moins occultée, comme l'a fait Franz Fanon dans *Les damnées de la terre* (voir la section sur l'essai antillais). Partant d'expériences vécues, Albert Memmi nomme et explique le désarroi et le désespoir d'êtres humains pris dans une situation sans issue.

Ses essais provoqueront la polémique sur le plan international, mais on a tôt fait de reconnaître à Albert Memmi le courage et l'intelligence d'avoir posé un problème délicat avec clairvoyance et acuité. Il ne se veut pas philosophe, écrit Jean Déjeux, « mais, dit-il, si la philosophie c'est la recherche de la meilleure conduite possible de soi, en relation avec l'existence et la conduite des autres, alors je suis indéniablement philosophe[55] ».

Du côté algérien, l'analyse de la situation coloniale se poursuit d'un point de vue historique et culturel dans les essais de **Mostefa Lacheraf** (né en 1917). Militant inlassable, il collabore à de nombreux quotidiens et revues au cours des années 1940-1960. En 1965, paraît *Algérie, nation et société*, qui réunit plusieurs textes de réflexion sur la culture et l'histoire algérienne où s'exprime le souci de Lacheraf de contrer la rhétorique coloniale et de « décoloniser l'histoire », comme il l'explique dans l'introduction du volume[56]. Il y mène également des « Réflexions sociologiques sur le nationalisme et la culture en Algérie », tel que le précise le titre d'une des études du recueil. Par la suite, l'auteur signera encore de nombreuses études parues dans des périodiques divers, tels que *Algérie-Actualité*, *L'actualité de l'émigration*, *El Moudjahid* ou encore *Révolution africaine*, ainsi que d'autres collections d'essais où l'on reconnaît les mêmes préoccupations de l'auteur : *Écrits didactiques sur la culture, l'histoire et la société en Algérie* (1988), *Algérie et Tiers-Monde : agressions, résistances et solidarités intercontinentales* (1989) et *Littératures de combat : essais d'introduction* (1991). Tous les sujets d'actualité retiendront son attention : la question de l'éducation, le cinéma, l'œuvre de Kateb

---

55. Jean Déjeux, *Dictionnaire des auteurs maghrébins de langue française, op. cit.*, p. 312.
56. Cité par Christiane Achour, *op. cit.*, p. 101.

Yacine, l'intellectuel face à l'Islam, etc. ; ces essais permettent ainsi de mieux cerner les enjeux de la décolonisation et les défis auxquels fait face la nouvelle nation.

Par ailleurs, la question de la langue fait naturellement aussi l'enjeu d'un débat animé qui se poursuivra à travers plusieurs décennies et qui ne semble s'épuiser que vers la fin du siècle. Parmi les figures marquantes de cette réflexion, on peut citer **Malek Haddad** (1927-1978), qui s'exprime longuement sur le sujet dans *Les zéros tournent en rond*, publié en 1961. Romancier et poète avant tout, Haddad reste déchiré par le « drame » linguistique, se sentant toujours en exil dans la langue française, au point où il prend le parti de ne plus faire œuvre de fiction en français entre 1961 et 1967, décision dont il dira plus tard : « Permettez-moi de me citer une fois de plus : "la langue française est mon exil". Mais aujourd'hui : la langue française est aussi l'exil de mes lecteurs. Le silence n'est pas un suicide, un hara-kiri. Je crois aux positions extrêmes. J'ai décidé de me taire ; je n'éprouve aucun regret, ni aucune amertume à poser mon stylo[57]. »

Et alors que peu adopteront une position aussi « extrême », la nostalgie de la langue maternelle demeure chez de nombreux écrivains francophones qui, tout en écrivant en français, ne cesseront de valoriser « la langue du cœur », arabe ou berbère. Ainsi, il est éclairant aujourd'hui de relire *Les zéros tournent en rond* pour comprendre le rapport, à l'époque, de la majorité des Algériens à la langue, qu'elle soit française ou arabe, la blessure profonde laissée par les méthodes d'enseignement et les conditions de vie qui ont fait dire à Malek Haddad « la langue française est mon exil[58] », et il poursuit : « Il ne s'agit évidemment pas d'opposer deux civilisations mais tout simplement de respecter la personnalité de chacune d'entre elles. Je suis en exil dans la langue française. Mais des exils peuvent ne pas être inutiles et je remercie sincèrement cette langue de m'avoir permis de servir ou d'essayer de servir mon pays bien-aimé[59]. »

Le geste de Haddad (cesser d'écrire en français) vise donc aussi à encourager la relève à retrouver sa culture d'origine afin de s'éloigner de celle (culpabilisante ?) du colonisateur. Culpabilité que n'éprouveront ni

---

57. Cité par Tahar Bekri, dans *Malek Haddad, l'œuvre romanesque. Pour une poétique de la littérature maghrébine de langue française*, Paris, l'Harmattan, 1986, p. 23.
58. Malek Haddad, *Les zéros tournent en rond*, Paris, François Maspero, 1961, p. 21.
59. *Ibid.*, p. 23.

les auteurs marocains ni les tunisiens, leur histoire étant moins dramatique que celle de l'Algérie sous le joug français. D'ailleurs, Haddad conclut son essai, évoquant un écrivain futur : « C'est en regardant en lui-même, d'abord chez lui, en Algérie, que l'écrivain algérien, libre de se consacrer à son métier, vivant sur le sol national, retrouvera ces mots impérissables qui, s'ajoutant à la symphonie universelle, contribueront aux progrès de toute démarche humaine[60]. » L'histoire lui donnera plus ou moins raison : la littérature maghrébine continuera à se faire à la fois en français et en arabe.

Chez d'autres penseurs, le débat sera largement dédramatisé, notamment chez l'essayiste marocain **Abdelkébir Khatibi** (né en 1938) dont la renommée fait aujourd'hui concurrence à celle de Memmi. L'on note en effet que ce sont les essayistes marocains qui tiennent le haut du pavé pendant quelque temps à partir du milieu des années 1960. Dans le domaine des réflexions sur les idéologies, c'est d'abord le nom d'**Abdellah Laroui** (né en 1933) qui ressort. Historien, romancier et essayiste, Laroui est l'auteur d'une dizaine d'essais, en arabe et en français, publiés à partir des années 1960 : *L'idéologie arabe contemporaine* (1967), *L'histoire du Maghreb : essai de synthèse* (1970), *La crise des intellectuels arabes ; traditionalisme et historicisme* (1974), *Les origines sociales et culturelles du nationalisme marocain* (1977) et *Islam et modernité* (1986). La question fondamentale des essais de Laroui est celle de la modernité : comment assurer le progrès, comment accéder à être moderne sans trahir son histoire ? L'auteur examine de près l'interaction entre la pensée occidentale et la pensée arabe qui s'effectue autour des idéologies qui se veulent universalistes : libéralisme, marxisme, progrès technologiques. Cependant, comme l'histoire illustre la faillite de la mise en œuvre « universelle » de ces idéologies, Laroui affirme l'historicisme de toute société : les idéologies ne peuvent être qu'instrumentales ; chaque nation doit évoluer et accéder à la modernité à partir des enjeux de son histoire propre[61].

Quant à Abdelkébir Khatibi, c'est dans le domaine de la langue et de la littérature que se déploie sa pensée, en prolongation de son œuvre de création. À partir du constat de la pluralité au sein même de la société

---

60. *Ibid.*, p. 46.
61. Pour une discussion critique de la pensée de Laroui, voir Driss Mansouri, « Laroui ou l'obsession de la modernité » dans collectif, *Penseurs maghrébins contemporains*, Casablanca, Eddif, 1993, p. 197-225.

marocaine, Khatibi centre sa pensée sur le dialogue avec l'Autre, dont le bilinguisme et le métissage culturel sont les deux formes les plus manifestes. Ainsi, comme le feront de nombreux penseurs et créateurs de la francophonie à partir des années 1960 (l'on peut penser ici à Édouard Glissant, en particulier), Khatibi déplace le questionnement identitaire, délaissant les catégories habituelles de nation, race, culture et religion pour envisager l'être d'un point de vue psychologique et philosophique. Ainsi, dans *Maghreb pluriel* (1983), notamment, l'auteur « interroge dès son premier chapitre le concept d'identité à partir de la philosophie et de la question de l'être[62] ». L'identité n'est plus alors une essence à conserver précieusement, mais un processus de devenir infini dans lequel la relation à l'autre est indispensable. « La langue vous aime afin que vous puissiez aimer les autres[63] », soutient Khatibi. Dès lors, bilinguisme ou plurilinguisme, « écrire dans la langue de l'autre » n'est plus une expérience de perte mais un enrichissement, ouverture sur la pluralité, sur le dialogisme, exercice individuel du pouvoir de la langue qui permet à l'être d'évoluer par ses rapports avec la langue, les langues, Autrui. Toute l'œuvre de Khatibi se construit ainsi autour de cette interrogation de la pluralité et du rapport entre soi et l'autre : *Le roman maghrébin* (1968), *La blessure du nom propre* (1974), *L'art calligraphique arabe* (en collaboration avec Mohammed Sijelmassi, 1976), *Par-dessus l'épaule* (1988), *Francophonie et idiomes littéraires* (1989), *Paradoxes du sionisme* (1990), *Penser le Maghreb* (1993), *Du signe à l'image* (1995), *Civilisation de l'intersigne* (1996), etc.

Parmi les essayistes marocains de renommée internationale, il faut retenir également le nom de **Fatima Mernissi**. Sociologue, professeure à l'Institut universitaire de recherche scientifique de l'Université Mohammed V à Rabat, consultante pour l'Unesco et membre du Conseil d'Université des Nations Unies, elle signe plusieurs ouvrages sur le statut de la femme en Islam. Elle publie, en 1983, *Sexe, idéologie et Islam* et, en 1984, *Le Maroc raconté par les femmes,* mais c'est avec *Le harem politique, le prophète et les femmes* (1987) qu'elle se fera connaître comme une essayiste

---

62. Précision de Hassan Wahbi dans « Abdelkébir Khatibi », dans Charles Bonn, Naget Khadda et Abdallah Mdarhri-Alaoui (dir.), *Littérature maghrébine d'expression française, op. cit.,* p. 172.

63. Phrase tirée de *Amour bilingue* que Khatibi reprend dans une entrevue avec Adil Hajji, dans *L'œuvre d'Abdelkébir*, Rabat, Marsam, 1997, p. 22.

de talent. Elle poursuivra son enquête sur les femmes en Islam dans *Sultanes oubliées: femmes chefs d'État en Islam* (1990). Son œuvre est basée sur une érudition aussi vaste que profonde, une connaissance du Coran et de l'Islam qui donnent au lecteur accès à une information sérieuse, détaillée, crédible. Ainsi Mernissi poursuit cette tradition d'une pensée de l'audace inaugurée par Memmi et qui a assuré la pérennité de l'essai comme genre au Maghreb.

Moins connus, d'autres essayistes ont néanmoins retenu l'attention de la critique, dont le Tunisien **Mohamed Aziza** (né en 1940), qui signe également des œuvres de fiction sous le pseudonyme de Chems Nadir. Il a été réalisateur de la Radiotélévision tunisienne et a collaboré à la radio suisse, a été conseiller technique pour le théâtre à Alger et enseignant à l'université de cette même ville, puis fonctionnaire international à l'Unesco. Parmi ses œuvres, l'on compte: *Le théâtre et l'Islam* (1970), *La calligraphie arabe* (1971), *Le chant profond des arts de l'Afrique* (1972), *L'islam et l'image* (1978) et *Patrimoine culturel et création contemporaine en Afrique et dans le monde arabe* (1977). Parmi les écrivains tunisiens, on peut citer en outre **Hichem Djaït** (né en 1935) qui s'est également intéressé à la situation de l'Islam dans le monde, à ses origines et dans l'actualité. Alors qu'il publie aussi un essai en arabe, en 1984, Djaït élabore sa réflexion essentiellement dans plusieurs textes écrits en français: *L'Europe et l'Islam* (1978), *La personnalité et le devenir arabo-islamiques* (1974), *Al-Kufa: naissance de la ville islamique* (1986) et *La grande discorde: religion et politique dans l'Islam des origines* (1989). Comme Laroui, Djaït fait des études minutieuses sur l'histoire des sociétés arabes afin de dégager des pistes qui les amèneraient « en même temps à maintenir leur identité historique, à revivifier leur culture et à assimiler les apports de la civilisation moderne[64] ». Dans la perspective historique, on peut noter aussi les travaux de l'Algérien **Benjamin Stora** (né en 1950), historien, sociologue et auteur de plusieurs thèses universitaires et ouvrages. Ses thèses très remarquées portent sur *Messali Hadj* (1898-1974) (thèse soutenue en 1978), sur *Sociologie du nationalisme algérien. L'analyse sociologique par l'approche biographique* (thèse de 1984) et sur *Histoire de l'immigration algérienne en France* 1922-1962 (thèse d'État, 1991). Parmi

---

64. Voir l'étude de Abdou Filali-Ansary, « Hichem Djaït ou la tyrannie du paradigme », dans collectif, *Penseurs maghrébins contemporains, op. cit.*, p. 101-151.

les ouvrages publiés sur l'histoire de l'Algérie, on compte : *La gangrène de l'oubli* (1992), *Histoire de la guerre d'Algérie* (1993) et *Imaginaires de guerre* (1997).

Plusieurs des essais publiés par des écrivains ayant déjà fait leur marque dans d'autres genres ont aussi apporté des contributions notables, dont certains n'ont pas manqué de créer des remous. Le romancier algérien, **Rachid Boudjedra**, par exemple, fait paraître deux essais en 1971 : *Naissance du cinéma algérien* et *La vie quotidienne en Algérie* ; **Tahar Ben Jelloun**, du Maroc, publie deux études sur la condition des immigrés maghrébins en France : *La plus haute des solitudes* (1977), *Hospitalité française* (1984) et, plus récemment, *Le racisme expliqué à ma fille* (1999) ; le poète tunisien **Tahar Bekri** écrit plusieurs essais sur la littérature : *L'œuvre romanesque de Malek Haddad* (1986), *Littérature du Maghreb* (1994) et *De la littérature tunisienne et maghrébine* (1999) ; **Rachid Mimouni**, romancier algérien, signe en 1992 *De la barbarie en général et de l'intégrisme en particulier*, où, comme son titre l'indique fort bien, il s'interroge sur la montée de l'intégrisme. Comme Mimouni, le romancier marocain **Abdelhak Serhane** dérange avec *L'amour circoncis* (1995), essai sur la sexualité où l'auteur s'emploie à déconstruire les clichés des fantasmes orientalistes et de l'érotisme des harems, et à étudier les multiples interdits qui déterminent les pratiques sexuelles au Maghreb. Les femmes ne sont pas en reste non plus ; en 2000, **Assia Djebar** publie *Ces voix qui m'assiègent* où elle mène une réflexion critique sur sa propre démarche d'écrivaine.

Il apparaît ainsi que l'essai, comme genre, touche à tous les débats d'actualité et révèle une pensée dynamique qui sert à contextualiser et à mieux saisir l'imaginaire littéraire des textes de création.

C'est là un rapide survol des littératures du Maghreb, littératures qui reflètent à la fois les particularismes régionaux et l'identité culturelle commune. Ce bref aperçu permet de mettre en évidence toute la richesse et la profusion des productions, de même que la polyvalence des créateurs, poètes, romanciers, nouvellistes, essayistes et dramaturges. Un survol rapide provoque nécessairement une frustration, celle de ne pouvoir citer les noms de toutes celles et ceux qui par leurs talents et leur travail contribuent au rayonnement des littératures du Maghreb en particulier et de la francophonie en général. Frustration aussi de ne pas disposer de l'espace nécessaire pour évoquer au moins les œuvres marquantes avec toute leur richesse, leur profondeur. Le lecteur trouvera cependant des pistes de recherche ou simplement de lecture pour se faire une idée plus juste que celle des jugements synthétiques et des images distordues. C'est par l'information et le partage des connaissances que nous pouvons, comme disait Antoine de Saint-Exupéry, nous enrichir de nos mutuelles différences.

Parole ouverte

Christiane Ndiaye

Faisant le bilan des effets du système esclavagiste et de son éclatement sur la culture créole de la Caraïbe, Édouard Glissant conclut : « Le lieu était clos, mais la parole qui en est dérivée reste ouverte. » L'entreprise de domination et d'unification impérialiste qu'étaient l'esclavagisme et la colonisation, en prenant fin, aurait donné lieu à des prolongations dont Glissant considère qu'elles ont contribué à forger la modernité :

> C'est dans les prolongations de la Plantation, dans ce qu'elle a enfanté au moment où elle disparaissait comme entité fonctionnelle, que s'est imposée pour nous la recherche de l'historicité, cette conjonction de la passion de se définir et de l'obsession du temps, qui est aussi une des ambitions des littératures contemporaines. C'est dans ces mêmes prolongements que s'est forgée le plus ardemment *la parole baroque, inspirée de toutes les paroles possibles*, et qui nous hèle si fortement[1].

Le panorama des littératures francophones que nous avons voulu présenter ici illustre bien qu'aujourd'hui la langue française véhicule une multiplicité de paroles, enracinées dans l'histoire et la géographie de plusieurs aires culturelles, nées de la passion de se définir, mais ouvertes sur le monde.

Alors qu'elles étaient d'abord inféodées à la littérature française, l'évolution des littératures d'Afrique subsaharienne, de la Caraïbe et du Maghreb les a amenées à développer leurs propres canons esthétiques ancrés dans les pratiques culturelles et l'imaginaire précoloniaux mais

---

1. Édouard Glissant, « Lieu clos, parole ouverte », *Poétique de la relation*, Paris, Gallimard, 1990, p. 89.

infléchis par les relations transculturelles instaurées par l'histoire coloniale. Sans doute que la conception a été forcée, la naissance douloureuse ;
peut-être que le rejeton, comme le veut la légende de Soundjata, a pris
un temps inquiétant pour se mettre debout, mais la maturité s'annonce
vigoureuse. Chacune à leur rythme, toutes les littératures (anglophone,
hispanophone, lusophone, francophone) issues des empires coloniaux
ont pris le chemin de l'autonomie. L'autonomisation des institutions
littéraires des pays d'Afrique, de la Caraïbe et du Maghreb (édition,
enseignement, critique littéraire, etc.) reste certes à faire et à parfaire, en
grande partie ; la littérature québécoise a toutefois ouvert la voie en ce
sens, et permet d'envisager un avenir meilleur, sur ce plan, pour les
autres littératures francophones également. La diversité de la parole
francophone pourra alors s'établir sur des bases plus solides et se préser-
ver. Car à l'heure de la mondialisation, dont on peut craindre les effets de
nivellement, cette diversité est précieuse. Accessible à partir d'une même
langue, les littératures francophones constituent aujourd'hui une fenêtre
ouverte sur une multiplicité de cultures dont le lecteur peut appréhender les richesses, directement, sans la médiation de la traduction et
sans le filtre le plus souvent réducteur des reportages médiatiques. Elles
nous offrent un trésor quasi inépuisable qui s'enrichit chaque année de
nouveaux textes. Ce panorama est donc une étape importante pour
reconnaître ces littératures en devenir.

Bibliographie

Afrique

ANONZIE, Sunday O., *Sociologie du roman africain*, Paris, Aubier, 1970.

BÂ, Amadou Hampâté, *Amkoulell, l'enfant peul* (Mémoires), Arles, Actes Sud, 1991.

——, *Oui, mon Commandant*, Arles, Actes Sud, 1994.

CAZENAVE, Odile, *Femmes rebelles : naissance d'un nouveau roman africain au féminin*, Paris, L'Harmattan, 1987.

CHEVRIER, Jacques, *Anthologie africaine d'expression française. Le roman et la nouvelle*, Paris, Hatier international, 2002.

——, *La littérature nègre*, Paris, Armand Colin, 2003.

CORNEVIN, Robert, *Littératures d'Afrique noire de langue française*, Paris, PUF, 1976.

——, *Le théâtre en Afrique noire*, Paris, Le Livre africain, 1970.

DABLA, Séwanou, *Nouvelles écritures africaines. Romanciers de la seconde généra-tion*, Paris, L'Harmattan, 1986.

DELAS, Daniel, *Voix nouvelles du roman africain*, Paris, Université Paris X, 1994.

DIOP, Cheikh Anta, *Nations nègres et culture*, Paris, Présence africaine, 1955.

DIOP, Papa Samba, *Archéologie littéraire du roman sénégalais*, 3 tomes, Frankfurt, Verlag für Interkulturelle Kommunikation, 1995.

GASSAMA, Makhily, *Kuma. Interrogation sur la littérature nègre de langue fran-çaise*, Dakar/Abidjan, Nouvelles éditions africaines, 1987.

HAUSSER Michel et Martine MATHIEU, *Littératures francophones III. Afrique noire et Océan Indien*, Paris, Belin/Sup, 1998.

HUANNOU, Adrien, *La critique et l'enseignement de la littérature africaine aux États-Unis d'Amérique,* Paris, L'Harmattan, 2000.

——, *Anthologie de la littérature féminine d'Afrique noire francophone*, Abidjan, Les Éditions Bognini, 1994.

JACK, Belinda Elizabeth, *Negritude and Literary Criticism : The History of Negro-African Literature in French*, London, Greenwood Press, 1996.

Jahn, Janheinz, *Muntu, l'homme africain et la culture néo-africaine*, Paris, Seuil, 1961.

Kane, Mohamadou, *Roman africain et traditions*, Dakar, Nouvelles éditions africaines, 1982.

Kesteloot, Lilyan, *Anthologie négro-africaine*, Verviers, Marabout, 1987.

Ki-Zerbo, Joseph, *Histoire de l'Afrique noire*, Paris, Hatier, 1982.

Koné, Amadou, *Des textes oraux au roman moderne. Études sur les avatars de la tradition orale dans le roman ouest-africain*, Frankfurt, Verlag, 1993.

Makouta-Mboukou, Jean-Pierre, *Les grands traits de la poésie négro-africaine*, Abidjan, Nouvelles éditions africaines, 1985.

Mateso, Locha, *La littérature africaine et sa critique*, Paris, Karthala/ACCT, 1986.

Mbokolo, Elikia, *L'Afrique au XXe siècle*, Paris, Seuil, 1985.

Miller, Christopher, *Theories of Africans, Francophone Literature and Anthropology in Africa*, Chicago/London, The University Press of Chicago Press, 1990.

Mongo Beti, et Odile Tobner, *Dictionnaire de la Négritude*, Paris, L'Harmattan, 1989.

Mouralis, Bernard, *L'Europe, l'Afrique et la folie*, Paris, Présence africaine, 1993.

——, *Littérature et développement : essai sur le statut, la fonction et la représentation de la littérature négro-africaine d'expression française*, Paris, Silex, 1984.

Mudimbé, Valentin-Yves, *The Invention of Africa : Gnosis, Philosophy, and the Order of Knowledge*, Bloomington, Indiana University Press, 1988.

Ndaw, Alassane, *La pensée africaine*, Dakar, Nouvelles éditions africaines, 1997.

Ngandu-Nkashama, Pius, *Écritures africaines et discours littéraires. Études sur le roman africain*, Paris, L'Harmattan 1989.

Paré, Joseph, *Écritures et discours dans le roman africain post-colonial*, Ouagadougou, Éditions Kraal, 1997.

Paulme, Denise, *La mère dévorante*, Paris, Gallimard, 1976.

Ricard, Alain, *Littératures d'Afrique noire : des langues aux livres*, 1995.

Scherer, Jacques, *Le théâtre en Afrique noire francophone*, Paris, PUF, 1992.

Semujanga, Josias, *Dynamique des genres dans le roman africain. Éléments de poétique transculturelle*, Paris, L'Harmattan, 1999.

Senghor, Léopold Sédar, *Liberté 1. Négritude et humanisme*, Paris, Seuil, 1964.

——, *Ce que je crois : négritude, francité et civilisation de l'universel*, Paris, Seuil, 1988.

Antilles

Antoine, Régis, *La littérature franco-antillaise, Haïti, Guadeloupe, Martinique*, Paris, Karthala, 1998.

——, *Rayonnants écrivains de la Caraïbe. Haïti, Guadeloupe, Martinique, Guyane*, Anthologie, Paris, Maisonneuve et Larose, 1998.

BABIN, Céline et coll., *Le roman féminin d'Haïti. Forme et structure*, Québec, Université de Laval, GRELCA, 1985.

BENITEZ-ROJO, Antonio, *The Repeating Island: The Caribbean and the Postmodern Perspective*, Durham/London, Duke University Press, 1992.

BERNABÉ, Jean, Patrick CHAMOISEAU et Raphaël CONFIANT, *Éloge de la créolité*, Paris, Gallimard, 1989.

CASTERA, Georges, Claude PIERRE, Rodney SAINT-ÉLOI et Lyonel TROUILLOT, *Anthologie de la littérature haïtienne. Un siècle de poésie, 1901-2001*, Montréal, Mémoire d'encrier, 2003.

CÉSAIRE, Aimé, *Discours sur le colonialisme*, Paris, Présence africaine, 1955.

CHAMOISEAU, Patrick et Rapaël CONFIANT, *Lettres créoles. Tracées antillaises et continentales de la littérature, 1635-1975*, Paris, Gallimard, 1999.

CONDÉ, Maryse et Madeleine COTTENET-HAGE (dir.), *Penser la créolité*, Paris, Karthala, 1995.

CORNEVIN, Robert, *Le théâtre haïtien. Des origines à nos jours*, Ottawa, Leméac, 1973.

CORZANI, Jack, *La littérature des Antilles-Guyane françaises*, Fort-de-France, Désormeaux, 1978.

DEPESTRE, René, *Bonjour et adieu à la Négritude*, Paris, Robert Laffont, 1980.

FANON, Frantz, *Peau noire, masques blancs*, Paris, Seuil, 1952.

——, *Les damnés de la terre*, Paris, Maspero, 1968.

GLISSANT, Édouard, *Le discours antillais*, Paris, Seuil, 1981.

——, *Poétique de la relation*, Paris, Gallimard, 1990.

——, *Introduction à une poétique du divers*, Montréal, PUM, 1994.

HOFFMANN, Léon-François, *Haïti: Lettres et l'être*, Toronto, Éditions du Gref, 1992.

JOYAU, Auguste, *Panorama de la littérature à la Martinique: 17ᵉ et 18ᵉ siècles*, Morne Rouge, Éditions des Horizons Caraïbes, 1974.

LAHENS, Yanick, *Entre l'ancrage et la fuite; l'écrivain haïtien*, Port-au-Prince, Deschamps, 1990.

LAROCHE, Maximilien, *Mythologie haïtienne*, Sainte-Foy (Québec), GRELCA, 2002.

LUDWIG, Ralph (dir.), *Écrire la « parole de nuit »*, Paris, Gallimard, 1994.

MARTY, Anne, *Haïti en littérature*, Paris, La Flèche du Temps, 2000.

MÉNIL, René, *Antilles déjà jadis (Précédé de Tracées)*, Paris, Jean Michel Place, 1999.

MAXIMIN, Colette, *Littératures caraïbéennes comparées*, Paris/Pointe-à-Pitre, Karthala/Jasor, 1996.

MOUDILENO, Lydie, *L'écrivain antillais au miroir de sa littérature*, Paris, Karthala, 1997.

ORMEROD, Beverley, *An Introduction to the French Caribbean Novel*, London, Heinemann, 1985.

PRICE-MARS, Jean, *Ainsi parla l'Oncle*, Port-au-Prince, Imprimerie Compiègne, 1928 (Montréal, Leméac, 1973).

ROSELLO, Mireille, *Littérature et identité créole aux Antilles*, Paris, Karthala, 1992.

TORRES-SAILLANT, Silvio, *Caribbean Poetics : Toward an Aesthetic of West Indian Literature*, New York/Cambridge, 1997.

TOUMSON, Roger, *La transgression des couleurs*, Paris, Éditions caribéennes, 1989 (2 tomes).

WARNER, Keith, *Critical Perspectives on Caribbean Literature in French*, Washington, Three Continents, 1992.

Maghreb

ACHOUR, Christiane, *Anthologie de la littérature algérienne de langue française*, Paris, Bordas, 1990.

BEKRI, Tahar, *Littératures du Maghreb. Bibliographie sélective*, Paris, CLEF, 1989.

BERRERI Afifa et Beïda CHIKHI, *Algérie. Ses langues, ses lettres, ses histoires. Balises pour une histoire littéraire*, Blida, Imprimerie A. Mauguin, 2002.

BONN, Charles, *Le roman algérien de langue française*, Paris, L'Harmattan, 1984.

——, *Anthologie de la littérature algérienne*, Paris, Le Livre de Poche, 1990.

BOUGHABI, Mohamed, *Espaces d'écritures au Maroc*, Casablanca, Afrique-Orient, 1987.

CHIKHI, Beïda, *Littérature algérienne. Désir d'histoire et esthétique*, Paris, L'Harmattan, 1997.

DANINOS, Guy, *Les nouvelles tendances du roman algérien de langue française*, Sherbrooke, Naaman, 1979.

DÉJEUX, Jean, *Littérature maghrébine de langue française*, Paris, Publisud, 1985.

——, *La poésie algérienne*, Paris, Publisud, 1982.

DUGAS, Guy, *Bibliographie de la littérature judéo-maghrébine d'expression française*, Paris, L'Harmattan, 1990.

FONTAINE, Jean, *La littérature tunisienne contemporaine*, Paris, Éditions du CNRS, 1991.

GHAZI, Férid, *Le roman et la nouvelle en Tunisie*, Tunis, Maison tunisienne de l'édition, 1970.

GRENAUD, Pierre, *La littérature au soleil du Maghreb de l'Antiquité à nos jours*, Paris, L'Harmattan, 1993.

GONTARD, Marc, *Le moi étrange : littérature marocaine de langue française*, Paris, L'Harmattan, 1993.

HUUGHE, Laurence, *Écrits sous le voile : romancières algériennes francophones, écritures et identité*, Paris, Publisud, 2001.

KHADDA, Naget (dir.), *Écrivains maghrébins et modernité textuelle*, Paris, L'Harmattan, 1994.

KHATIBI, Abdelkébir, *Maghreb pluriel*, Paris, Denoël, 1983.

LARONDE, Michel, *Autour du roman beur. Immigration et identité*, Paris, L'Harmattan, 1993.

LASNARI, Ahmed, *La littérature algérienne de l'entre-deux-guerres : genèse et fonctionnement*, Paris, Publisud, 1995.

MEMMI, Albert, *Portrait du colonisé*, Paris, Buchet-Chastel, 1957.

——, *L'homme dominé*, Paris, Gallimard, 1968.

——, *Écrivain francophones du Maghreb. Anthologie*, Paris, Seghers, 1985.

MOSTEGHANEMI, Ahlem, *Algérie : femme et écriture*, Paris, L'Harmattan, 1985.

NOIRAY, Jacques, *Littératures francophones. I. Le Maghreb*, Paris, Belin/Sup, 1996.

SEGARRA, Marta, *Leur pesant de poudre : romancières francophones du Maghreb*, Paris, L'Harmattan, 1997.

TANKOUL, Abderrahman, *Littérature marocaine d'écriture française. Essais d'analyse sémiotique*, trad. Diglio Carolina, Casablanca, Afrique-Orient, 1987.

Francophonie

BENIAMINO, Michel, *La Francophonie littéraire. Essai pour une théorie*, Paris, L'Harmattan, 1999.

BERRANGER, Marie-Paule et Danielle DELTEL, *Poètes d'outre-mer*, Paris, Université de Paris X, 1998.

CHANCÉ, Dominique, *L'auteur en souffrance*, Paris, PUF, 2000.

COLLECTIF, *Annuaire bibliographique de la francophonie*, Paris, Nathan, 1986.

COLLECTIF, *Dictionnaire général de la francophonie*, Paris, Letouzey et Ané, 1986.

COLLECTIF, *Écrivains de langue française : Afrique noire, Maghreb, Caraïbes, Océan Indien*, Paris, CLEF, 1986.

DAMAS, Léon, *Poètes d'expression française 1900-1948*, Paris, Seuil, 1948.

DERNIAU, Xavier, *La Francophonie*, Paris, PUF, 1983.

JOUBERT, Jean-Louis, *Les littératures francophones depuis 1945*, Paris, Bordas, 1986.

LAURETTE, Pierre et Hans-Georg RUPRECHT, *Poétiques : Francopolyphonie littéraire des Amériques*, Paris, L'Harmattan, 1995.

MOURA, Jean-Marc, *Littératures francophones et théorie post-coloniale*, Paris, PUF, 2000.

ROUCH, Alain et Gérard CLAVREUIL, *Littératures nationales d'écriture française, Afrique noire, Caraïbes, Océan Indien. Histoire littéraire et anthologie*, Paris, Bordas, 1987.

SABBAH, Laurent, *Écrivains français d'outre-mer*, Paris, Éditions Louis-Jean, 1997.

Revues et sites internet

Calalou

Études françaises, vol. 31, n° 1, 1995 : *La représentation ambiguë : configuration du récit africain* (Lise Gauvin, Christiane Ndiaye et Josias Semujanga, dir.) et vol. 37, n° 2, *La littérature africaine et ses discours critiques* (J. Semujanga, dir.).

Présence africaine (éditée à Paris)

Études francophones, revue du Conseil international d'études francophones (CIEF), É.-U.

Études littéraires africaines, revue de l'Association pour l'étude des littératures africaines (APELA)

Études littéraires maghrébines (éditée à Casablanca depuis 1989)

Expressions maghrébines (éditée à Paris).

Itinéraires et contacts de cultures (éditée par l'Université Paris-Nord et L'Harmattan)

Notre Librairie (entre autres, n° 103, « Dix ans de littératures. Maghreb, Afrique noire » et Numéro hors série, 1994. « Littératures francophones »)

Palabres (éditée à Bayreuth, Allemagne)

Présence francophone (éditée aux États-Unis)

Sites : <http://www.lehman.cuny.edu/ile.en.ile> (Caraïbes et Océan Indien)
   <http://www.limag.com> (Maghreb)
   <http://www.litaf.cean.org/> (Afrique)

Cédérom : *Orphée. Bibliographie sur les littératures francophones en littérature générale et comparée*, Vol. 2, 2000. Contient 3 bases de données :
   LITOI (3 000 références sur les littératures francophones de l'Océan Indien)
   LITAF (16 000 références sur la littérature africaine francophone)
   LIMAG (55 000 références sur les littératures du Maghreb)

Les auteurs

Nadia Ghalem est romancière, poète et essayiste. Elle a été conceptrice et animatrice d'émissions littéraires et culturelles en France et en Afrique francophone, ainsi que journaliste pour la radio et la télévision à Montréal. Elle a obtenu le prix CRÉDIF pour *La rose des sables* et a été finaliste à plusieurs prix littéraires.

Christiane Ndiaye est professeure agrégée à l'Université de Montréal où elle enseigne les littératures francophones de la Caraïbe, de l'Afrique et du Maghreb. Elle a publié un recueil d'essais sur les littératures francophones, trois volumes collectifs et de multiples articles. Elle a mené un projet de recherche sur les « Parcours figuratifs du roman africain » (travaux à paraître) et est actuellement chercheure principale du projet « Mythes et stéréotypes dans la réception des littératures francophones ».

Joubert Satyre est professeur adjoint au département d'études françaises de l'Université de Guelph où il enseigne la littérature francophone et la littérature française. Il a écrit de nombreux articles sur la littérature antillaise.

Josias Semujanga est professeur agrégé au département d'études françaises de l'Université de Montréal où il enseigne la littérature francophone et la théorie littéraire. Il est l'auteur de plusieurs livres et a dirigé plusieurs numéros de revues. Il dirige une équipe de recherche sur la réception des littératures francophones.

Table des matières